DROEMER

Markus Morgenroth

Sie kennen dich!
Sie haben dich!
Sie steuern dich!

Die wahre Macht der
Datensammler

Besuchen Sie uns im Internet:
www.droemer.de

Umschlaggestaltung: ZERO Werbeagentur, München
Umschlagabbildung: FinePic®, München
Satz: Adobe InDesign im Verlag
Druck und Bindung: CPI books GmbH, Leck
ISBN 978-3-426-27646-4

5 4 3 2 1

Für Brigitte und Willi

Inhalt

Vorwort

Sie bewerben sich für einen neuen Job. Sie wollen diesen Job unbedingt, Sie brauchen ihn, denn Ihr alter Arbeitgeber hat Ihre Stelle wegrationalisiert. Die Chancen, dass Sie den Job bekommen, stehen hervorragend. Sie sind ausgezeichnet dafür qualifiziert und wurden zudem persönlich empfohlen. Jemand hat für Sie die Hand ins Feuer gelegt und bürgt mit seinem guten Namen für Sie.

Aber Sie bekommen den Job nicht. Den wahren Grund erfahren Sie nie. Das Unternehmen verrät ihn nicht. Es hat etwas Entscheidendes über Sie herausgefunden: Sie sollen Asthmatiker sein. Das hat Ihr »Background Check« ergeben, die detaillierte Durchleuchtung Ihres Lebens – eine Methode, die von der Öffentlichkeit vollkommen unbemerkt gerade bei Einstellungsprozessen immer populärer wird.

In Wahrheit sind Sie aber kerngesund. Ihr einziger Fehler: Sie haben aus Nettigkeit hin und wieder Asthmamedikamente für Ihren kranken Nachbarn besorgt – und, um Punkte zu sammeln, mit Ihrer eigenen Kundenkarte bezahlt. Die Algorithmen, die Sie als krank und damit ökonomisch unbrauchbar eingestuft haben, interessiert die Wahrheit aber nicht, denn sie kreieren ihre eigene Wirklichkeit. Dieser Irrtum ist irreparabel. Für Sie ist er fatal. Und wer weiß, wie viele Irrtümer noch über Sie kursieren, wie viele Irrtümer über uns alle kursieren.

Denken Sie jetzt nicht, dass das Ausspähen aufhöre, wenn Sie erst einmal den Vertrag unterschrieben haben und an Ihrem Büroschreibtisch sitzen. Theoretisch gibt es strenge Grenzen, die die Mitarbeiterüberwachung verbieten, aber Sie können sich sicher sein, dass auch die Arbeitswelt ein »See voller Untiefen«[1] ist. Das sagt nicht irgendjemand, sondern Nieder-

sachsens Landesdatenschutzbeauftragter Joachim Wahlbrink.
Was genau er meint, werden wir später sehen.

Wir sind ins Visier unsichtbarer Machenschaften geraten.
An unseren Biografien schreiben hinter unserem Rücken
längst andere mit. Die meisten von uns bemerken noch nicht
einmal, dass etwas Grundlegendes schiefläuft, dass es in ihrem Leben immer ungerechter zugeht und sie diskriminiert
werden. Sie tappen im Dunkeln. Und selbst die, die etwas
spüren, können die Warnsignale in der Regel nicht richtig
deuten.

Dieses Mal war es die Jobabsage. Das nächste Mal ist es
vielleicht ein negativer Bescheid Ihrer Bank oder Lebensver-
sicherung, die Recherchen über Sie angestellt und herausgefunden hat, dass Sie Fallschirmspringen oder Paragliding betreiben. Damit sind Sie, ohne es zu wissen, ein unkalkulierba-
res Risiko. Dass Sie Ihre Hobbys mit großer Vorsicht
ausüben, fällt nicht ins Gewicht. Es hat Sie ja nie jemand danach gefragt.

Womöglich trifft es aber auch Ihr Internet- und Face-
book-begeistertes Kind. Die heutigen Mädchen und Jungen
bilden die erste Generation, die von Beginn an flächendeckend ausspioniert und von den Internetgiganten dazu erzogen wird, alles von sich preiszugeben. Vielleicht wird Ihr
Kind nicht zum Austauschjahr oder zum Studium in Amerika zugelassen, weil es vor Jahren mal ein paar dumme Bemerkungen über den Kurznachrichtendienst Twitter versendet
hat – wie jene zwei ganz normalen jungen Erwachsenen aus
Großbritannien, die ihren Urlaub in den USA verbringen
wollten und deren Geschichte um die Welt ging. Sie durften
nicht einreisen, stattdessen wurden sie wie Schwerverbrecher
von Sicherheitskräften abgeführt, verhört, zwölf Stunden
lang in eine Zelle gesperrt und schließlich zurück in ihre Hei-
mat geschickt. Die als Spaß gedachte Twitternachricht *»@Me-
lissaxWalton free this week for a quick gossip / prep before I go*

and destroy America?«², mit der einer der beiden Verdächtigten seine Freunde fragen wollte, ob sie vor der Abreise noch etwas Zeit zum Quatschen haben, bevor es zum »Party machen« in die USA geht, genügte, um als Sicherheitsrisiko eingestuft zu werden. Das Wort »destroy« sei umgangssprachlich gemeint gewesen und bedeute lediglich »wild feiern«. Doch Amerika fühlte sich bedroht.

Unser komplettes Leben wird überwacht. Dass die Geheimdienste das tun, wissen wir inzwischen. Was viele nicht wissen, ist, dass auch zahllose Unternehmen ein System der Intransparenz erschaffen haben, in dem sie uns permanent überwachen und vermessen. Der Zugriff geschieht unbemerkt, dabei findet er nicht einmal im Geheimen statt. Er wird nur perfekt getarnt. Für den Einzelnen spielt er sich im Verborgenen ab. Ein einfaches Beispiel ist das aktuelle Urteil des Bundesgerichtshofs zur Schufa, der Schutzgemeinschaft für allgemeine Kreditsicherung. Das Gericht hat entschieden, dass die Algorithmen, die die Kreditwürdigkeit festlegen und unser Schicksal massiv in eine negative Richtung lenken können, ein »Geschäftsgeheimnis« sind.³

»Die Überwachung ist subtil und verdeckt, sie ist eingebettet in Dinge, auf die wir tagein, tagaus angewiesen sind.«⁴ Ausgeschlossen, ihr zu entkommen. Unablässig werden Daten von uns allen erhoben, gespeichert, verknüpft, bewertet und verkauft: In welchem Viertel wir wohnen, wie viel wir verdienen, ob wir Schulden haben, wohin wir reisen, ob wir an einem Burn-out leiden oder an einer Blasenschwäche, welches Auto wir fahren, was unsere Konsumgewohnheiten, wer unsere Nachbarn sind, mit wem wir kommunizieren. Das datenzentrierte Modell des Silicon-Valley-Kapitalismus beherrscht unsere Gesellschaft und versucht, jeden Aspekt unseres alltäglichen Lebens in produktives Kapital zu verwandeln.⁵

Unsere Identität setzt sich nicht länger aus unserer Vergangenheit, unseren Erfahrungen und vielleicht noch aus unserer Rentenversicherungsnummer zusammen. Nein, wer wir sind, entscheiden hochkomplexe Algorithmen, die sich durch Gespräche nicht mehr überzeugen lassen. Und die leistungsfähigen Maschinen erschaffen nicht nur unser digitales Abbild, unser zweites Ich, sie gehen, das ist das Bedrohliche an ihnen, noch viel weiter: Sie treffen Vorhersagen über unsere Zukunft.

Gehen Sie davon aus, dass sehr viele Menschen sehr viele brennende Fragen an Sie haben, die sie Ihnen niemals offen ins Gesicht sagen würden. Schließlich will Sie niemand schockieren. Diese Fragen lauten zum Beispiel: Werden Sie ein guter Arbeitnehmer sein? Sind Sie derzeit ein guter Arbeitnehmer? Wie hoch ist die Wahrscheinlichkeit, dass Sie Ihr Auto zu Schrott fahren? Ist Ihr Girokonto häufig überzogen? Sind Sie gesund? Werden Sie bei der Abzahlung Ihrer Hypotheken in Rückstand geraten? Neigen Sie dazu, Ware, die Sie im Internet bestellen, wieder zurückzuschicken? Werden Sie das Apartment runterwohnen oder ausziehen, obwohl Sie mehrere Mieten nicht beglichen haben? Sind Sie psychisch krank? Kurz: Wie viel sind Sie auf dem Markt wert?[6]

An den massenhaften Informationsbausteinen, die Datenhändler wie die Deutsche Post, das Einwohnermeldeamt, Versicherungen, der Arzt unseres Vertrauens, Apotheken und die Firma mit dem unscheinbaren Namen Schober über unser Leben erbeuten und skrupellos weiterverkaufen, verdient die Branche Milliarden. Das Geschäft mit unseren Daten und ergo mit unserem Schicksal boomt. Es ist einer der profitabelsten Wachstumsmärkte des 21. Jahrhunderts. Den Preis dafür bezahlen am Ende wir, doch wie hoch er tatsächlich ist, kann heute noch niemand absehen.

Selbst wer sich keinen Deut um seine Privatsphäre schert,

wem es vollkommen egal ist, dass er in unserer totalvernetz-
ten Welt unablässig beobachtet, analysiert und in sozioökonomische Raster eingeordnet wird, muss spätestens dann
hellhörig werden, wenn die Angriffsfläche sein Körper ist.
Niemand zuckt mehr desinteressiert mit den Schultern, wenn
seine intimsten Daten, seine Erektions- oder Blasenschwäche, seine manische Depression, sein Lungenkrebs als Ware
gelabelt, bewertet und verkauft werden.

Dass den Datenjägern kein einziger Schritt verborgen bleibt,
ist wortwörtlich zu verstehen, schließlich werden wir jederzeit und überall geortet, selbst bei ganz gewöhnlichen Aus-
flügen – dank Navigationsgeräten und Smartphones, die
ständig mit dem Internet verbunden sein müssen, damit sie
uns etwas nützen. Falls Sie jetzt einwenden, dass Sie weder
Handy noch Smartphone oder einen Computer besitzen, sei-
en Sie gewiss, auch das rettet Sie nicht. Auch Sie bewegen sich
auf gefährlichem Terrain, auch Sie hinterlassen Spuren: bei
Ihrer Arbeit, beim Arzt, bei der Krankenkasse, beim Finanz-
amt, bei Ihrer Bank, beim Einkaufen, Autofahren, Reisen
oder Ausfüllen eines Gewinnspiels. Und diese Spuren des
Alltags sind nur die evidentesten Beispiele. Sie verwischen
nie.

Kameras, die in Einkaufspassagen bisher Diebstähle auf-
klärten, analysieren neuerdings Kleider und Schmuck ihrer
Kunden und informieren die Ladenbesitzer über deren so-
zioökonomischen Status. Spielekonsolen zählen, wie viele
Kinder vor dem Bildschirm sitzen, und erkennen, ob sie Spaß
haben. E-Book-Reader zählen, welche Stellen häufig gelesen,
welche überblättert werden und wo sich die Pupillen weiten.
Wer glaubt, es handele sich hier um Nebensächlichkeiten,
täuscht sich gewaltig. In der Ära des Informationskapitalismus existieren keine Nebensächlichkeiten. Für Statistikpro-
gramme sind potenziell alle Informationen wichtig, und weil

das Speichern von riesigen Datenmengen spottbillig geworden ist, wird auch alles gespeichert. Jede Information lässt sich zu Geld machen.

Nach und nach ist auf diese Weise ein Paralleluniversum entstanden, in dem eine kühl kalkulierende Maschinerie unser Schicksal anhand unserer Daten permanent neu verhandelt. Ihre schiere Datenverarbeitungskapazität sprengt jedes bisher gekannte Maß. Ihr Gedächtnis ist absolut. Alles, wirklich alles, was wir, was unsere Kinder heute tun, kann irgendwann einmal gegen uns oder gegen sie verwendet werden und sei es nur der Kauf eines Asthmamedikaments oder eine harmlose Twitter-Nachricht.

Es ist höchste Zeit, Angst zu bekommen, rät uns der Wissenschaftshistoriker George Dyson.[7] Er hat recht. Daten sind das neue Gold. Und aus ihnen wird das Drehbuch unseres Lebens geschrieben. Denken Sie nur für einen Moment an Rating-Agenturen, die, obwohl sie bei der Finanzkrise 2008 nachweislich versagt haben, nach wie vor ganze Länder rauf- oder runterstufen – genauso ergeht es inzwischen uns allen. Auch unser Schicksal wird gesteuert. Auch wir steigen in der Bewertungsskala auf oder büßen Punkte ein. Den Abgrund, der sich unter uns auftut, sehen wir nicht. Manchmal genügt schon der Umzug in ein anderes Stadtviertel, um die Diskriminierungsmaschine in Gang zu setzen. Der Unterschied ist, dass jedes Land weiß, wie viel es auf dem Papier wert ist. Wissen Sie zum Beispiel, wie Ihre sozioökonomische Bewertung ausfällt? Ob Sie in die Kundenkategorie »sehr wertvoll« oder »wenig wertvoll« fallen, wofür sich unter Insidern übrigens der Begriff »Abfall« etabliert hat?

Falls ja, sind Sie sich wirklich ganz sicher?

1. Die Datensammler sind überall

Eines Tages bekommt die Familie Münch einen Anruf von einem freundlichen Herrn. Familie Münch kennt den freundlichen Herrn nicht, aber offenbar kennt der Herr die Münchs wie seine Westentasche. Er weiß, dass im Leben der Familie gerade etwas Besonderes geschehen ist; etwas, dass alles von Grund auf verändert: Er gratuliert ihr herzlich zur Geburt der Tochter Lene. Was er will? Ein Geschäft machen. Genauer gesagt: ein Abonnement des Magazins »Eltern« verkaufen. Der Vater ist verärgert. Und er ist verdutzt. Er fühlt sich ausspioniert. Unter der Überschrift »Woher kennen die den Namen meiner Tochter«[8] verfasst er einen wütenden Blogeintrag: »HALLO? Er gratuliert uns zur Geburt unserer Tochter? Er kennt ihren Namen? Woher bitte?« Auf die Frage, woher er die Angaben habe, antwortete der Anrufer, die Familie selbst habe die Einwilligung dazu gegeben. Doch weder sagt er, wo, noch, wann das gewesen sein soll. »Ich fand es ja schon dreist, dass die Sparkasse Bodensee ein paar Tage nach Lenes Geburt einen Gutschein für eine Kontoeröffnung geschickt hat, natürlich auch namentlich usw., aber das schießt wirklich den Vogel ab! Während die einen sich noch über personalisierte Werbung im Internet aufregen, hat das ›echte‹ Leben längst überholt.«[9]

Herr Münch und seine Frau können sich nicht daran erinnern, jemals irgendwo der Weitergabe der Daten ihrer Tochter zugestimmt zu haben. »Die einzige Einwilligung, die wir erteilt haben, war die der Veröffentlichung der Geburt in lokalen Medien, aber diese dürfen meines Wissens nicht zu Marketingzwecken missbraucht werden.« Letzten Endes fanden sie nicht mehr heraus, als dass sich hinter dem Anrufer ein auf Direktmarketing spezialisiertes Unternehmen verbirgt.

Das, was Familie Münch passiert ist, ist ein alltäglicher Vorgang. Es geschieht permanent und überall. Eine der frappierendsten Geschichten, die viel darüber verrät, wie gläsern wir geworden sind, während wir lächelnd unsere Kundekarten zücken und an Gewinnspielen teilnehmen, ereignete sich in Amerika. In der Nähe von Minneapolis stürmte ein Mann in eine Filiale von Target, nach Walmart der größte Discounteinzelhändler der USA. Lautstark verlangte er nach dem Filialleiter. Er hatte mehrere Coupons mitgebracht, die Rabatt auf Babykleidung und Kinderbetten gewährten und seiner Tochter von Target per Mail zugeschickt worden sind. Das Problem an der Sache war, dass die Tochter noch zur Highschool ging. Ob man seine Tochter ermutigen wolle, schwanger zu werden?, fragte der Vater. Zu dem Zeitpunkt, als er Target mit den Coupons konfrontierte, wusste er nicht, dass seine Tochter tatsächlich schwanger war. Target wusste es.[10]

Um dieses Wissen zu erlangen, war Target folgendermaßen vorgegangen: Es ließ die Analysten des Unternehmens massenhaft Daten analysieren, mit Hilfe mathematischer Formeln in immer neue Beziehungen zueinander setzen und so Modelle über die soziale Wirklichkeit erschaffen. Irgendwann identifizierten die Analysten ein Muster: nämlich, dass Schwangere ab dem dritten Monat außergewöhnlich viel unparfümierte Körpermilch kauften. In den ersten 20 Schwangerschaftswochen griffen sie zudem vermehrt nach Nahrungsergänzungsmitteln wie Kalzium, Magnesium und Zink. Und: Sobald jemand in großen Mengen Seife, Watte, Desinfektionsmittel und Waschlappen kauft, konnte Target das von nun an als untrügliches Zeichen werten, dass eine Geburt kurz bevorstand.

Doch die identifizierten Schwangeren durften auf gar keinen Fall erfahren, was Target über sie wusste. Niemand möchte, dass der Supermarkt seines Vertrauens im Privatleben herumschnüffelt und intimste Details über einen in seiner Datenbank speichert. In einem Interview mit der »New York Times« erklärte einer der Chefanalysten von Target, wie die Firma dieses Problem löste. Target verschickt einfach gemeinsam mit den Coupons für Babyausstattung zum Beispiel welche für Weingläser, damit die Manipulation im Gewand des Zufalls daherkommt. Mit Erfolg. Das Unternehmen fand heraus, dass, solange die Kundinnen nicht das Gefühl hatten, ausspioniert zu werden, diese die Rabatte nutzten und tatsächlich Babysachen einkauften.[11]

1.1 Der Feind in Ihrem Haus

Lene Münch ist kostbar. Nicht nur für ihre Eltern, auch für die Industrie. Denn Lene ist eine Konsumentin. Zunächst kaufen noch Eltern und Großeltern für das Kind ein, bald schon hat es Taschengeld und später verdient Lene ihr eigenes Geld. Und Lenes Lebenserwartung ist hoch. Es geht insgesamt um Hunderttausende Euro, die direkt oder indirekt durch Lenes Hände gehen werden. Unzählige Unternehmen wollen von diesem gigantischen Kuchen ein Stück abhaben.

Der Begriff Direktmarketing bekommt in diesem Zusammenhang eine ungemeine Wucht, dabei klingt er im ersten Moment wenig beunruhigend. Er klingt weder nach Spionage noch nach Überwachung oder einem Eingriff in die Privatsphäre, sondern schlicht nach Kundennähe und Individualität. Je exakter die Wirtschaft weiß, was ich will, desto genauer schneidet sie das Angebot auf mich zu. Man könnte annehmen, dass hier eine Firma bloß zielgerichtet Werbung betreibt, anstatt wahllos Abertausende von Flyer in die Briefkästen unbekannter Leute zu werfen, von denen sie nicht einmal weiß, ob sie sich überhaupt für das beworbene Produkt interessieren oder gerade ganz andere Konsumwünsche hegen und sich einen neuen Fernsehapparat anschaffen oder auf die Malediven fliegen wollen. Das zu wissen spart Zeit und Kosten und schont Ressourcen. Es werden weniger Flyer und weniger backsteinschwere Kataloge gedruckt, die sich früher im Treppenhaus stapelten. Kurz gesagt: Theoretisch könnte das Direktmarketing für Handel und Kunden eine Win-win-Situation darstellen.

In Wahrheit heißt Direktmarketing aber auch: Ich will das erste Unternehmen in Lenes Leben sein. Man nennt das Markenbildung. Je früher die Markenbildung einsetzt, desto größer sind die Unternehmenschancen, einen Kunden dauerhaft an sich zu binden und dessen Loyalität zu gewinnen. Was sollte daran auszusetzen sein? Der Markt ist hart umkämpft. Jedes Unternehmen versucht, die Konkurrenz auszustechen, sich einen Vorteil zu erarbeiten. Das ist legitim. Und es ist vernünftig. Aus ökonomischer Perspektive ist es sogar überlebensnotwendig.

Der Mensch des 21. Jahrhunderts ist ein unersättliches Wesen. Damit die Wirtschaft funktioniert, müssen wir unersättlich bleiben und ständig weiter konsumieren, unabhängig von der Frage, ob wir einen neuen Fernseher, eine neue Waschmaschine oder eine neue Hose wirklich brauchen. Höchstwahrscheinlich brauchen wir nämlich nichts von alldem, weil unsere Bedürfnisse längst gedeckt sind. Doch es genügt, wenn wir das Gefühl haben, wir bräuchten diese Dinge. Gleichzeitig sind wir Gewohnheitstiere. Liebgewonnenen Ritualen halten wir die Treue. Wenn wir jeden Samstag bei Rewe einkaufen, werden wir diese Gewohnheit nicht grundlos über den Haufen werfen und stattdessen plötzlich zu Edeka gehen. Gleichzeitig gilt aber auch, dass unsere Verhaltensweisen nicht in Stein gemeißelt sind. Sie sind änderbar. Die Verhaltensforschung hat allerdings gezeigt, dass wir nur in sehr wenigen, einschneidenden Momenten unseres Lebens bereit sind, eingefleischte Muster zu verändern. Zum Bei-

spiel, wenn wir heiraten (offenbar sind wir dann besonders
empfänglich dafür, eine neue Kaffeesorte auszuprobieren),
uns scheiden lassen (hier greifen wir vermehrt zu neuen Bier-
sorten), umziehen (unser Lieblingsmüsli steht jetzt auf dem
Prüfstand), ein Haus bauen oder eben ein Kind kriegen[12] –
wie Lenes Eltern. Genau in diesem Moment kommt die
Wirtschaft ins Spiel. Die Falle schnappt zu, und wir sitzen
drin. Für die Marketingmaschinerie ist es entscheidend, uns
in exakt diesen »magischen« Momenten zu fassen. Gelingt
das, ist die Wahrscheinlichkeit hoch, uns für Jahre ins Boot
zu holen. Ziel ist es, aus einem potenziellen Kunden jemanden zu machen, der mit derselben Selbstverständlichkeit, mit
der er seine Zähne putzt, das eigene Geschäft betritt und dort
so viele Bedürfnisse wie irgend möglich befriedigt.

Kommen wir zurück zur Familie Münch und schauen uns
an, wie ein Unternehmen herausfindet, wer gerade schwanger geworden ist oder unlängst ein Baby bekommen hat. Einer der großen Akteure auf diesem Feld ist die Present-Service Ullrich GmbH & Co. KG mit Sitz in Erlangen, von der
die meisten sicher noch nie gehört haben. Das Unternehmen
wurde 1963 unter dem Namen »Mütterwerbedienst«[13] gegründet, der jedem unmissverständlich klarmachte, wer die
Zielpersonen sind. Heute, 50 Jahre später, wirbt die Firma
damit, Marktführer im »Zeitpunkt-Marketing« zu sein und
die höchste Abdeckung in der Zielgruppe entstehender Fa-
milien aufzuweisen, »und das bei jährlich etwa 650 000 Geburten in Deutschland«.[14]

Die Firma verfolgt eine raffinierte Strategie: In dem Moment, in dem Sie erfahren, dass Sie Eltern werden, wird Present-Service Ullrich zum heimlichen Mitglied Ihrer Familie.
Sie schleicht sich in Ihr Haus und sitzt von nun an mit am
Frühstückstisch. Dort sitzt übrigens nicht nur Present-Service Ullrich, neben ihr haben zahlreiche weitere Datenhändler Platz genommen, die Sie mehr oder weniger freiwillig mit

Ihren Daten gefüttert haben, aber dazu später mehr. Das Einschleichen in Ihre Familie gelingt Present-Service Ullrich, indem sie nach eigenen Angaben auf über 10 000 aktive Partner im Gesundheitswesen zurückgreift. Ihre Agenten vor Ort sind Hebammen, Frauenärzte, Krankenschwestern. Personen, denen Schwangere vertrauen. Auf diese Weise schafft es das Unternehmen, von mehr als 50 Prozent der bevorstehenden Geburten in Deutschland zu erfahren. Aus den 50 Prozent sollen bald 100 werden.

Seine Agenten beliefert Present-Service Ullrich regelmäßig mit »Geschenktaschen«, die zu jeweils unterschiedlichen Zeitpunkten im Verlauf der Schwangerschaft überreicht werden. In den Geschenktaschen sind Schnuller, Feuchttücher, Windelproben, schmale Informationsbroschüren, Mini-Teddybären, solche Dinge. Produkte von Firmen, die in einer emotional bewegenden Zeit um die Gunst des Konsumenten kämpfen. Es ist, im Fachjargon gesprochen, der ideale Customer-Touchpoint, der perfekte Kontaktpunkt mit dem Kunden. Ein vielversprechenderer Manipulationsaugenblick existiert nicht. »Ihre Werbebotschaft«, verspricht Present-Service Ullrich ihren Kunden, »wird durch den Frauenarzt zum Mutterpass, durch die Hebamme zur Geburtsvorbereitung und durch die Hebamme oder Krankenschwester zur Geburt übergeben: Sie erzielen Customer-Touchpoints in einmalig glaubwürdiger Szenerie. So wird Ihre Marke von Anfang an Teil der Familie. Sie können der Erste Ihrer Branche sein, der diese wertvollen Zeitpunkte nutzt.«[15]

Damit nicht genug. Die Überwachung geht ganz selbstverständlich weiter: »Wann und wo hat Ihre Kampagne wie viele Werbekontakte und wie viel Response erzielt? Dank der Barcode-Erfassung der LetsFamily-Geschenktaschen bieten wir Ihnen die Antwort immer aktuell online. Jede einzelne LetsFamily-Geschenktasche ist individuell per Barcode erfasst. Unsere Tracking & Tracing-Anwendung ermöglicht

Ihnen die Sendeverfolgung sowie Verlaufs- und Ergebnisanalysen.« Es wird niemanden überraschen, dass die Firma als ein weiteres Beobachtungswerkzeug eine Eltern-Community im Internet betreibt. So nützlich ein Internetforum für Eltern auch sein mag, der primäre Grund ist das Abschöpfen unserer Daten. Es wird auch niemanden überraschen, dass zu Present-Service Ullrich ein Unternehmen gehört, das mit Adressen handelt.

Kaum auf der Welt, wird die kleine Lene in die Datenbanken der Adress- und Datenhändler eingespeist. Die digitale Akte, die dort über sie angelegt wird, wächst kontinuierlich. Gleichzeitig steigt ihr Wert mit jeder Information, die hinzukommt.

1.2 Lückenlose Persönlichkeitsprofile

Viele der Datenschnipsel, die irgendwo von Ihnen existieren, werden von Unternehmen verkauft, ohne dass Sie selbst jemals einen einzigen Cent sehen würden. Wo, wann, zu welchem Zweck und mit welchen Konsequenzen Ihre Daten gehandelt werden, wissen Sie nicht. Mitunter wissen das selbst die Datenhändler nicht, die sich ganz dem Credo des US-Geheimdienstchefs Keith Alexander verschrieben haben: Man braucht erst den Heuhaufen, um die Stecknadel darin zu suchen. Die Menge der Daten treibt ihren Wert in die Höhe. »Mehr ist immer besser«, das hat auch der Chief Technology Officer der CIA, Ira Hunt, auf einer Big-Data-Branchenkonferenz 2013 unmissverständlich klargemacht. »Da man Punkte nicht verknüpfen kann, die man nicht hat, versuchen wir grundsätzlich alles zu sammeln, was wir sammeln können, und es für immer zu behalten. Wir stehen sehr kurz davor, sämtliche von Menschen generierten Informationen verarbeiten zu können. Wir wollen ein Werkzeug, das erklärt, wie all diese Menschen in allen nur denkbaren Wegen in Verbindung stehen.«[16]

Wir müssen gar nicht nach Amerika blicken, um nervös zu werden. Der Datenhandel blüht auch in Deutschland. Der Landesdatenschutzbeauftragte Joachim Wahlbrink ist sich sicher, dass »mit jeder Information, die irgendwie verwertet werden kann, gehandelt wird. Selbst mit hochsensiblen Gesundheitsdaten. Egal ob das jeweilige Geschäft nun gesetzlich erlaubt ist oder nicht. Die Geheimnistuerei der IT-Branche spricht Bände.«[17]

Zu Deutschlands bekanntesten Datenhändlern zählen unter anderem: Bertelsmann, Otto und die Deutsche Post. Sie alle haben unter ihren Konzerndächern für weitere Datenkategorien wie Melde-, Umzugs- und Bonitätsdaten zahlreiche Unternehmen aufgebaut oder dazugekauft. Dieser Schachzug hat ihnen einen quasi grenzenlosen Zugang zu unseren Daten gesichert.[18] Jetzt schöpfen sie aus dem Vollen.

Die Datenbanken der Datenhändler enthalten detaillierte Informationen zu jedem Haushalt, teilweise liegen die Informationen sogar für jede einzelne Person vor. Um jede noch so winzige Lücke im Persönlichkeitsprofil zu schließen, zapfen die Datenhändler immer neue Quellen an. Liegen zu bestimmten Punkten keine Daten vor, heißt das nicht, dass auf eine Angabe verzichtet wird. Fehlende Daten werden mittels statistischer Methoden aus vorliegenden Daten näherungsweise errechnet. In Amerika weiß der Datenhändler Acxiom, dessen Namen Sie sich gut merken sollten, laut »New York Times« mehr über das Leben der Amerikaner als das FBI. Pro Haushalt listet Acxiom, das seit vergangenem Jahr auch mit Facebook zusammenarbeitet, 1500 Einzelangaben in seiner Datenbank auf. Laut eigenen Angaben erwirtschaftet Acxiom weltweit mehr als eine Milliarde Dollar Umsatz im Jahr und verfügt über 500 Millionen aktive Konsumentenprofile, darunter 44 Millionen aus Deutschland. Gut möglich, dass Acxiom auch Sie in seiner Datenbank führt. Wie umfangreich die Profile sind, zeigen folgende Beispiele gespeicherter Merkmale.

- Name
- aktuelle Adresse sowie Anzahl Haushalte im Haus, Anzahl Gewerbe im Haus, Straßentyp, Bebauungstyp, Ausländerindex, Alters- und Familienstruktur
- vorherige Adresse(n)
- E-Mail-Adresse(n)
- Telefonnummer(n)
- Geburtstag
- Geschlecht
- Beziehungsstatus
- Anzahl der Kinder
- Name der Kinder
- Alter der Kinder
- kultureller Hintergrund/Ethnie
- beruflicher Status
- höchster Schulabschluss
- finanzielle Situation
- Bonität, Haushaltseinkommen
- Kaufkraft (aufgeschlüsselt nach verschiedenen Branchen)
- Zielgruppensegment, Acxiom beispielsweise teilt in Deutschland die Bevölkerung, basierend auf Alter, Familientyp und Sozialstatus, in 14 Hauptgruppen ein: Alleinerziehend & statusarm, Midlife-Single & gut situiert, Goldener Ruhestand & aktiv und so weiter. Basierend auf verschiedenen Lifestyle-Merkmalen erfolgt eine Kategorisierung in bis zu 214 Untergruppen wie: Raucher/Nichtraucher, bevorzugtes Werbemedium, Angaben zu sogenannten Lifestyle-Affinitäten unter anderem in den Bereichen Freizeit (z. B. Mode, Diät, Garten, Computer, Haustiere, Kunst und Kultur, Rätselraten, Preisausschrei-

ben, Technik, Wirtschaft), Medien, Sport, Telekommunikation, Finanzdienstleistung/Versicherung und Tourismus.

- Konsumverhalten, zum Beispiel im Bereich Gesundheit. Hier stuft Acxiom die Personen in Desinteressierte, Nachlässige, Bequeme, Informierte, Ängstliche oder Souveräne ein. Geht es um Versicherungen, lauten die Bezeichnungen: Treuer Vertreterkunde, Preisorientierter Rationalist, Anspruchsvoller Delegierer, Überforderter Unterstützungssuchender, Distinguiert Konservativer oder Skeptisch Gleichgültiger.
- Internetnutzung, DSL-Verfügbarkeit, Mobilfunknutzung
- Milieuzuordnung: Etabliertes Milieu, Intellektuelles Milieu, Postmodernes Milieu, Modernes bürgerliches Milieu, Traditionelles bürgerliches Milieu, Statusorientiertes Milieu, Modernes Arbeitnehmermilieu, Traditionelles Arbeitermilieu, Konsummaterialistisches Milieu und Hedonistisches Milieu
- Angaben über die vorhandenen Pkws.[19] [20]

Laut eigenen Marketingprospekten[21] liefert Acxiom sogar Kundenprofile, die sich zum Beispiel so lesen:

Kauft ein bei	Aldi, Rewe, Edeka
Durchschnittlicher täglicher Fernsehkonsum	2 Stunden
Hauptversicherer	HUK-Coburg
Hauptbank	Sparkasse
Monatliche Ausgaben in Euro für:	
Zeitschriften/Zeitungen	30,--

Bücher	15,--
Internet	7,--
Musik-CDs	40,--
Bevorzugte Urlaubsart	Bade-/Strandurlaub, Erholungsurlaub, Cluburlaub
Zeitungen/Zeitschriften	»Bild«, »Bild am Sonntag«, »Computer Bild«, regionale Tageszeitung, »TV Spielfilm«
Lesethemen	Sport, Haus/Wohnen, Garten, Erziehung, Zeitgeschehen
Freizeit/Hobbys	Kino, Video, Lesen, Computer/Internet, Reisen, Fahrrad fahren, Inlineskaten, Fußball, Joggen

1.3 Wie wir diskriminiert werden

Datenhändler operieren unter dem Radar der Öffentlichkeit. Ihre Zurückhaltung ist die beste Tarnung überhaupt. Darin ähneln sie Waffenhändlern.[22] Während sie in aller Ruhe ihre Geschäfte optimieren, scheinen die Feinde, die ihre Überwachungsfühler nach uns ausstrecken und uns ausspionieren,

eindeutig identifiziert. Sie heißen zum Beispiel Google und
Facebook. Und ja, sie sind gefährlich.

Medial sind die Internet-Giganten aus dem Silicon Valley
omnipräsent. Doch die Feinde sitzen nicht nur in Amerika,
sie sitzen auch in unserer unmittelbaren Nachbarschaft und
heißen Schober, Arvato, Infoscore, Acxiom, Creditreform
oder Supercheck – um nur wenige zu nennen. In den Medien
tauchen sie kaum auf. Ihre Diskretion hindert sie selbstverständlich nicht daran, auf ihren Internetseiten aggressiv um
Kunden zu werben, denn was haben sie schon zu befürchten?
Die Wahrscheinlichkeit, dass sich der normale Bürger auf
eine der Seiten verirrt, ist gering. Damit spekuliert offenbar
auch das Unternehmen Schober. In seiner Datenbank liegen
50 Millionen Privatadressen »mit jeweils über 300 Zusatz-
merkmalen zu Konsumverhalten, Soziodemografie sowie
Wohn- und Lebenssituation«. Die »Schober Consumer Tar-
getBase« zeigt anschaulich, welche Merkmale die Wirtschaft
zur Verfügung hat, um ihre Zielgruppe optimal einzugrenzen
und das perfekte Datenpaket von Schober zu erwerben. Der
Datenkäufer muss sich nur eine Frage stellen: Welche Personengruppe möchte ich finden? Vielleicht »Konsumeinstei-
ger«? Oder »Markentreue, Qualitätskäufer, Hobbygärtner
und Heimwerker«? Auch »Tierfreunde« hat Schober im Angebot sowie »Sport- und Technikfreaks, Ratenkäufer, Hot-
line-Käufer, Schnäppchenkäufer und Gewinnspielteilneh-
mer«.[23]

Unter dem Link Adressenshop kann sich jede x-beliebige
Person maßgeschneiderte Datenpakete kaufen, hochsensible
Erzählungen über völlig fremde Menschen und ihr Leben –
oder eben über »bekannte« Menschen, zum Beispiel die
Nachbarn oder Freunde. Zynisch formuliert, erleichtert dieses Spionage-Tool die Arbeit Krimineller erheblich. In nur
wenigen Minuten hat man seine Wunschpersonen ins Visier
genommen. Man kreuzt dafür einfach die maßgeblichen Kri-

terien in der Suchmaske an – und sucht zum Beispiel nach Frauen und Männern zwischen 35 und 45, die in einem exklusiven, nach 2001 gebauten Haus mit Garten wohnen, ein Fahrzeug der Oberklasse fahren, sich für Reisen, Freizeit und Luxusgüter interessieren und auf schriftliche Angebote reagieren. Als Nächstes gibt man die Postleitzahl oder das Bundesland ein und klickt auf »Auszählung starten«. Hat man Hessen angekreuzt, bietet einem Schober 673 Adressen zum Verkauf an. Dahinter verbergen sich wie gesagt ausschließlich Menschen, die die angegebenen Kriterien erfüllen. Kosten: 706,65 Euro. Zum Vergleich: Ändert man nur das Bundesland und ersetzt Hessen durch Bayern, spuckt Schober 6674 Adressen zu denselben Kriterien aus. Für 2202,42 Euro.

Der »Stern« hat mehrere Datenpakete bei Schober gekauft, alle aus dem Hamburger Stadtteil Eppendorf, in dem zahlreiche gutsituierte Menschen leben. Das »Datenpaket 3« lieferte insgesamt 59 Namen von Frauen, die »älter sind als 60 Jahre, begütert und zum größten Teil alleinstehend«, heißt es in dem Artikel. »Allein 16 der älteren Damen leben in der noblen Isestraße, die für ihren Feinschmecker-Wochenmarkt stadtbekannt ist. Die Frauen auf der Liste heißen Hedwig, Gerda, Anneliese oder Erika. Die Chance, dass unter ihnen eine große Anzahl einsamer Witwen ist, die besonders häufig Opfer von Einbrechern oder Betrügern werden, ist hoch. Gekostet hat diese Liste nur 95,58 Euro.« Der »Stern« telefonierte nach eigenen Angaben die Listen durch. Was die Journalisten den Angerufenen mitteilten, schockierte alle – niemand hatte es für möglich gehalten, dass so viele intime Details über ihn im Umlauf sind.[24]

Genauso simpel wie die Rasterfahndung nach Reichen funktioniert, lassen sich auch arme Menschen herausfiltern. Ob diese Menschen tatsächlich arm sind, spielt beim sogenannten Scoring-Verfahren keine Rolle. Wer als Risiko eingestuft wird, hat Pech gehabt.

Kurz zum Scoring: Unter Scoring versteht man mathematische Verfahren, mit denen anhand unterschiedlicher Informationen Menschen gerastert werden. Mittlerweile ist Scoring ein alltäglicher automatisierter Vorgang, der in etlichen Bereichen angewandt wird, bei Banken, Versicherungen, Telekommunikationsunternehmen, der Vermietung von Wohnungen und im Versandhandel. Das wohl bekannteste Scoring-Beispiel ist der Kreditscore der Schufa. Die Punktevergabe basiert auf statistischen Analysen, in die wiederum bestimmte Kriterien einfließen wie Beruf, Arbeitgeber, Familienstand, wie lange man schon Kunde ist, die aktuelle und die vorherige Adresse. Anhand der ermittelten Kreditscores lassen sich verschiedene Personen und deren Kreditwürdigkeit miteinander vergleichen. Zum Schutz vor Risikokunden, die nicht oder erst spät bezahlen, stellen Online-Händler häufig die interne Regel auf, dass Personen, die einen bestimmten Kreditscore nicht erreichen, ausschließlich per Vorkasse bestellen dürfen. Doch der Kunde weiß weder, dass er in eine Bonitätsschublade gesteckt worden ist, weshalb er sich auch nicht wehren kann, noch ist sichergestellt, dass die Angaben überhaupt stimmen. Eine Studie des Bundesverbands der Verbraucherzentrale hat ergeben, dass 85 Prozent der Verbraucher nicht wissen, was Scoring bedeutet. Und nicht einmal jedem Hundertsten ist überhaupt bewusst, dass Scoring-Verfahren Auswirkungen darauf haben, zu welchen Konditionen Banken ihre Kredite vergeben.[25]

Mit den Datenbergen über uns, die unaufhörlich wachsen, wächst gleichzeitig die Gefahr, dass sich gesellschaftliche Unterschiede weiter gravierend verschärfen. Von einer auf Markteffizienz getrimmten Gesellschaft profitieren in erster Linie die Wohlhabenden. Die Mittelschicht und die weniger gut gestellten gesellschaftlichen Gruppen bekommen die negativen Auswirkungen von Big Data besonders bitter zu spüren. »Als Erstes trifft es die Armen, die den Schutz ihrer Pri-

vatsphäre einbüßen. Die meisten der größten Sorgen in Bezug auf Big-Data-Diskriminierung, Profiling, Verfolgung,
Ausgrenzung – bedrohen die Selbstbestimmung und die Au-
tonomie der Armen mehr, als das bei jeder anderen Klasse
der Fall ist« [26], schreibt Joseph W. Jerome, der an der
Northwestern University in Illinois lehrt. Hierzulande sieht
man das am Umgang mit Hartz-IV-Empfängern. Die ärmste
Schicht hat keine andere Wahl, als völlig durchleuchtet zu
werden. Die Kategorisierung und Klassifizierung trifft aber
wie gesagt nicht nur sie, sie trifft uns alle. Es ist, wie Michael
Fertik, Netzaktivist und Gründer von reputation.com,
schreibt:»99 Prozent von uns leben auf der falschen Seite des
Einwegspiegels – und das eine Prozent, das auf der richtigen
Seite agiert, manipuliert unsere Erfahrungen und lenkt von
ökonomischem Profit getrieben unser Leben.« [27]

1.4 Wie wertvoll sind Sie?

Kommen wir zurück zum Datenhändler Acxiom. Dieses Unternehmen ist auch auf dem deutschen Markt äußerst aktiv.
Der Konzern ging sogar so weit und bot in Deutschland personenbezogene Daten zur ethnischen Herkunft von etwa 15 Millionen Menschen an. Laut»Capital« arbeiteten die Datenhändler mit Kategorisierungen wie »außereuropäisch-islamisch«,
»Spätaussiedler«,»Balkan«,»afrikanisch/südlich der Sahara«. [28]
Der Fachbegriff dafür: Ethno-Marketing. Acxiom soll nach eigener Aussage für jeden Straßenabschnitt Deutschlands die
Zugehörigkeit zu zehn unterschiedlichen Kulturkreisen aus-
weisen können und »kulturkreisbezogene Zielgruppenadres-
sen« bereitstellen. In seiner Eigenbeschreibung wirbt Acxiom
damit, im Datenhandel eine herausragende Position einzuneh-
men:»Neben einer Vielzahl von harten› ›Merkmalen‹ verfügt

Acxiom mit seiner mikrogeografischen Datensuite Mikrotyp über ein einzigartiges Spektrum an Markt- und Konsumentendaten. Neben der Datenanreicherung ermöglicht dieses Datenspektrum eine präzise Qualifizierung nahezu jeder postalischen Anschrift in Deutschland.«[29]

Acxioms Wissen über uns ist gewaltig. Die Firma verspricht ihren Kunden exakt jene Personen aus der Masse herauszufiltern, bei denen es sich wirklich lohnt, sie zu umwerben. »Der Kunde kann seinem jeweiligen Pozential entsprechend ausgeschöpft werden.« Und: »Sie sprechen Kunden auf Basis deren individuellen Kundenwertes an.« Oder eben nicht: »Sie identifizieren zielsicher potenzielle Risikogruppen.«[30] Die Einteilung in wertvolle und wertlose Menschen ist der rote Faden, der sich durch die Selbstvermarktungsbroschüren der Datenhändler zieht.

In einer Welt des algorithmisch betriebenen Ausschlusses werden jene, die der Computer aus irgendwelchen Gründen als wirtschaftliches Risiko identifiziert, an den gesellschaftlichen Rand gedrängt. Sie sind es nicht wert, aus einer attraktiven Angebotspalette auszuwählen und bestimmte Vorteile zu genießen. Gegen den »digitalen Vorbehalt, dass man ein Sicherheits- oder Kreditrisiko ist, kann man ebenso wenig klagen wie gegen das Gen für Alzheimer oder Laktoseunverträglichkeit. Die einzige Unsicherheit besteht darin, ob aus der Disposition wirklich eine Krankheit wird. Und so wie heute bestimmte gesundheitliche Lebensführungen bei genetischen Veranlagungen empfohlen oder vorgeschrieben werden, so werden wir das Gleiche bei sozialen, durch Algorithmen definierten Unverträglichkeiten erleben«[31], schreibt der Mitherausgeber der »Frankfurter Allgemeinen Zeitung« Frank Schirrmacher in seinem Bestseller »Ego«.

Was wir uns klarmachen müssen, ist: Die Fütterung der Maschinen mit Informationen aus unserem Leben hat gerade erst begonnen. Und der Hunger dieser Maschinen ist riesig.

Acxiom arbeitet unter anderem eng mit dem Internetauktionshaus eBay zusammen, um die auf der »Offline-Welt« basierenden Konsumentenprofile mit Daten aus der Online-Welt anzureichern. Die Firma hat Zugriff auf die Informationen, wer was gekauft hat und wer sich für welche Produkte interessiert. Diese Informationen wiederum lässt Acxiom in eine detaillierte Profilbildung jedes einzelnen eBay-Nutzers einfließen. Kategorisierungspunkte sind etwa »Online-Affinität, Direktkäufer, Schnäppchenjäger, Powerbuyer, Einkäufe nach Themen, Luxus-Affinität«.

Alle Unternehmen dieser Welt eint ein Ziel: der schrankenlose Blick auf den Kunden. Der Begriff »gläsern« trifft die Sache haargenau. Die Unternehmen wollen alles, wirklich alles über uns wissen, um uns im nächsten Schritt noch besser manipulieren und Wünsche in uns implementieren zu können. Vor wenigen Monaten hat der Versandhändler Amazon ein Patent zugesprochen bekommen, das vor zehn Jahren die meisten in der Kategorie Science-Fiction verortet hätten: es geht um »vorausschauenden Versand«, »anticipatory shipping«. Amazon liefert Ihre Ware, noch bevor Sie selbst auf den Button ›Kaufen‹ geklickt haben. Nicht zu Ihnen nach Hause freilich, sondern in ein Versandlager bei Ihnen um die Ecke, damit, sobald Sie den Knopf tatsächlich drücken, Amazon schneller handeln kann. Wir wissen, dass Amazon seit einiger Zeit an seiner Lieferzeitenoptimierung arbeitet; seit Ende vergangenen Jahres experimentiert Amazon mit Mini-Drohnen, die die Waren in Zukunft durch die Gegend fliegen sollen. Jetzt zieht das Unternehmen aus seinen Voraussagen über uns logistische Konsequenzen. Und wieder suggeriert uns Amazon: Ich sitze in Deinem Kopf. Ich weiß, was Du willst. Ich kenne Deine Wünsche, bevor Du sie äußerst.

1.5 Die Macht der Schufa

»Wir schaffen Vertrauen« lautet der Slogan der Schufa. Oft ist allerdings das krasse Gegenteil der Fall. Diese Erfahrung mussten Jana M. und Ralf S. im Juli 2012 machen.[32] Das Paar wollte sich nach reiflicher Überlegung gemeinsam eine Immobilie kaufen, das Objekt war bereits ausgesucht, und auch mit dem Verkäufer waren sämtliche Fragen geklärt. Die Hausbank hatte ihre Bereitschaft signalisiert, dem Paar einen Kredit zu gewähren, und auch der Notariatstermin für die Unterschrift des Kaufvertrags stand fest. Jana M. und Ralf S. hatten, so glaubten sie, lediglich noch einige Formalitäten zu erledigen, bis ihr Glück perfekt war.

Mit den Daten von Ralf S., so der Bankberater, sei alles in Ordnung, doch an Jana M. könne man zu den genannten Konditionen aufgrund ihrer verheerend schlechten Schufa-Auskunft leider keinen Immobilienkredit vergeben. Die Schufa hatte Jana M. wegen ihrer Vergangenheit als Risikokunde gelabelt. Aber welche Vergangenheit? Jana M. hatte bislang weder einen Kredit aufgenommen, noch war sie je in Zahlungsrückstand geraten. Sie hatte eine saubere Weste. Jana M. forderte von der Schufa eine Auskunft zu den über sie gespeicherten Daten an, mit erschütterndem Ergebnis: »Die von der Schufa übermittelten Daten waren zu über 90 Prozent falsch. So war ihr Vorname plötzlich ein anderer: Statt ›Jana‹ stand da plötzlich ›Yana‹. Zudem wies ihr die Schufa drei frühere Wohnungen in Ingolstadt zu, obwohl Jana M. dort nie gelebt hatte. […] Sie sollte mehrere Mobilfunkverträge mit T-Mobile und Vodafone besitzen. Darüber hinaus hätte sie laut Schufa bei der Targobank ein Blankobausspardarlehen erhalten und mehrere Anfragen für Verbraucherkredite bei der Deutschen Postbank AG, der Credit Europe Bank, der Santander Consumer Bank AG, der Landesbank Berlin und der Commerz Finanz GmbH gestellt.

Von den insgesamt 20 eingetragenen Ereignissen waren 17 falsch.«

Das, was Jana M. und Ralf S. widerfuhr, ist leider keine Seltenheit. Thomas Petri, Bayerischer Landesbeauftragter für den Datenschutz, erzählt folgende paradigmatische Geschichte: Eine Frau, die dachte, die Aufnahme eines Kredits sei bei ihrem ökonomischen Hintergrund eine reine Formsache, meldete sich eines Tages bei ihm, ratlos und bestürzt. Sie hatte keinen Cent Schulden und wollte sich eine Wohnung in Kiel kaufen. Dafür musste sie einen Kredit aufnehmen. Sie hatte ein gutes Einkommen und war noch relativ jung. Die Bank lehnte ihren Kreditantrag ab, ohne Begründung. Die zweite und dritte Bank, an die sie sich gewandt hatte, lehnten ihren Antrag ebenfalls ab. Bei der vierten Bank sagte der Sachbearbeiter, dass sie bereits bei drei anderen Banken eine Absage erhalten habe und außerdem ihr Schufa-Score schlecht sei. Das lag einerseits an ihrem Alter und andererseits absurderweise daran, dass sie noch nie einen Kredit aufgenommen hatte, weshalb keine Angaben über ihre Rückzahlungsbereitschaft existierten.»Das ist ein klassisches Beispiel einer Diskriminierung«, so Petri.[33]

Ein weiterer Fall, den Petri erlebt hat:»Ein Kunde beantragt bei einer Bank die Eröffnung eines Girokontos. Bei Vertragsabschluss legt er offen, dass er in erheblichem Umfang Verbindlichkeiten hat. Dementsprechend wird ihm ein ›Konto auf Guthabenbasis‹ eingeräumt, bei dem man keine Kreditlinie erhält. Ein Jahr später kündigt die Bank das Vertragsverhältnis fristlos, dabei verweist sie lapidar auf eine ›negative Schufa-Meldung‹. Sie habe ergeben, dass eine Vermögensverschlechterung eingetreten sei.«[34] Die Bank war aber gar nicht berechtigt, regelmäßig Schufa-Auskünfte über die Person einzuholen.

Eingaben bei den Datenschutzbehörden, erzählt Petri, wiesen darauf hin, dass solche Vorfälle zum Alltag im Geschäftsleben gehören. »Personenbezogene Daten können mit Hilfe der automatisierten Datenverarbeitung in Sekundenschnelle zu einem funktionsbezogenen Persönlichkeitsbild zusammengetragen werden. Unternehmen neigen zunehmend dazu, Entscheidungsfindungsprozesse mit Hilfe der Informationstechnologie zu rationalisieren und zu automatisieren. Die betroffenen Menschen drohen in solchen Zusammenhängen zu einer bloßen wirtschaftlichen Rechengröße zu degenerieren.«[35] Kontoverbindungen und Versicherungen könne ein Verbraucher nur noch dann problemlos erlangen und dauerhaft erhalten, wenn er sich in einer wirtschaftlich stabilen Einkommens- und Vermögenslage befinde. »Dabei bilden derartige Vertragsbeziehungen zugleich die wesentliche Voraussetzung, um überhaupt am Arbeits- und Wirtschaftsleben teilnehmen zu können und damit die wirtschaftliche Grundlage zum Leben zu schaffen.«[36]

Wiederholt hat Petri erlebt, dass die Betroffenen besonders schockiert davon sind, wie detailliert Unternehmen über ihre persönlichen und wirtschaftlichen Verhältnisse »Bescheid« wissen. Der Überlegenheit der Unternehmen steht das Ausgeliefertsein ihrer Kunden gegenüber. »In traditioneller Grundrechtsterminologie gesprochen sind die Kunden in ihrer ›Subjektqualität‹ beeinträchtigt, wenn sie von Unternehmen aufgrund von Datenverarbeitungsprozessen quasi beliebig in ihrer sozialen Akzeptanz in Frage gestellt werden.«[37]

Das Gefühl der »informationellen Entwürdigung« vergleicht Petri mit der Erfahrung von Menschen, die Opfer von Einbruchsdiebstählen geworden sind: Der Verlust von Wertgegenständen wiege selbstverständlich schwer, »vor allem aber äußern sich Opfer schockiert über den Eingriff in ihre Privatsphäre. […] Dass jemand in meinem Eigentum, in meinen vier Wänden herumgeschnüffelt, private Informationen über meine Person an sich gerissen hat, ruft indes eine Verunsicherung hervor, die nicht durch Geld auszugleichen ist.«[38]

1.6 Sippenhaft

Ein Gedankenexperiment: Lenes Eltern wünschen sich ein zweites Kind. Da bereits mit Lenes Geburt die Wohnung der Familie zu eng geworden ist, beschließt sie, in eine größere Wohnung umzuziehen. Lenes Mutter meldet ihre alte Adresse beim Einwohnermeldeamt ab und die neue an. Sie informiert Energie- und andere Versorgungsunternehmen über den Ortswechsel. Bei der Post stellt sie einen Nachsendeantrag. Die neue Wohngegend ist zwar schlechter als die alte, doch die Gentrifizierung, der sozioökonomische Umstrukturierungsprozess hat bereits begonnen. Lenes Eltern wissen aber nicht, dass in ihrer Nachbarschaft nach wie vor viele verschuldete Menschen leben. Erst vor drei Monaten hat ihr neuer Nachbar seinen Job verloren, seither ist er arbeitslos. Die 50-jährige Frau, die in einer winzigen Wohnung über ihnen lebt, hat ein schwerer Unfall vor Jahren in die Arbeitsunfähigkeit gezwungen. Jetzt lebt sie vom Staat. Sie hat die Angewohnheit, Waren, die sie im Internet bestellt, in neun von zehn Fällen zurückzuschicken oder erst nach mehreren Mahnungen zu bezahlen.

Die Datenhändler kennen die soziodemografischen Daten der Gegend sehr genau. Sie wissen über Haushaltszahlen und -größe, Altersstruktur, Ausländerindex und Kaufkraft Bescheid. Augenblicklich machen sich Algorithmen ans Werk. Lenes Eltern werden aufgrund ihrer neuen Nachbarschaft in Sippenhaft genommen und ohne ihr Wissen herabgestuft. Die Familie büßt empfindlich im Ranking ein. Plötzlich muss Lenes Mutter Vorkasse leisten, wenn sie Waren im Internet bestellt. Die Familie bekommt vermehrt Billigprodukte angeboten. Manche Dienstleistungen und Angebote werden ihr gar nicht erst unterbreitet.

Acxiom bietet ein Prognose-Tool an, das die Wahrscheinlichkeit vorhersagt, mit der Kunden einen bestehenden Vertrag kündigen, zum Beispiel beim Mobilfunkanbieter oder der Versicherung. »Abwanderungsgefährdung« nennt dies das Unternehmen. »Dieses Prognosemodell«[39], heißt es bei Acxiom, »kann auch bereits bei der Neukundengewinnung eingesetzt werden. So schließen Versicherungen zum Beispiel Personengruppen mit hoher Stornoneigung, ermittelt durch eine Analyse der Stornierer, bei einer Akquise von Lebensversicherungsverträgen präventiv aus. Dadurch lässt sich langfristig der Return on Investment deutlich steigern.« Gemünzt auf Lenes Eltern, die vielleicht für ihre Tochter eine solche Versicherung abschließen möchten, heißt dies, dass ihnen besonders attraktive Angebote vorenthalten werden. Stattdessen zahlen sie in Zukunft indirekt einen Risikozuschlag – ob sie nun bei Zalando Schuhe kaufen oder eine Versicherung abschließen.

Offenbar wohnt auch Marco Friedersdorf in der falschen Gegend. Als er im Internet bei dem Mobilfunkunternehmen O$_2$ einen neuen, besonders günstigen Handyvertrag abschließen möchte, lehnt ihn das Unternehmen als Kunden ab. O$_2$ hatte bei der Bertelsmann-Tochter Arvato eine Bonitätsprüfung von Marco Friedersdorf angefordert. Allein aufgrund seines Wohnorts und Alters stufte die ihn als zahlungsunzuverlässig ein. Friedersdorf verlangte von Arvato Einblick in sein Profil. Darin stand, über ihn sei ein Telekommunikations-Score von 417 ermittelt worden. Und weiter: »Der niedrigste erreichbare Scorewert beträgt 275, der höchste erreichbare Scorewert beträgt 618. Die Erfüllungswahrscheinlichkeit liegt in Ihrem Scoresegment bei 67 %. Im Durchschnitt liegt sie bei 91,5 %. Es bewegen sich ca. 5,9 % in niedrigeren Scoresegmenten.« Laut Prognose bezahlen also von 100 Personen, die mit Friedersdorf vergleichbar sind, nur 67 ihre Rechnungen.

»Arvato«, schreibt Friedersdorf, »hat zwar keinerlei Daten über mein Zahlungsverhalten gespeichert, aber es weiß, dass ich ein Drittel aller Rechnungen, die ich bekomme, nicht bezahle. Sie schauen quasi, wie die Leute in meiner Nachbarschaft so bezahlen, und gehen davon aus, dass ich das genauso mache. Dass ich jetzt nur hier wohne, eben weil die Mieten so günstig sind, dass ich sie auch bezahlen kann, ich mit meinen Nachbarn aber nichts zu tun habe, das steht da nicht. Die gehen einfach davon aus, dass sich Pack immer irgendwo zusammenrottet und dass hier sowieso niemand seine Rechnungen bezahlt. Natürlich spielen auch noch mein Geschlecht und mein Alter mit hinein. Ich wohne also alleine in Neukölln, bin 24 Jahre alt und zahle meine Rechnungen nicht.«[40]

Unter dem Stichwort »Wirtschaftlich riskante Adressen« speichert die Bertelsmann-Tochter AZ Direct derzeit 19 Millionen Adressaten in Deutschland. Davon sind »7,5 Millionen absolut werbeungeeignet mit einer sehr hohen Zahlungsausfallwahrscheinlichkeit« und »5,3 Millionen bedingt werbegeeignete Adressen mit einem steigenden zukünftigen Zahlungsausfallrisiko (Personen und Haushalte befinden sich auf einem zunehmenden Verschuldungspfad)«. Die Frage ist: Wer verschafft sich eigentlich alles einen Blick in die Datenbank der wirtschaftlich riskanten Personen? Die Arbeitgeber von Lenes Eltern? Deren Bank? Oder Krankenkasse? Laut Armutsbericht der Bundesregierung aus dem Jahr 2012 leben in Deutschland jedoch nur zwölf Millionen arme Menschen – deutlich weniger also, als die Datenbank von AZ Direct verzeichnet.

Der Verkauf von Daten an Dritte ist ein legales Geschäftsmodell, geregelt durch das im Datenschutzgesetz verankerte Listenprivileg. Diese Ausnahmeregelung erlaubt es, bestimmte personenbezogene Daten an andere Unternehmen zu verkaufen, ohne dass die Betroffenen der Weitergabe der Daten zustimmen müssen. Als das Gesetz 2009 novelliert wurde, sollte auch die verbraucherfeindliche Listenprivileg-Regelung abgeschafft werden, doch sie blieb. Wer nicht will, dass seine Daten weitergegeben werden, muss aktiv widersprechen. Wer aber macht sich schon die Mühe, das Kleingedruckte zu lesen? Die Macht der Branche siegte über den Schutz der Verbraucher.

Bundespräsident Joachim Gauck sprach 2013 in einer Rede zum Tag der Deutschen Einheit vom »digitalen Zwilling«. Gemeint hatte er damit allerdings nicht eineiige Zwillinge, sondern zweieiige. Denn die Bilder, die über uns existieren, sind nicht deckungsgleich, was den Handel mit unserem Leben, mit unseren Karrierechancen extrem gefährlich macht. Die Börsentauglichkeit des digitalen Zwillings hat simple Gründe: Er sträubt sich nicht, ist maschinenlesbar und ständig verfügbar. Und er gibt über Dinge Auskunft, über die wir nie reden, an die wir nicht einmal denken würden. Unser zweites Ich wirft seinen digitalen Schatten voraus, ohne dass wir auch nur die geringste Ahnung davon hätten, wie dieser Schatten aussieht. Heute mag Lene diese beunruhigende Realität noch nicht am eigenen Leib spüren. Doch das wird sich bald ändern.

2. Stalking

Werfen Sie an dieser Stelle bitte einen kurzen Blick in Ihr Portemonnaie. Wahrscheinlich befindet sich darin eine Kundenkarte – sind es sogar mehrere? Nach einer TNS-Emnid-Studie besitzen allein 46 Prozent der Bundesbürger eine Payback-Karte, 20 Prozent eine DeutschlandCard und 18 Prozent eine Kundenkarte von Ikea. Viele besitzen zusätzlich eine Bahn Card oder eine Miles & More-Karte. Der große Erfolg der Payback-Karte liegt daran, dass zu ihrem Sammelverbund inzwischen inklusive Online-Shops mehr als 500 Partner zählen, darunter Galeria Kaufhof, Real, Deutsche Telekom, dm, Sixt, Aral, Thalia, Rewe, Amazon, eBay und Expedia.

Wir leben in einer Zeit wirtschaftlicher Verunsicherung. Die Konsequenz ist, dass wir versuchen, unser Geld so gut es geht zusammenzuhalten, zu sparen, wo es sinnvoll erscheint. Für den Rabattkosmos ist das ein Segen. Kundenkarten heißen häufig »Loyalty Cards«, was nach gegenseitigem Vertrauen klingt. Sie gelten als kluge Einkaufsbegleiter des modernen Konsumenten. Man spart Geld und kann gewiss sein, mit Sonder- und exklusiven Angeboten des Unternehmens bedacht zu werden, zum Beispiel während der Weihnachts- und Osterzeit oder zum Geburtstag. Man gehört dazu, und das Unternehmen belohnt einen. Das sind die Köder, die die Branche auswirft; und wir beißen an. Wir sind bereit, für ein lächerliches bisschen mehr Service oder für ein paar Prozent Rabatt unser kritisches Bewusstsein auszuschalten und unsere Privatheit Stück für Stück preiszugeben.

Damit niemand vergisst, beim Bezahlen Punkte zu sammeln, fragt einen der Verkäufer jedes Mal: »Besitzen Sie eine Kundenkarte?« Wir alle kennen diese Frage, wir alle hören sie permanent, während wir in einer Schlange warten. Die

Pedanterie der Kassierer kann einem absurd vorkommen, doch versteht man das Prinzip dahinter, tut sie das nicht mehr. Die Verkäufer müssen diese Frage stellen, ansonsten bekommen sie Ärger mit ihrem Vorgesetzten. Nicht zu fragen bedeutet, dass womöglich Kundeninformationen, die ein wichtiges Puzzle im Gesamtprofil eines Menschen sind, verloren gehen. Bernhard Brugger, CEO von Payback, sagte in einem Interview mit dem Wirtschaftsmagazin »Der Handel« Sätze, die tief blicken lassen: »Wir sehen Payback schon seit Jahren nicht mehr als Rabattkarte an. Was wir dem Handel bieten, ist ein Instrument, um seine Kunden besser kennenzulernen.« Der Rabatt ist der Trick – und er funktioniert.

Aber wo liegt die Schmerzgrenze? Würden Sie einer Überwachung Ihres Fahrstils zustimmen, um die Kosten Ihrer Kfz-Versicherung zu senken? Würden Sie Ihren Lebensstil offenlegen? Würden Sie jede Mahlzeit, jedes Bier, jede Tüte Popcorn im Kino, jedes Eis dokumentieren, damit Ihr Krankenkassentarif günstiger wird? Würden Sie mit einem elektronischen Armband, das die zurückgelegten Kilometer misst, durch die Gegend laufen? Sind Sie bereit, alle Informationen über Ihr Leben zu verkaufen – ohne zu wissen, welche Konsequenzen Ihnen daraus erwachsen?

Es gehört wenig Fantasie dazu, sich auszumalen, dass das Konzept »Rabatt gegen Daten«, also »Rabatt gegen Überwachung«, nach und nach unser komplettes Leben kolonisiert. Vorstellbar, dass dann die Zahnzusatzversicherung günstiger ist, wenn man sich die Zähne mit einer smarten, mit dem Internet verbundenen Zahnbürste putzt, die unsere Zahnpflegegewohnheiten aufzeichnet. Oder dass Krankenkassen all jenen, die sich mittels technischer Geräte selbst vermessen und ihre Gesundheitsdaten, ihr Fitnesslevel sowie Daten zu ihrem Lebensstil offenlegen, besonders attraktive Tarife anbieten. Der Wettkampf der Unternehmen um unseren Körper ist längst in vollem Gang.

2.1 Der gläserne Konsument

Als Mitte der neunziger Jahre Gary William Loveman, der an der Harvard Business School lehrte, bei Caesars Entertainment anfing, ahnte niemand, dass dieser Mann das Casinogeschäft revolutionieren würde. Caesars, ein mächtiges amerikanisches Unternehmen, betreibt mehr als 50 Spielcasinos, zahlreiche Hotels, etliche Golfclubs und beschäftigt mehr als 85 000 Mitarbeiter. Bis 2010 hieß das Unternehmen Harrah's Entertainment, benannt nach William F. Harrah, der die Firma 1937 gründete und sein Geld damals mit Bingo verdiente. Heute gehört Caesars Entertainment zu jenen Marktgiganten, die in den Daten ihrer Kunden geradezu schwimmen.[41]

Begriffe wie »effektives Marketing« treffen Caesars technologische Strategien nicht einmal ansatzweise. Caesars Entertainment, das nichts dem Zufall überlässt, ist es im Laufe der vergangenen Jahre gelungen, die Kundenmanipulation in einer Weise zu perfektionieren, die andere Konzerne neidisch machen dürfte. Der Kundenzugriff des Konzerns ist total. Caesars ist eine Datensammelmaschine mit zahllosen kleinen Rädchen, die permanent in Bewegung sind und sekündlich Informationen abgreifen. Alles, was die Kunden tun, sobald sie Caesars technologisch hochgerüstetes Reich betreten, wird automatisch gespeichert und analysiert: was sie essen, was sie trinken, ob sie Poker spielen oder Roulette, eine Show besuchen oder ihr Hotelzimmer betreten bzw. verlassen. Die Daten dienen dazu herauszufinden, wie sich ein Kunde verhält, Minute für Minute, als würde eine Mini-Drohne über ihm kreisen. Was tut er besonders oft, also gerne? Welche Angebote nutzt er selten? Steht er häufig an Slot-Maschinen, und wenn ja, wie lange? Oder spielt er lieber Karten? Handelt es sich um einen leidenschaftlichen Zocker oder einen Gelegenheitsspieler? Isst er Steak oder bevorzugt er die vegetarische Küche? Hat er eine Familie? Begleitet sie ihn ins Casino? Wie verbringen seine Kinder die Zeit? Und seine Ehefrau?

Caesars Trumpf ist sein Total-Reward-Loyalitätsprogramm. Loveman hat es 1998 ins Leben gerufen und kontinuierlich ausgebaut. Es ist das Herzstück der Firma. Etwa 700 IT-Mitarbeiter sind unablässig damit beschäftigt, es noch attraktiver und noch effizienter zu gestalten. Niemand wird gezwungen, daran teilzunehmen, aber das Bonusprogramm, die Geld- und Sachprämien, sind offenbar so verlockend, dass sich 80 Prozent der Kunden für das Programm entschieden haben. Wir sprechen hier von ungefähr 45 Millionen durch das Anreizsystem geköderten Kunden. Alles, was ein Kartenbesitzer bei Caesars tut, tut er mit dieser Karte: Er zieht sie durch die Slot-Maschine, zeigt sie im Restaurant vor, benutzt sie als Parkschein. Je mehr Daten, desto exakter können die Experten bestimmen, in welchen Kunden es sich zu investieren lohnt und bei welchem es vergeudete Mühe, sprich rausgeschmissenes Geld ist. Der Fachbegriff lautet »Customer Lifetime Value«. Caesars hat sich auf die Errechnung dieses Wertes spezialisiert. Die detaillierten Kundenprofile sind der Dreh- und Angelpunkt sämtlicher Zuwendungen, Spezialangebote und sonstiger Marketingaktionen. Das Sammeln der Daten und deren Analyse lässt sich Caesars jährlich um die 100 Millionen Dollar kosten. Es ist das beste Investment überhaupt.[42]

Caesars unterscheidet mehr als 90 demografische Klassen, deren jeweilige Mitglieder unterschiedlich auf bestimmte Marketingangebote reagieren: Zum Beispiel freuen sich die Kunden in Gruppe X eher über ein kostenloses Steak im Restaurant als die der Gruppe Y, die wiederum über Casino-Gutscheine im Wert von zehn Dollar glücklich sind.

Lange Zeit war die Branche felsenfest davon überzeugt, dass insbesondere Touristen – etwa in Las Vegas – das meiste Geld in den Casinos lassen. Also steckten sie absurde Sum

men in die disneyhafte Anmutung ihrer tempelartigen Spielhallen und Hotels. Hauptsache groß, bunt, spektakulär. Das war ein Irrtum. Caesars fand heraus, dass eine ganz andere Kundengruppe viel spendabler ist, nämlich die ortsansässige Großmutter. »Wir mussten mit jener Art von Vergnügungsstätten konkurrieren, die Gott gebaut hätte, hätte er Geld gehabt. Das Einzige, was wir hatten, waren Daten«, sagte Gary Loveman gegenüber einem Reporter. Also fokussierte sich Caesars auf die Kundengruppe 45 plus. Gäste in ihren Zwanzigern hätten typischerweise kein Geld, und jene in ihren Dreißigern hätten Kinder und seien zu beschäftigt: »Gott segne euch, aber wir brauchen euch nicht.« Caesars entgeht nichts. Die Kameras, die überall in den öffentlichen Bereichen installiert sind, können Gesichter identifizieren und sogar anhand der Mimik erkennen, ob jemand ein disziplinierter Spieler ist oder ein impulsiver, der sich von seinen Emotionen zu unüberlegten Aktionen und einem hohen Risiko hinreißen lässt, was wiederum die Wahrscheinlichkeit erhöht, Geld zu verlieren. »Menschen hassen Casinos, wenn sie Geld verlieren.« Caesars will nicht gehasst, Caesars will geliebt werden. Wer eine Pechsträhne hat, bekommt deshalb Besuch von einer der zahllosen reizenden Service-Mitarbeiterinnen – deren Arbeitstempo und Freundlichkeit selbstverständlich gemessen und analysiert wird – und ein Angebot unterbreitet nach dem Motto: »Sie hatten einen schlechten Tag? Hier ist ein Buffet-Gutschein.«[43] Freilich können Buffet-Gutscheine nicht über den Verlust Tausender Dollar hinwegtrösten, weshalb Caesars seine Kundenfreundlichkeit manchmal auch damit zu beweisen versucht, indem der Konzern noch eine Gratis-Hotelübernachtung drauflegt. Joshua Canter, Vice President of Total Rewards for Caesars Entertainment Las Vegas, sagt: »Big Data ist sogar wichtiger als eine Glücksspiel-Lizenz.«[44]
Caesars Entertainment nutzt dieselbe Art der Programme

auch, um die Krankenversicherungsansprüche seiner Mitarbeiter zu analysieren. Ein wichtiger Kostenfaktor ist die Nutzung medizinischer Einrichtungen – wie viele Mitarbeiter suchen in Krankheitsfällen die teuren Emergency Rooms auf und wie viele die preiswerteren Urgent-Care-Einrichtungen? Das Unternehmen stellte fest, dass die Mitarbeiter in Philadelphia nur in etwa elf Prozent der Fälle in Urgent Care-Einrichtungen Hilfe suchten. Dies war, verglichen mit den Mitarbeitern der Gesamtorganisation, weitaus seltener als der Durchschnitt, der bei 34 Prozent lag. Um die Kosten zu senken, initiierte Caesars eine Kampagne, die die Mitarbeiter für die günstigeren Einrichtungen sensibilisieren sollte – mit Erfolg. Im Laufe von zwei Jahren konnte Caesars den Prozentsatz in Philadelphia von elf auf 17 steigern. Und die Rate jener, die mehrfach Emergency Rooms aufsuchten, von 40 Prozent auf 30 Prozent senken. Da es in den USA oft üblich ist, dass der Arbeitgeber direkt an den Gesundheitskosten der Mitarbeiter beteiligt ist, sparte das Unternehmen durch die Umerziehung seiner Mitarbeiter 4,5 Millionen Dollar.

»Es ging darum, sich diesen sehr unübersichtlichen Teil der Betriebskosten genauer anzuschauen, von dem die Verantwortlichen in den Personalabteilungen nicht gedacht hätten, dass sie irgendeine Kontrolle darüber haben«, sagt Emily Gaines, Caesars' Senior-Vizepräsidentin.[45]

»Was bedeutet die Geschichte des Casino-Loyalty-Programms für die Zukunft des Einkaufens, des Marketings, der Werbung?«, fragt Patrick Tucker in seinem beunruhigenden Buch »Die nackte Zukunft. Was passiert in einer Welt, die Ihr gesamtes Verhalten voraussieht?«. Sie bedeutet, »dass der komplette Einzelhandel zu einer Harrahs-Casino-Welt geworden ist. Aus jedem von uns soll der gläserne Kunde werden, wie ihn Caesars millionenfach in seinem System gespeichert hat.« Auch in Deutschland.

2.2 Warum Ihr Bierkonsum relevant ist

Im Februar 2012 druckte die britische Tageszeitung »The Te-
legraph« einen Artikel mit der Überschrift: »Schon wieder
Schokolade? Kundenkarten können benutzt werden, um Ge-
sundheitstipps maßzuschneidern«. Auf den ersten Blick handelt die Geschichte von der Unvernünftigkeit des Menschen.
In sämtlichen Industrienationen steigt die Zahl übergewich-
tiger Menschen, besonders Kinder werden immer dicker.
Lauter tickende Zeitbomben. David Halpern, Direktor des
»Behavioural Insights Team«, einer Projektgruppe der britischen Regierung, die Erkenntnisse aus dem Verhalten von
Personen zieht, fragte sich angesichts dieser kostspieligen
Entwicklung Folgendes: Wie würde es gelingen, der ungesunden Ernährung der britischen Gesellschaft, die immer
mehr dicke Kinder und kranke Ältere produziert, die die
staatliche Gesundheitskasse belasten, Einhalt zu gebieten?
Wie würden sich diese für das System so teuren Menschen
nachhaltig umerziehen lassen? Wie kann man ihr Verhalten
steuern? Ihm kam eine einfache Idee in den Sinn, nämlich auf
einen der vielen gigantischen Datenpools zurückzugreifen,
die massenweise existieren. Halpern dachte an Supermärkte.
Etwa 25 Millionen Briten besitzen eine Kundenkarte, der Gi-
gant »Tesco« verfügt allein über 15 Millionen Mitglieder. Supermärkte hätten mehr Informationen über ihre Kunden als
deren eigener Hausarzt, so Halper.

Er hat recht. Supermärkte wissen über die Besitzer der
Kundenkarten und jeden, der mit Kredit- oder EC-Karte bezahlt, mehr, als ihnen lieb sein kann. Sie wissen über diese
Menschen, wie viel Alkohol sie kaufen und welche Mengen
an Süßigkeiten. Ob sie Eiscreme mögen und Chips. Ob sie
viel Fleisch essen. Wie ihr Lieblingsjoghurt heißt. Wie sie
verhüten. Worüber die Daten allerdings keine Auskunft geben, ist, was mit den Einkäufen passiert, nachdem der Kunde

das Geschäft verlassen hat. Sie sagen nichts darüber aus, wer sie konsumiert und ob die zig Liter Alkohol im Auftrag eines Freundes für dessen Party eingekauft wurden oder für einen selbst.

Trotzdem werden aus dem dokumentierten Verhalten Schlüsse gezogen. Das zeigt das Beispiel des »Behavioural Insights Team«. Es spielt mit dem Gedanken, im Zuge einer großangelegten Gesundheitskampagne die Menschen zu identifizieren, die häufig ungesunde Nahrungsmittel einkaufen – und, so die Schlussfolgerung, verzehren –, um sie gezielt aufzuklären. Und Fragen zu stellen wie: Haben Sie heute schon Ihren Tagesbedarf an Vitamin C gedeckt? Essen Sie regelmäßig Spinat, rote Paprika und mindestens einmal pro Woche Fisch? Und Ihre Kinder? Achten Sie darauf, diese ausgewogen zu ernähren? Weshalb kaufen Sie so viele Süßigkeiten ein? Wann haben Sie zum letzten Mal eine Avocado gegessen?

Die Fragen, die das Leben des Einzelnen tief greifend beeinflussen können, lauten allerdings anders. Welche Konsequenzen würden Krankenkassen, die den Supermärkten die Daten abkaufen, aus den Konsumdossiers ihrer Versicherten ziehen? Würden sie noch ausgefeiltere Risikoprofile erstellen, als sie es ohnehin tun? Würden sie jemanden, der sich ungesund ernährt, mit einem höheren Beitrag belasten? Oder einer Person, die 20 Jahre lang intensiv geraucht hat (oder dem Partner die Zigaretten gekauft hat) und an Lungenkrebs erkrankt ist, die teure Krebstherapie bezahlen? Nach dem Motto: Wer krank wird, ist schließlich selbst schuld – und was genau sich die Person hat zuschulden kommen lassen, das finden wir heraus? Auch Unternehmen wüssten nur zu gerne, wie hoch das Gesundheitsrisiko von Bewerbern ist.

Gesetzliche Kassen dürfen nicht autonom darüber entscheiden, welche Leistungen sie anbieten und welche sie verweigern, doch es gibt politische Bestrebungen und einen mächtigen Lobbyismus, einen »flexibleren« Markt zu gestalten. Selbst eine höhere Steuer für Dicke ist vorstellbar. Das alles geschieht nicht von heute auf morgen, es ist ein schleichender Prozess. »Im Leben schlägt kein Meteor ein und auch der schwarze Schwan segelt nicht vorbei. Die Sache ist unauffälliger und deshalb gefährlicher. Wo ein einziges falsches Signal (ein falscher Tweet, ein verräterisches Gefühl in einer Mail) ausreichen kann, das ganze Leben zu zerstören, und die Signale unseres Lebens gleichzeitig digital ständig aufgefangen, gespeichert, ausgewertet oder verkauft werden, beginnt eine Gesellschaft den Kalten Krieg mit sich selbst zu führen. Nichts bedeutet mehr, was es ist, und das eigene Leben wird zu einer einzigen Risiko- und Wahrscheinlichkeitsrechnung«[46], heißt es in Schirrmachers Buch »Ego«. Selbst der Inhalt unseres Einkaufswagens fließt, ohne dass wir es wissen oder uns damit einverstanden erklärt hätten, in diese Risiko- und Wahrscheinlichkeitsrechnung ein.

3. Totale Überwachung

Bevor die Olympischen Sommerspiele 2012 nach England kamen, ließ die Marketingfirma Renew in der Londoner Innenstadt 200 kastenartige, überdimensionierte Mülleimer mit eingebautem WLAN sowie integrierten 32 Zoll großen Bildschirmen aufstellen, auf denen täglich 24 Stunden Werbung und Nachrichten liefen. Die Kosten betrugen pro Mülleimer etwa 35 000 Euro. Eine an und für sich schöne Idee, bei der es aber nicht blieb. Einige Zeit später startete Renew einen Versuch: Es rüstete zwölf seiner Mülleimer auf und verwandelte sie kurzerhand in Spione.

Die Mülleimer sammelten jetzt die Smartphone-Kennungen ahnungsloser Passanten, die des Weges kamen, indem sie die WLAN-Funksignale der vorbeikommenden Smartphones analysierten. Jedes Smartphone, bei dem WLAN aktiviert ist – und das sind wohl die meisten –, sendet unablässig seine sogenannte MAC-Adresse aus, eine kurze, für jedes Smartphone eindeutige Buchstaben-Zahlen-Kombination, die weltweit nur ein einziges Mal existiert. Die Mülleimer waren also in der Lage, diese Adressen zu registrieren und anhand der sich ständig verändernden Funksignale zu berechnen, wie schnell sich ein Passant bewegt und in welche Richtung er geht. Sie konnten auch den Smartphone-Hersteller sowie das Modell erkennen. Die Daten verrieten zudem, wie oft und zu welchen Zeiten jemand an einem Mülleimer vorbeikam und wie lange er in beziehungsweise vor bestimmten Geschäften verweilte.

Ursprünglich hatte die Herstellerfirma Renew geplant, ihre Daten an Unternehmen zu verkaufen, die zielgerichtete Werbung auf den Bildschirmen der Mülleimer anzeigen lassen. Ein einfaches Beispiel: Wenn eine Bäckereikette weiß, dass der Besitzer des iPhones mit der MAC-Adresse 00-60-77-ad-fb-3e

üblicherweise um acht Uhr morgens auf einen Kaffee und ein
Croissant vorbeischaut und nun plötzlich zur Konkurrenz
um die Ecke geht, spielt sie, sobald er sich einem der Mülleimer
nähert, eine kurze Werbung ein, vielleicht verbunden mit
einem Sonderangebot:»Wenn Sie in der nächsten halben Stunde
unser Gast sind, schenken wir Ihnen zu Ihrem Kaffee ein
Croissant.«[47]
Renew selbst verglich das System mit Internet-Cookies –
jenen kleinen Textdateien, die verschiedene Webseiten auf
Computern speichern, um uns beim Surfen zu verfolgen, nur,
dass die Cookies nun ihren Weg in die reale Welt gefunden
haben. Während einer einzigen Woche gelang es Renew auf
diese Weise, mehr als vier Millionen mobile Geräte zu tracken.
Das Ziel dieser Aktion liegt auf der Hand: der Verkauf
der abgegriffenen Daten. In einer Presseerklärung der Firma
heißt es:»Die Ergebnisse des Betatests unterstreichen die Bedeutung
unserer neuen Technologie als leistungsfähiges
Werkzeug für Unternehmen und Einzelhändler. Sie bietet
bislang unerreichbare Einblicke darüber, wie sich Menschen
mit Mobilfunkgeräten verhalten, und beantworten Fragen
wie zum Beispiel, welche Ein- und Ausgänge von Läden sie
nutzen, wie lange sie sich im und vor einem Laden aufhalten,
wo die Menschen arbeiten und wo sie sich bevorzugt aufhalten.«
Die Stadtverwaltung von London hat die Displays mit
Verweis auf den Datenschutz seiner Bürger vorläufig abschalten
lassen, dabei wird dieselbe Technik längst an vielen
anderen Stellen erfolgreich eingesetzt.
Das Luxus-Kaufhaus»Neiman Marcus« in San Francisco,
das unter seinem Dach zahlreiche Designer-Marken wie Michael
Kors, Tory Burch, Burberry, Cole Haan und Louis
Vuitton versammelt, zählt zu den beliebtesten Shopping- und
Flanierorten der Metropole. Besucher können in diesem
Kaufhaus leicht einen halben Tag zubringen, und vielleicht

verirren sie sich währenddessen auch zu den Toiletten ins Untergeschoss. Dort entdecken sie dann ein Hinweisschild mit den Worten: »Um die Erlebnisse unserer Kunden zu verbessern, identifizieren wir mit Hilfe von Euclid mobile Geräte innerhalb und außerhalb unserer Geschäfte. Wenn Sie nicht möchten, dass diese Information gesammelt wird, oder mehr über Euclid erfahren wollen, besuchen sie euclidelements.com/consumer.«[48]

Betreiber von Online-Shops, das ist ihr Vorteil gegenüber der Offline-Welt, können ohne größeren technologischen Aufwand herausfinden, wie lange Kunden auf ihren Seiten stöbern, für welche Produktgruppen sie sich interessieren, ob es neue oder wiederkehrende Kunden sind und wie viel Geld sie im Durchschnitt ausgeben. Kaufhausbetreiber in der realen Welt haben diese fantastischen Zugriffsmöglichkeiten nicht von vornherein. Dass die Online-Händler ihnen bezüglich des Wissens über den Kunden immer einige Schritte voraus sind, ist ein Wettbewerbsnachteil. Und der führt zu Neid. Denn bisher hatten Geschäfte bestenfalls Lichtschranken an den Ein- und Ausgängen installiert. Sie wussten lediglich, an welchen Tagen und zu welchen Uhrzeiten wie viele Menschen im Kaufhaus unterwegs sind. Mittlerweile gibt es aber einige Firmen, die Kaufhaus- und Ladenbetreibern ermöglichen, über ihre Kunden zu erfahren, was sie schon immer wissen wollten.

Ähnlich wie die Mülleimer in London nutzt Euclid dazu die MAC-Adressen von Smartphones. Sobald ein Kaufhaus oder Geschäft mit den Sensoren und der Software von Euclid ausgestattet ist, werden sämtliche Smartphones der Kunden pausenlos registriert und die Daten zur Auswertung gespeichert. Die Geschäftsinhaber können so herausfinden, wie oft Kunden in das Geschäft kommen, ob sie auch andere Geschäfte derselben Kette besuchten und wie lange sie sich im Geschäft aufhalten.

Euclid geht sogar noch einen Schritt weiter: Es registriert auch Smartphones von Passanten, die vor dem Laden stehen und nur die Schaufenster ansehen. Kommen sie danach ins Geschäft – oder eben nicht –, ist das ein Indikator für die Attraktivität der Schaufensterdekoration. Selbst Passanten, die am Geschäft vorbeigehen, werden gescannt, denn die Information, wie viele potenzielle Laufkunden man an einem bestimmten Tag zu einer bestimmten Uhrzeit hat, ist viel wert. Von der Analyse der Daten versprechen sich die Unternehmen erfolgreichere Werbeaktionen, eine Optimierung ihrer Filialnetze und am Ende einen Gewinnzuwachs.

Genau in diese Richtung dachte auch die amerikanische Kaufhauskette Nordstrom und begann, seine Kunden zu überwachen. Nordstrom wolle endlich die realen Fußstapfen der Menschen. Dummerweise entschied sich der Konzern für den ehrlichen Weg und klärte seine Kunden über den Technikeinsatz auf. Dafür erntete Nordstrom keinen Dank, sondern Empörung, die so massiv war, dass das Experiment schließlich abgebrochen werden musste. Offenbar löst das Stalking in der realen Welt andere Gefühle aus als im Online-Kosmos. Unser Betroffenheitsgefühl, dessen Reizschwelle das Internet heraufsetzt, meldet sich zu Wort, sobald Kameras aufzeichnen, wie lange wir uns welche Fernsehapparate oder Laufschuhe anschauen. Es wäre trotzdem falsch, solche Empörungsäußerungen ausschließlich als positives Zeichen zu werten, denn sie machen unmissverständlich klar, wie sehr wir zwischen On- und Offline-Welt unterscheiden, anstatt unsere Existenz als das zu begreifen, was sie ist: ein einziger Datenstrom, der abgeschöpft wird.

Um die Kundenbewegungen innerhalb von Geschäften zu analysieren, werden immer neue Methoden und Techniken entwickelt. Viele Firmen bieten ausgefeilte Lösungen an, die sich beim Überwachen der Kunden nicht mehr nur auf die MAC-Adressen von Smartphones konzentrieren, sondern auch die Mobilfunkwellen nutzen, die jedes gewöhnliche Handy ständig aussendet, sobald es eingeschaltet ist. Mehrere Empfänger werden in den Geschäften verteilt, die diese Funkwellen nutzen, um mit Hilfe mathematischer Methoden die Position der Handys bis auf wenige Meter genau zu berechnen. 2013 hat Apple mit »iBeacon« eine weitere Technologie eingeführt, die mittlerweile auf jedem halbwegs modernen Smartphone verfügbar ist. Sie ermöglicht es, Geräte innerhalb von Gebäuden mit einer noch größeren Genauigkeit zu lokalisieren und den Nutzern an bestimmten Positionen in einem Laden oder einem Einkaufszentrum Hinweise auf spezielle Aktionen oder Sonderangebote auf das Smartphone zu senden.

Der kalifornische Senator Al Franken zeigte sich in einem Interview über diese Spionagetechnik entrüstet. Die Kaufgewohnheiten einer Person zu verfolgen, die mit ihrer Kunden- oder Kreditkarte bezahlt, sei die eine Sache. »Es ist eine ganz andere Sache, ob ich die Bewegungen der Verbraucher ohne deren Erlaubnis verfolge, während sie einkaufen – insbesondere wenn jemand gar nichts kauft oder nicht einmal einen Laden betritt. Menschen haben ein Grundrecht auf Privatsphäre. Sie nicht um Erlaubnis zu fragen, ob man ihnen nachspüren darf, verletzt dieses Recht.«[49]

Wir werden nicht nur über unsere Handyfunkwellen überwacht, sondern auch durch Kameras, die den öffentlichen Raum erobern. Sie sind überall. »Sie sind wie Kakerlaken; hinter jeder, die man wahrnimmt, verbergen sich Hunderte, die einem entgehen.«[50] Sie nehmen uns an Bahnhöfen, Flughäfen, in Einkaufspassagen, Innenstädten, Geschäften, Parkhäusern, U-Bahn-Stationen ins Visier. Es existieren kaum noch Ecken im öffentlichen Raum, die nicht überwacht werden. »Überall soll Beobachtung für ›Sicherheit‹ sorgen. Nicht alle diese Kameras gehören dem Staat, denn auch im privaten

Bereich ist das Überwachen schon lange in Mode. Allerdings verwischen die Grenzen, denn die Polizei kann Zugriff auf privat erstellte Überwachungsbilder nehmen«, warnen Ilija Trojanow und Juli Zeh in ihrem Buch »Angriff auf die Freiheit«. In diesem ausgespannten Überwachungsnetz kann es schnell passieren, dass »normales« Verhalten, wie das Herumlungern auf U-Bahnsteigen, in gefährliches Verhalten umgedeutet wird und man selbst als Verdächtiger ins Visier der Behörden gerät. Hessens oberster Datenschützer Michael Ronellenfitsch beklagt den Wildwuchs von Videoüberwachungsanlagen. In Schulen, Kindergärten, Bäckereien, Friseursalons, den Sauna- und Umkleidebereichen in Schwimmbädern und Fitnessstudios, in Restaurants und sogar in Schultoiletten und im Wald würden mehr und mehr Kameras installiert, schreibt er in seinem Bericht für 2013.[51]

Es heißt, der Wald habe tausend Augen. Dieses Sprichwort, dass auf die vielen Tiere anspielt, muss man inzwischen sehr viel weiter fassen. Der rheinland-pfälzische Datenschutzbeauftragte Edgar Wagner geht davon aus, dass in Deutschland bereits mehr als 100 000 Jäger Kameras in Wäldern montiert haben. Allein für Rheinland-Pfalz schätzt er die Zahl der im Wald installierten Kameras auf etwa 30 000.[52]

Technisch betrachtet, sind die heutigen Kameras kleine Meisterwerke. Ihre Linsen werden immer schärfer und die Kameras selbst immer kleiner. Da die Kameras nur für die Datenerfassung zuständig sind und die Datenverarbeitung dank Verbindung zum Internet auf leistungsstarken Computern in der Cloud stattfindet, lässt sich beim Anblick einer Kamera nie sagen, was sie tatsächlich zu erkennen imstande ist. Sie können Erwachsene von Kindern unterscheiden und zählen, wie viele Personen sich in welchen Teilen des Geschäfts aufhalten. Dies wiederum lässt Rückschlüsse zu, welche Gänge besonders beliebt sind und wie viele Kassen geöffnet sein müssen, damit die Kunden möglichst kurz warten. Die Kameras erkennen nicht nur, wer welches Produkt betrachtet, sondern anhand der Mimik auch, in welcher Stimmung sich eine Person befindet. Die Firma Realeyes aus London nennt diese Gesichtsanalyse »Happiness Level«. Auch Synqera, ein Startup aus St. Petersburg, arbeitet mit Gesichtserkennungssoftware. Synqera hat eine Software für Kassengeräte entwickelt, die die Emotionen der Kunden beim Bezahlen liest und ihren Gesichtsausdruck interpretiert: jedes Lächeln, jedes Stirnrunzeln, jeden grimmigen Blick. »Wenn Sie ein verärgerter Mann um die 30 sind und es ist Freitagabend, kann man ihnen eine Flasche Whiskey anbieten«, sagt die Marketingchefin der Firma.[53]

Das Angebot wird direkt aufs Handy gespielt, bestenfalls bevor der Kunde die Ausgangstür erreicht hat, um ihm die Entscheidung zu erleichtern, umzukehren und zur Whiskey-Flasche zu greifen. Aus Gefühlen lässt sich hervorragend Kapital schlagen. Mit harmloser, stumpfer Werbung hat das nichts zu tun. Unternehmen wie Nomi aus New York, die Technologie anbieten, mit der die Bewegungen von Kunden in Geschäften erfasst und ausgewertet werden können, spitzen die Totalanalyse des Konsumenten und dessen Manipulation zu. Das Mobiltelefon wird mit der dazugehörigen Person verknüpft – was aber nur dann funktioniert, wenn sich der Kunde die App eines bestimmten Ladens heruntergeladen hat, in der Kundendatei vermerkt ist oder seine E-Mail-Adresse angegeben hat, damit er den Internetzugang im Geschäft kostenlos nutzen kann. »Ich gehe zu Macy's, Macy's weiß, dass ich gerade den Laden betreten habe, und kann mir nun personalisierte Angebote auf mein Handy spielen. Wenn ich 20 Minuten in der Schuhabteilung verbringe, bedeutet dies, dass ich sehr daran interessiert bin, mir ein Paar Schuhe zu kaufen.« Will Macy's dieses Bedürfnis befeu-

ern, könnte es im nächsten Schritt einen Rabatt-Gutschein
für Turnschuhe auf das Smartphone senden. So funktioniert
die Übersetzung der Amazon-Erfahrung in die reale Welt.[54]
Der nächste logische Schritt, der sich an die Rabatt-Offer-
ten anschließt, ist, herauszufinden, was ein Kunde bereit ist
zu bezahlen, und ihm diesen Preis zu nennen. Die Individua-
lisierung von Preisen ist online bereits heute Normalität, und
es ist nur eine Frage der Zeit, bis es auch »offline« so weit sein
wird.

Wer gezwungen sei, schreibt Juli Zeh, die mit jeder Le-
bensregung erzeugten Daten permanent preiszugeben, kann
nicht mehr allein entscheiden, was er isst, liest oder kauft, wie
schnell er fährt, wie viel er arbeitet und wohin er reist. »Seine
Welt verengt sich auf ein Spektrum aus vorsortierten Möglichkeiten. Er erhält Angebote, die vermeintlich zu ihm passen; Informationen, die vermeintlich seinen Interessen entsprechen; Handlungsoptionen, die von mächtigen Akteuren
als besonders effizient, besonders sicher oder besonders pro-
fitabel eingestuft wurden.« Ohne dass er Einspruch erheben
könnte, wird über jeden Konsumenten ein klar definiertes
Muster gelegt, das sich kaum je wieder abschütteln lässt.[55]

3.1 Die allwissende Schaufensterpuppe

Wer einen Laden betritt, signalisiert damit sein Einverständ-
nis, sich den Augen der Verkäufer auszusetzen, die einen entweder freundlich ansprechen und beraten möchten oder in
Ruhe lassen, je nachdem, um welche Art von Geschäft es sich
handelt. In der Regel gilt: Je exklusiver die Boutique, desto
intensiver ist der Kontakt zwischen Käufer und Verkäufer.
Mag sein, dass irgendwo an der Decke auch eine Kamera installiert wurde. Die italienische Firma Almax, einer der welt-

weit führenden Hersteller von Schaufensterpuppen, hat das
Wort »Kundennähe« ganz neu definiert und an die Big-Da-
ta-Realität angepasst. Interessant ist nicht nur, wer herein-
kommt, sondern auch jeder, der in einer Mischung aus Interesse und Unschlüssigkeit vor dem Schaufenster stehen bleibt
oder desinteressiert vorbeieilt. Was also hat Almax getan? Es
erfand das »EyeSee Mannequin«, das 2012 auf den Markt
kam, eine Schaufensterpuppe, die einem nicht nur das Gefühl
vermittelt, sie sähe einen an, sondern es tatsächlich tut. In einem der Augen wurde eine Kamera installiert, deren spezielle Gesichtserkennungs-Software von IBM Auskunft über das
ungefähre Alter, Geschlecht sowie die Ethnie der Passanten
gibt. Sie ist außerdem in der Lage, den Andrang und die Ver-
weildauer der Personen vor dem Schaufenster zu analysieren.
Die Technologie, die einst dafür gedacht war, zur Fahndung
ausgeschriebene Kriminelle zu identifizieren, etwa in Flughäfen oder auf Bahnhöfen, soll nun das Geschäft des Einzel-
handels ordentlich ankurbeln. Nach Angaben von Almax
vertrauen mittlerweile einige Dutzend Läden in Europa und
Amerika den Analysefähigkeiten der 4000 Euro teuren
Schaufensterpuppe. Übrigens sieht die Puppe Sie nicht nur,
sie hört auch, was Sie sagen. In einem Interview mit ABC
News versicherte der Geschäftsführer von Almax, Max Catanese, die Schaufensterpuppe zeichne keine Gespräche auf. Sie
interessiere sich lediglich für gewisse Schlagwörter. Man
müsse sich vorstellen, so Catanese, man stehe vor einer
Schaufensterpuppe, die ein blaues Kleid trägt, und sage zu
seiner Freundin: »Es wäre großartig, es in Rot zu haben.«[56]
Technisch gesehen, ist es mittlerweile kein Problem mehr,
durch Software die Gefühle, die sich in den Gesichtern der
Kunden spiegeln, zu erkennen. Das EyeSee Mannequin kann
das zwar noch nicht, aber in Zukunft werde auch das möglich
sein. »Das Potenzial ist riesig, ein Ladenbesitzer kann herausfinden, wer seine Kunden tatsächlich sind. Nehmen wir

an, sie haben acht Stockwerke und sechs davon sind für Frauen und zwei für Männer, aber sie finden heraus, dass 80 Prozent ihrer Kunden Männer sind.«Mit Hilfe des EyeSee Mannequins soll ein Geschäft herausgefunden haben, dass viele Einkäufer, die nach 16 Uhr unterwegs waren, Chinesen waren, weshalb man sich entschied, verstärkt chinesisch sprechendes Personal am Eingang zu positionieren.[57] Das Wort, das im Zusammenhang mit der Berichterstattung über die spionierende Schaufensterpuppe wiederholt auftaucht, lautete »unheimlich«. Die Vorstellung, dass uns eine Schaufensterpuppe beobachtet, während wir ahnungslos durch einen Laden schlendern und uns Pullover, Hosen oder Unterwäsche ansehen, lässt uns schaudern. Für gewöhnlich installieren Ladenbesitzer Kameras, um Diebstähle zu verhindern, und nicht, um möglichst viele Informationen über ihre Kunden zu sammeln. Die sichtbare Präsenz von Kameras leuchtet jedem ein. Wir akzeptieren sie. »Wenn wir eine Kamera sehen, denken wir nicht daran, dass uns die Person dahinter beobachtet. Befindet sich die Kamera allerdings im Auge einer Schaufensterpuppe, haben wir tatsächlich das Gefühl, dass uns genau diese Puppe beobachtet«[58], sagt der Stanford-Professor Cliff Nass. Unser Komfortgefühl wird dadurch empfindlich gestört.

3.2 Das Smartphone

Wohin legen Sie Ihr Smartphone, wenn Sie schlafen gehen? Liegt es in Reichweite des Bettes, weil Sie das Gerät auch als Wecker benutzen? Und checken Sie nach dem Aufwachen, noch im Bett liegend, schnell Ihre Mails und vergewissern Sie sich, ob es im Laufe des Tages regnen wird? Verlassen Sie niemals das Haus ohne Ihr Smartphone? Falls Sie all diese Fragen mit Ja beantworten, seien Sie unbesorgt: Ihr Verhalten ist absolut normal.

Im April lief der oscarprämierte Film »Her« in den Kinos an, dessen Protagonist Theodore, ein Jedermann, sich in die verführerische Stimme seines neuen, intelligenten Betriebssystems verliebt. Ihr Name ist Samantha. Sie ist eine lernende Maschine, eine Improvisationskünstlerin, witzig, schlagfertig, charmant, sexy. Für Theodore fühlt sich die Liebe zu Samantha absolut real an. Dass auch der Zuschauer bald vergisst, dass hier Technik und Mensch eine leidenschaftliche Beziehung miteinander führen, ist vielleicht das größte Kunststück, das Regisseur Spike Jonze mit »Her« gelungen ist.

Gewiss, wir mögen noch weit davon entfernt sein, unseren Smartphones in Liebe zu verfallen, doch der Eroberungsfeldzug unseres Lebens läuft auf Hochtouren. Beinahe jeder zweite Deutsche besitzt ein Smartphone, 2011 lag die Zahl noch bei 18 Prozent. Eine Studie des britischen Mobilfunkanbieters O_2 aus dem Jahr 2012 zeigt, dass eine der Hauptfunktionen, das Telefonieren, inzwischen an fünfter Stelle der am meisten genutzten Funktionen steht. Mit dem Smartphone tun wir lieber andere Dinge: surfen, spielen, Musik hören, uns vernetzen. Mit der Zeit haben Smartphones immer mehr Funktionen übernommen, für die wir früher Laptops, Kameras, Uhren, Stadtpläne, CD-Player oder Kreditkarten benutzt haben. Das Smartphone ist eine sehr nützliche Maschine. Wenn wir diese Maschine einmal zu Hause vergessen haben, fühlen wir uns merkwürdig unvollständig.

Eben Moglen, Rechtsprofessor an der Columbia University, beschreibt Smartphones als Roboter, für die wir, die stolzen Besitzer, lediglich noch die Hände und Füße seien. »Sie sehen alles, sie kennen unsere Position, unsere Verbindungen zu anderen Menschen und anderen Maschinen. Sie überwachen den Informationsfluss, der um uns herum stattfindet.«

Bis vor ein paar Jahren »waren die Überzeugungstechniken des Internets darauf beschränkt, uns zu erreichen, wenn wir vor dem Computer sitzen. Doch das Leben der meisten Menschen findet nicht vor dem Computerbildschirm statt, sie entscheiden ganz woanders, was sie heute einkaufen oder ob sie zum Sport gehen sollen. Über das Smartphone ist der Computerbildschirm nun bei uns, können die Auslöser nun überall auftauchen, zumal, wenn wir unseren Standort mitteilen. Diese Veränderung wird unglaubliche Folgen für unsere Entscheidungen im Alltag haben. In den nächsten Jahren wird das mobile Internet zur mächtigsten Überzeugungstechnik, die es je gab. Politiker werden sich mit dem mobilen Internet beschäftigen müssen, wenn sie Wahlen gewinnen wollen. Unternehmen müssen lernen, wie sie durch sie ihre Produkte verkaufen können. Das internetfähige Mobiltelefon wird einflussreicher als Radio, Fernsehen und das stationäre Web zusammen.«[59]

Apple wirbt für sein iPhone mit dem Versprechen, dass der Kunde neben dem Gerät auch das sicherste Passwort der Welt erhält: Das iPhone wird ganz bequem mit dem Fingerabdruck entsperrt. Der Konzern versichert, die hochsensiblen biometrischen Daten sicher zu speichern, verschlüsselt in einem gesonderten Chip. Man kann dieser Aussage Glauben schenken oder nicht. Wovon man mit ziemlicher Sicherheit ausgehen kann, ist, dass, wenn Apple eine neue Technik einführt, diese rasch zum Mainstream avanciert. Heute haben nur die teureren Modelle einen Fingerabdruckscanner, schon bald werden sie aber auch in preiswerteren Smartphones gängig sein. Der Gewöhnungseffekt ist ein Abstumpfungseffekt. Die massenhafte Verwendung einer bestimmten Technik suggeriert dem Nutzer, dass sie ungefährlich sei. Er glaubt, sich nicht weiter den Kopf über sie zerbrechen zu müssen. Doch wie sicher sind die sensiblen Daten, beispielsweise bei kleineren Firmen, tatsächlich? Was geschieht, wenn sie gestohlen werden?

Wenn Ihr Passwort gestohlen wird, können Sie ein neues anlegen. Was aber tun Sie, wenn Ihnen Ihr Fingerabdruck gestohlen wird?

Und beim Fingerabdruck ist lange nicht Schluss. Demnächst wird eine neue Technik Einzug halten: Iris-Scanner, die statt des Fingerabdrucks den Abdruck der Augeniris nutzen, um das Smartphone zu entsperren oder einen Einkauf zu autorisieren.

Die Adolph-Schönfelder-Grundschule im Hamburger Stadtteil Barmbek führte zu Beginn des vergangenen Schuljahrs ein Kantinen-Bezahlsystem ein, bei dem die Schüler ihren Fingerabdruck hinterlassen müssen, um eine Mahlzeit zu bekommen. Laut »Hamburger Abendblatt« habe die Catering-Firma Kinderwelt die Fingerabdrücke aber auch von Kindern nehmen lassen, die eigentlich per Chipkarte bezahlen wollten. »Wenn es stimmt, dass Kindern mit leerem Magen gedroht worden ist, um an ihre Fingerabdrücke zu kommen, muss die Schulbehörde personelle Konsequenzen in Betracht ziehen«, sagte Sebastian Seeger von den Hamburger Piraten. Das Vorgehen sei nicht nur unsensibel und Kindern gegenüber völlig unangemessen, sondern Unternehmen und öffentliche Einrichtungen zeigten auch, dass sie nicht die nötigen Konsequenzen aus den jüngst enthüllten Abhörskandalen gezogen hätten.[60]

Nach Informationen des »Spiegel« ist die Adolph-Schönfelder-Grundschule im Großraum Hamburg kein Einzelfall, insgesamt soll das Fingerprintsystem mittlerweile an 16 Schulen in Betrieb sein. Dass nicht der gesamte Fingerabdruck gespeichert wird, sondern nur sechs Messpunkte an der Fingerkuppe, die anschließend in eine Zahl umgewandelt werden, mindert die Brisanz der biometrischen Erfassung von Schülern nicht im Geringsten. »Hier sammelt ein privates

Unternehmen eine moderne Form von Fingerabdrücken an öffentlichen Schulen. Anstatt den Schülern einen sensiblen Umgang mit persönlichen Daten zu vermitteln und sie damit fit für das Informationszeitalter zu machen, überlegen Schulen, wie im Interesse des Caterers ein Bezahlsystem perfektioniert wird«, schätzt Karin Prien, schulpolitische Sprecherin der CDU-Fraktion, die Lage ein.[61]

3.3 Die Mär der Anonymität

Anonymität ist ein wertvolles Gut. Wir werden gerade Zeugen, wie sie der digitalen Revolution zum Opfer fällt und die Idee der Privatheit verschwindet.»Ein heute geborenes Kind«, sagt Edward Snowden,»wird nicht mehr wissen, was Privatleben ist. Es wird nicht mehr wissen, was ein Moment Privatsphäre bedeutet, einen Gedanken zu haben, der weder aufgenommen wurde noch analysiert. Das ist ein Problem, denn das Privatleben ist wichtig, das Privatleben hilft uns zu bestimmen, wer wir sind und wer wir sein wollen.«[62]

2013 veröffentlichte»Nature« eine Studie[63] von Wissenschaftlern des MIT Media Lab und der Universität im belgischen Löwen, die die Mär anonymisierter Bewegungsdaten entlarvt. Die Forscher werteten die anonymisierten Datensätze, die von insgesamt 1,5 Millionen Menschen in einem Zeitraum von 15 Monaten in einem»kleinen europäischen Land« anfielen, aus. Jedes Mobilfunkgerät erzeugt beim Mobilfunkbetreiber Standortdaten, also Informationen über Uhrzeit und Aufenthaltsort eines Gerätes. Dort steht dann, dass sich Gerät a zu Zeit b an Ort c aufgehalten hat. Die Forscher fanden heraus, dass nur vier einzelne dieser Zeit/Ort-Datenpunkte ausreichen, um 95 Prozent der Personen zu identifizieren, da unsere Bewegungsprofile in den allermeisten Fällen sehr eindeutig und charakteristisch sind. Je einzigartiger die Bewegungsprofile sind, desto einfacher wird dann auch die De-Anonymisierung einer Person. Man muss also nur vier Zeit/Ort-Datenpunkte einer Person kennen, um ein eigentlich anonymes und über lange Zeiträume vorhandenes vollständiges Bewegungsprofil eindeutig einer Person zuordnen zu können. Und das ist gar nicht so schwer, denn dazu lässt sich die Adresse der Wohnung oder des Arbeitsplatzes genauso benutzen wie die Zeit- und Ortsangaben, die in Fotos gespeichert sind, wenn man sie in soziale Netzwerke lädt. Auch wenn man unterwegs vom Smartphone Twitter-Nachrichten versendet, werden Zeit- und Ortsangaben übertragen.

Immer mehr Unternehmen verfügen über unsere Bewegungsprofile. In den USA werden jedes Jahr mehr als 65 Milliarden Kreditkartenzahlungen getätigt, und jedes Mal werden dabei Ort und Zeit erfasst. Das Unternehmen Skyhook Wireless bearbeitet täglich über 400 Millionen Anfragen von mobilen Endgeräten, anhand der in der Umgebung vorhandenen Funkwellen die genaue Position zu ermitteln. Es wird geschätzt, dass etwa ein Drittel aller 25 Milliarden installierten Apps auf Apple-Geräten auf die Positionsdaten der Nutzer zugreifen. Passenderweise hat Apple vor einiger Zeit seine Datenschutzerklärung erweitert, um nun Bewegungsdaten an »Partner und Lizenznehmer« weitergeben zu können. All das zeigt, wie groß das Geschäft mit diesen Daten geworden ist – und wie groß die Datenschutzprobleme sind.

Die Bewegungsdaten eines Mobiltelefons verraten über den Besitzer aber noch mehr: Sie geben Auskunft über die Zukunft. Aus dem Satz »Ich weiß, was du gestern getan hast« wird: »Ich weiß, was du morgen tun wirst.« Anhand der Bewegungsdaten eines Mobiltelefons lässt sich prognostizieren,

wo man sich in Zukunft aufhalten wird. Die Präzision der
Vorhersageanalyse steigt mit der verfügbaren Datenmenge.
Anhand der Mobilfunkdaten von 39 Schweizer Freiwilli-
gen, darunter die gewählten Telefonnummern, GPS-Stand-
ortdaten, Daten der Anrufer, verschickte und empfangene
SMS und die Historie der verwendeten Drahtlosnetzwerke,
errechneten Wissenschaftler der Universität Birmingham die
zukünftige Position der Probanden.
Dies gelang den Wissenschaftlern verblüffend exakt. So
konnten sie mit ihrem Algorithmus die Position, an der sich
die untersuchte Person in 24 Stunden aufhalten wird, auf
etwa 1000 Quadratmeter genau berechnen. Wesentlich genauer wurden die Ergebnisse, sobald auch Daten von
Freunden der untersuchten Person mit einbezogen wurden.
Dann nämlich konnten sie durch geschickte Kombination
der Daten den Bereich auf etwa 20 Quadratmeter vorhersagen.
Die Wissenschaftler weisen zwar darauf hin, dass die kleine Anzahl der Studienteilnehmer nicht repräsentativ sei, aber
die Untersuchungen legen den Grundstein für weitere, viel-
versprechende Forschungen in diesem Bereich. Einer der beteiligten Wissenschaftler, Mirco Musolesi, hofft, in Zukunft
mit Strafverfolgungsbehörden zusammenzuarbeiten, um
herauszufinden, wie gut der Algorithmus den Ort von zukünftigen Straftaten vorhersagen kann. Er schlägt vor, dafür
anonyme Daten von Personen aus Großbritannien zu verwenden, die auf Kaution auf freiem Fuß sind und elektronische Fußfesseln tragen.[64]
Wir sollten endlich damit aufhören, diese Geräte Telefone
zu nennen, und sie stattdessen als das bezeichnen, was sie in
Wahrheit sind: Spione. Wo wir auch hingehen, was wir auch
tun, wir tragen diesen supersmarten Spion bei uns. Wir laden uns Apps runter, ohne genau zu wissen, was diese Apps
mit unseren Daten tun, auf welche Server sie fließen, in wel-

che Hände sie geraten, welche Algorithmen sie mit anderen Daten in Verbindung bringen und wer mit ihnen Geld verdient.

Hand aufs Herz: Wann haben Sie im Netz zum letzten Mal eine Datenschutzerklärung, bei der Sie im Internet auf »Akzeptieren« geklickt haben, tatsächlich gelesen? Wissenschaftler der Carnegie Mellon University haben berechnet, wie viele Stunden der durchschnittliche Internetnutzer im Jahr investieren müsste, um sie genau zu lesen und zu verstehen: etwa 250. »Die Länge der Datenschutzrichtlinien schwankt zwischen 144 und 7650 Wörtern. Bei einer Lesegeschwindigkeit von 250 Wörtern pro Minute dauert das Lesen einer durchschnittlichen Erklärung etwa acht Minuten. Ein durchschnittlicher User braucht jährlich 30 Arbeitstage, um die Richtlinien aller besuchten Webseiten zu lesen. Selbst das bloße Überfliegen der Texte nimmt 154 Stunden in Anspruch. Bei sparsamer Internetnutzung würde das Lesen der Richtlinien 181 Stunden, bei verschwenderischem Surfen 304 Stunden beanspruchen. In den USA würden bei korrektem Vorgehen aller Bürger jährlich 53,8 Mrd. Stunden aufgewendet.«

Kurz: Der Nutzer, der angesichts der Informationsflut chancenlos ist, soll die Bestimmungen gar nicht lesen, er soll sie nur akzeptieren. Selbst wenn er sich durch die Erklärungen ackern würde, hieße diese Intensivbeschäftigung noch lange nicht, dass er den Inhalt auch verstünde. Tatjana Halm, Rechtsanwältin und Referatsleiterin Markt und Recht bei der Verbraucherzentrale Bayern, sagt: »Die Datenschutzerklärungen und Nutzungsbedingungen werden von klugen Leuten geschrieben, die es genau so formulieren, dass man als durchschnittlicher Verbraucher nicht weiß, was damit gemeint ist. Man muss schon IT-Rechtler sein, sonst ist es illusorisch, dass man die Texte wirklich versteht.«[65]

3.4 Installieren Sie nicht alle Apps

Apps können Ihnen gefährlich werden. Das Ausmaß, in dem die oft kostenlosen, praktischen Programme sensible Daten abgreifen, ist den meisten Nutzern offensichtlich nicht bewusst, anders kann man sich die Selbstverständlichkeit nicht erklären, mit der Apps ganz nebenbei beim Frühstück, Einkaufen oder U-Bahn-Fahren runtergeladen und installiert werden, ohne sich vorher zu vergewissern, auf welche Daten sie zugreifen wollen. Kaum etwas ist in Zeiten des Informationskapitalismus kostenlos. Es gibt keine »Gratis-Ökonomie«.»Kein Unternehmen stellt umfangreiche Dienste bereit, ohne sich davon einen monetären Vorteil zu erhoffen«[66], schreiben Constanze Kurz und Frank Rieger in ihrem Buch »Die Datenfresser«. Wir bezahlen mit unseren Daten. In schöner Regelmäßigkeit geraten App-Anbieter in die Schlagzeilen, weil sie sich ohne Zustimmung ihrer Kunden bei deren Daten bedienen, teilweise werden ganze Telefon- und Adressbücher abgesaugt. Bewegungsdaten der Smartphone-Nutzer übermittelt oder die von den Apps erstellten oder verwalteten Daten zu Geld gemacht – weder verschlüsselt noch anonymisiert.

Eine Taschenlampen-App für Android-Handys hat heimlich Daten über den Aufenthaltsort der Nutzer sowie die Identifikationsnummern der Geräte erfasst und an Werbenetzwerke weitergegeben. Die App wurde mindestens 50 Millionen Mal aus Googles App-Store heruntergeladen. Als die Sache aufflog, musste der App-Entwickler Goldenshores Technologies alle persönlichen Daten, die er über die Taschenlampen-App gesammelt hatte, löschen, was nichts daran änderte, dass das Kind in den Brunnen gefallen war und massenhaft Daten in Umlauf gebracht worden sind.[67]

Manchmal ist es für eine sinnvolle technische Anwendung unumgänglich, auf sensible Daten Zugriff zu gewähren, wie zum Beispiel bei einer Navigations-App. Auch eine App, die den internen Kalender ersetzen soll, muss auf sämtliche auf dem Gerät gespeicherten Kalenderdaten zugreifen können. Eine Rezepte-App sollte ihren Dienst allerdings auch problemlos erfüllen, ohne im Adressverzeichnis herumzustöbern.

Von 63 beliebten Apps für iOS, Android und Windows Phone, die die Zeitschrift Stiftung Warentest auf ihre Sicherheit hin prüfte, stufte sie neun als »sehr kritisch« ein, 28 als »kritisch« und lediglich 26 als »unkritisch«.[68] Bei einer von 19 europäischen Datenschutzorganisationen erstmals gemeinsam durchgeführten Untersuchung fielen 90 Prozent der getesteten Apps wegen Datenschutzmängeln durch.[69] Nicht weniger beunruhigend ist das Ergebnis des Evidon Mobile Research Teams, das 20 der beliebtesten Gesundheits-, Wellness- und Fitness-Apps daraufhin untersuchte, wer neben den offiziellen Anbietern auf die Daten zugreift. Das Ergebnis: Die Daten flossen in die Hände von insgesamt 70 Drittfirmen.[70] Typischerweise handelt es sich bei den betreffenden Firmen um Marketingunternehmen, deren Ziel die Kundendurchleuchtung, also zielgerichtete Werbung ist.

Nur: Zielgerichtete Werbung ist eben lediglich die Oberfläche des intransparenten Datenhandels. Es geht um viel mehr, es geht um die Erstellung komplexer Kundenprofile, um den gläsernen Konsumenten, um Steuerung, Manipulation und Diskriminierung von Menschen. Versicherungen suchen sich längst die Kunden aus, die sie haben wollen. Nach demselben Prinzip vergeben Banken ihre Kredite, passen Unternehmen ihre Preise den Kunden entsprechend an, bekommen Menschen einen Job oder werden abgelehnt.

Das Schnüffeln von Unternehmen und Regierungen ist längst an der Tagesordnung, gleichzeitig ist es für jeden normalen Bürger noch nie so einfach gewesen, die Spionagemaschine auf eigene Faust anzuwerfen. Seit vielen Jahren gibt es

eine Vielzahl von Programmen, und täglich kommen neue
»Innovationen« auf den Markt, die dankbare Abnehmer fin-
den. Spezialisierte Unternehmen bieten maßgeschneiderte
Lösungen an, beispielsweise um die aufgerufenen Webseiten
und Tastatureingaben aufzuzeichnen und in regelmäßigen
Abständen Screenshots zu machen. Sämtliche Aktivitäten
des Benutzers lassen sich aufzeichnen. Es gibt sogar Software, die angeschlossene oder eingebaute
Mikrofone und Videokameras benutzt, um den Benutzer
aufzunehmen. Selbst für Mobiltelefone existiert auf dem
Markt Software, die den Benutzer von A bis Z ausspioniert:
Telefonate werden mitgeschnitten, Tastatureingaben mitgele-
sen, der Aufenthaltsort gespeichert, zudem erlaubt die Software den Zugriff auf sämtliche Smartphonedaten, inklusive
aller Dateien, Fotos, E-Mails, Kurz- und Chatnachrichten.
Die Programme sind so geschickt programmiert, dass sie sich
verstecken und für den normalen Nutzer unsichtbar agieren.

Wer seinem Ehepartner Untreue unterstellt, muss heute
keinen Privatdetektiv mehr engagieren, um Gewissheit zu
bekommen, hierfür existieren Apps wie die Überwachungs-
software mSpy. Installiert auf dem Smartphone der Zielperson, screent sie unbemerkt Anrufe, SMS, Standorte, Brow-
serverläufe, Downloads, Verbindungsdaten, Fotos, Videos,
Chats. Selbst das Abhören des Partners ist möglich. »Ein sehr
großer Teil unserer Kunden benutzt mSpy, um einen untreu-
en Ehepartner zu entlarven«, heißt es vonseiten des Herstellers.

3.5 Dynamische Preisgestaltung

Wie wäre, fragt der Netzaktivist Michael Fertik in der Zeitschrift »Scientific American«, ein Internet, in dem unsichtbare Hände Ihre kompletten Erfahrungen kuratieren?[71] Wo

Dritte vorgeben, welche Nachrichten, Produkte und Preise Sie sehen, ja, sogar welche Menschen Sie treffen. Eine Welt, in der Sie zwar denken, Sie entscheiden selbst, in Wirklichkeit aber entscheiden andere. Am Ende bliebe einem nicht mehr als die Illusion, man hätte die Kontrolle, doch in Wahrheit steuern einen die Maschinen. Diese Welt, so Fertik, sei näher, als wir glauben. Genau genommen stehen wir bereits mit einem Fuß in ihr. Präziser formuliert: Falls Sie glauben, es spiele keine Rolle, ob Sie oder irgendeine andere Person nach einem Schnäppchenurlaub in der Karibik sucht, liegen Sie falsch. »Die Reichen sehen ein anderes Internet als die Armen.«[72]

Das, was wir im Internet finden, ist nicht das, was wir wirklich suchen, sondern das, was die Software glaubt, dass wir es suchen. Man könnte es auch so sagen: Gezeigt wird, was wir sehen sollen. Jeder Suchbegriff, den wir eingeben, jede Webseite, die wir anklicken, jede CD, die wir kaufen, jedes Paar Schuhe, alles wird gespeichert. Aus diesen Informationen setzt sich unsere ganz persönliche Klickspur zusammen. »Je mehr Informationen über einen Kunden vorhanden sind, desto besser lässt sich einschätzen, wie viel ein Kunde bereit ist, für ein bestimmtes Produkt zu bezahlen, und desto höher ist der Profit, der sich erzielen lässt. Da Online-Einkäufe zunehmen und Unternehmen immer mehr Daten über uns sammeln, wird es für die Firmen immer schwieriger, dieser Preismethodik zu widerstehen«, schreibt Adam Ozimek, Autor bei »Forbes«.

Stellen Sie sich vor, Sie unternehmen einen Stadtbummel. Doch Sie sind nicht allein, ein Unbekannter ist Ihnen dicht auf den Fersen. Bei jedem Schritt spüren Sie seinen Atem in Ihrem Nacken. Das ist eine unheimliche Vorstellung? Dieses Bild sollten Sie beim Surfen im Netz stets im Kopf haben. Die Webseitenbetreiber wollen Sie unheimlich gerne kennenlernen. Wie oft besuchen Sie welche Seite? Sind Sie ein impulsiver Shopper? Springen Sie auf bestimmte Werbekampagne an? Um Antworten auf solche und weitere Fragen zu bekommen, nutzen Webseitenbetreiber seit Jahren Tracking-Cookies. Ruft man dieselbe Webseite erneut auf, wird der Inhalt der Textdatei ausgelesen und der Besucher kann in Echtzeit identifiziert werden. Vor allem die Werbeindustrie nutzt diese Technologie, um Internetnutzer über mehrere Seiten hinweg zu verfolgen und sie mit passender Werbung zuzuschütten.

Das Geschäft floriert, 2013 wurden fast 90 Milliarden Euro umgesetzt, doch nicht jedem gefällt dieses Stalking. Genervte User löschen regelmäßig die Cookie-Dateien. Selbstverständlich arbeitet die Industrie trotzdem unermüdlich daran, die Nutzer weiterhin zu verfolgen. Und zwar auch noch dann, wenn sie mehrere Geräte zum Surfen im Internet benutzen, etwa einen PC am Arbeitsplatz, das Smartphone unterwegs und einen Laptop zu Hause.

Mit den bisherigen Tracking-Cookies ist das unmöglich, weswegen Microsoft, Google und Facebook an Systemen arbeiten, die eine lückenlose Nutzerverfolgung ermöglichen sollen. Mit Hilfe von eindeutigen Kennungen, die von den Webbrowsern übermittelt werden, können die Unternehmen die Nutzer so auf jeder Webseite verfolgen und sogar zusätzliche Informationen über das Surfverhalten absaugen. Da man bei den Diensten der Unternehmen angemeldet ist, lassen sich die erhobenen Daten sehr einfach mit der jeweiligen Identität des Nutzers verknüpfen. Datenschützer sind alarmiert und warnen, dass mit dem Cookie-Ersatz nicht nur das Erstellen von detaillierten Verbraucherprofilen vereinfacht, sondern auch Werbung ermöglicht wird, die noch tiefer als bisher in die Privatsphäre der Menschen eindringt.

Die Firma Media Brix, Partner von Microsoft, wirbt mit einer Eigenentwicklung, die eine »emotionale Zielauswahl« vornehme, um »Spieler an natürlichen, kritischen Punkten im Spielverlauf zu erreichen, an denen sie am empfänglichsten für Marken-Botschaften sind«.

»Herauszufinden, wann die Leute am impulsivsten und anfälligsten sind, wird einen kommerziellen Anreiz bieten«, prophezeit Ryan Calo, Assistenzprofessor an der juristischen Fakultät der Washington University. Der Zugriff auf unser Gehirn ist das nächste große Ding.[73]

2012 bekam Google ein Patent für eine Technologie zugesprochen, mit deren Einsatz Online-Händler die Preise ihrer Waren dynamisch gestalten können. Wenn die Software zum Beispiel zu dem Ergebnis kommt, dass Sie eher als der durchschnittliche Kunde bereit sind, ein bestimmtes Musikalbum zu kaufen, kann sie dessen Preis automatisch heraufsetzen oder, wenn die gegenteilige Voraussage über Sie getroffen wird, senken. In Echtzeit. Sie werden niemals erfahren, dass Sie für exakt denselben Artikel mehr bezahlt haben als andere.

Zwei Frauen, Kim Wamble und Trude Frizzell, bestellen auf der Internetseite staples.com dieselbe Heftmaschine. Doch der Preis, den sie jeweils für das Produkt bezahlen müssen, ist unterschiedlich. Für Wamble beträgt er 15,79 Dollar, für Frizzell 14,29. Die Frauen wohnen nur wenige Meilen voneinander entfernt, aber durch die Auswertung der sogenannten IP-Adresse weiß Staples, von wo aus jemand die Internetseite aufruft. »Wenn der geografische Ort als Preisberechnungswerkzeug dient, verstärkt das jene Muster, die der E-Commerce einst versprochen hatte zu eliminieren: nämlich, dass Preise in Gegenden mit weniger Konkurrenz höher sind, einschließlich ländlicher oder armer Gegenden. Die Rolle des Internets als ausgleichendes Medium wird dadurch torpediert.«[74] Ein weiterer Anlass für Preisanpassungen: Für Kunden aus einkommensstarken Gegenden kann der angezeigte Preis etwas angehoben werden, da die dortigen Kunden bereit sind, mehr zu bezahlen, so das Kalkül.

Das Internetreisebüro Orbitz Worldwide hat herausgefunden, dass Kunden, die ein Gerät von Apple benutzen, um auf die Webseite zuzugreifen, im Durchschnitt etwa 30 Prozent mehr für eine Hotelnacht ausgeben als Nicht-Apple-Nutzer. Angesichts der Tatsache, dass der Durchschnittspreis für eine Hotelübernachtung bei Orbitz 100 Dollar beträgt, ist das ein gewaltiger Unterschied. Wer ein Gerät von Apple nutzt, sieht deshalb ein anderes Urlaubsangebot, wobei »anderes« – nach Auskunft von Orbitz – nicht bedeutet, dass die angezeigten Zimmerpreise höher sind; die günstigeren Angebote tauchen in der Ergebnisliste nur deutlich weiter hinten auf als bei Nicht-Apple-Nutzern. Mitarbeiter des »Wall Street Journal« machten einen Test: Sie suchten gleichzeitig von einem iPad und einem PC nach zwei Hotelübernachtungen in Miami. Die Hotels, die auf der 1. Seite der Ergebnisliste erschienen, waren auf einem iPad im Schnitt elf Prozent teurer als jene, die ein PC-Nutzer zu Gesicht bekam. Möglicherweise screent Orbitz irgendwann seine Kundendaten danach, welche Autos sich Apple-Nutzer am liebsten mieten. »Es wäre schön zu sagen, sie buchen häufiger Porsches, aber im Moment schauen wir uns nur die Hotelbuchungen an«, so der Chief Scientist von Orbitz, Wai Gen Yee.[75]

»Preisdiskriminierung« ist ein alltäglicher Vorgang, wir alle erleben ihn, denken Sie nur an günstigere Seniorenteller, Studententarife oder Schülerkarten. Die Idee dahinter leuchtet jedem ein, also akzeptieren wir, dass bestimmte Gruppen Preisvorteile genießen. Wir empfinden es als fair, die Karten liegen auf dem Tisch, es ist ein transparentes System. In der Welt des E-Commerce durchschauen wir die Mechanismen nicht. Es wird mit verdeckten Karten gespielt, und selbst wenn wir sehen würden, wie die Algorithmen ihr Werk verrichten, würden wir es weder wirklich verstehen noch akzeptieren. Dass dieses Spiel hinter unserem Rücken stattfindet, verstärkt seinen zutiefst unfairen Charakter. Jeder liefe Sturm,

würde der Lieblingsschuhladen um die Ecke die Schuhe im
Sonderangebot verteuern, sobald man den Laden betritt, nur
weil man in der Vergangenheit bevorzugt zu den teuren
Schuhen gegriffen hat.

»Es gibt in Deutschland nur zwei Arten von Menschen,
die, deren Leben das Internet verändert hat, und die, die
nicht wissen, dass das Internet ihr Leben verändert hat«,
schreibt der Blogger und Netzaktivist Sascha Lobo. »Abgesehen von den Scheinen im Portemonnaie ist Geld bloß eine
Zahl auf ein paar Servern, von denen niemand weiß, wo sie
stehen. Ähnlich verhält es sich mit Patientenakten, Konsum-
und Finanzamtsdaten, digitale Ströme regeln die Welt. Auch
ohne E-Mail, soziale Netzwerke und Videostreaming ist die
gesellschaftliche Abhängigkeit von der digitalen Sphäre total.«[76]

Nicht nur für die Internet-Idealisten, die das Medium einst
als transparent, anonym und vorurteilslos feierten, die es als
Demokratisierungswerkzeug priesen und als sozialen Ver-
netzungsapparat, ist die Realität ein Schlag ins Gesicht. Sie ist
es für uns alle. Es ist höchste Zeit, endgültig ein paar Big-
Data-Mythen zu begraben. Wie wir bereits gesehen haben,
ist einer der größten Trugschlüsse überhaupt, dass es sich bei
Big Data um eine Masse anonymer Datensätze handelt.

»Big Data ist weder anonym noch farben- und geschlech-
terblind.«[77] In Wahrheit, so Kate Crawford, leitende Wissen-
schaftlerin in einer der Forschungsabteilungen von Microsoft, würden die Datenmassen dazu dienen, uns noch exakter
zu kategorisieren und Menschen in bestimmte sozioökonomische Gruppen einzusortieren. Kate Crawford hat sich die
Entzauberung des Datenhypes auf die Fahnen geschrieben.
Für die vielen Datenenthusiasten ist sie ein rotes Tuch.

Ein weiterer Big-Data-Glaubenssatz, den die Datenhung-
rigen reflexhaft aufsagen, lautet: je mehr Daten, desto besser.
Die Realität zeigt jedoch, dass die Masse an Daten das Bild

häufig verfälscht und unsere Wahrnehmung verzerrt, anstatt Klarheit zu schaffen.[78] Big-Data-Analysen sind oft fehleranfällig, denn häufig »werden Korrelation mit Kausalität und komplexe, von Menschen programmierte Technik mit Intelligenz verwechselt«.[79]

Big Data ist ursprünglich durch drei Begriffe definiert: *Volume*, *Velocity* und *Variety*.

Volume beschreibt das gigantische Volumen der vorhandenen Daten, das in den letzten Jahren förmlich explodiert ist. Das IT-Marktforschungsunternehmen IDC schätzt, dass die Daten, die alleine im Jahr 2020 erstellt werden, auf DVDs kopiert einen Stapel ergeben, der 44-mal von der Erde zum Mond und zurück reichen würde.[80]

Velocity beschreibt die Geschwindigkeit, mit der neue Daten entstehen. Die fortschreitende Digitalisierung, die immer größere Verbreitung von Sensoren und Datenerfassungssystemen und die rasant steigende Anzahl von Foto- und Videokameras lässt nicht nur das Datenvolumen explodieren, sondern sorgt auch dafür, dass immer schneller neue Daten entstehen. Das schwedische Technologieunternehmen Ericsson schätzt, dass bis 2020 deutlich mehr als 50 Milliarden Geräte mit dem Internet verbunden sein werden.[81]

Datenexperten haben berechnet, dass die gesamte Menschheit vom Beginn der Zeitrechnung bis zum Jahr 2003 rund fünf Milliarden Gigabyte an Daten erzeugt hat. Die rasante Entwicklung der letzten Jahre hat dafür gesorgt, dass die gleiche Datenmenge im Jahr 2013 innerhalb von nur zehn Minuten angefallen ist.[82]

Variety schließlich beschreibt die Vielfältigkeit der Daten, die meist in vielen unstrukturierten Formen vorliegen, was bedeutet, dass die schieren Datenmengen nicht ohne weitere Bearbeitung interpretiert, verglichen oder analysiert werden können.

In letzter Zeit kam mit *Veracity* ein weiterer Begriff hinzu. Er steht für die Sinnhaftigkeit, Vertrauenswürdigkeit und Fehlerhaftigkeit der Daten und der daraus resultierenden Ergebnisse. Während man den Schwierigkeiten, welche die ursprünglichen Begriffe beschreiben, mit technologischem Fortschritt entgegenwirken kann, gibt es bei *Veracity* bisher keine vielversprechenden Lösungsansätze. Gerade mit Blick auf die zukünftige Allgegenwärtigkeit von Big-Data-Analysen ist das fatal. Schon heute hat dieses Problem teure Konsequenzen. »Inkorrekte, inkonsistente, redundante und absichtlich verfälschte Daten kosten US-Unternehmen jährlich über drei Milliarden Dollar«, sagt Hollis Tibbetts, Datenexperte bei der Technologieberatungsfirma Artemis Ventures.[83]

Ein anderes Beispiel: Hurrikan Sandy. Als der Wirbelsturm im Oktober 2013 Teile der amerikanischen Ostküste verwüstete, wurden 20 Millionen Tweets abgesetzt. Genügend für die Behörden und Hilfsorganisationen, sich ein gutes, ein nahezu wahrheitsgetreues Bild über die Lage zu verschaffen, könnte man meinen. Doch erstens sind die 16 Prozent der amerikanischen Bevölkerung, die überhaupt twittern, jünger, und zweitens leben sie in städtischerer Umgebung als der Durchschnitt. Außerdem muss berücksichtigt werden, dass nicht hinter jedem Twitter-Account ein Mensch steht. Niemand weiß, wie viele Tweets tatsächlich automatisierte Programme verfassen.[84] 2013 kam heraus, dass sich hinter dem Twitter Account »Carina Santos/@Scarina91« keine einflussreiche brasilianische Journalistin verbarg, sondern ein Roboter.[85]

»Zudem müssen wir davon ausgehen, dass Accounts und User nicht äquivalent sind. Manche haben mehrere Accounts, andere Accounts werden von mehreren Menschen genutzt.«[86] Nur sehr wenige Tweets kamen laut Crawford aus Breezy Point oder Rockaways, jenen Gegenden außerhalb Manhattans, die der Wirbelsturm mit ganzer Härte getroffen hatte. Wer ausschließlich soziale Medien nutzt, um sich ein Bild von Krisenherden oder Katastrophengebieten zu machen, der wird schlicht in die Irre geführt.

4. »Big Brother« auf dem Beifahrersitz

Falls Sie einen alten Wagen besitzen, behalten Sie ihn. Das Auto war einmal ein mobiler Rückzugsort, ein Fahrzeug, das uns erlaubte, dem Alltag zu entfliehen. Wir mussten uns nur hineinsetzen, alleine oder in Gesellschaft, und losfahren, irgendwohin, und solange man niemandem sein Ziel verraten hatte, wusste auch niemand Bescheid. Das Auto von heute ist vollgepackt mit Chips und Sensoren, nichts geht mehr ohne Software. Es ist ein fahrender Computer, in dem das Gefühl von Freiheit trügt.

Schon jetzt sind unsere Straßen von digital vernetzten Fahrzeugen bevölkert, ohne dass wir davon Notiz nehmen würden. Jeden Tag verlassen neue Hightech-Autos das Werk. Verbraucherschützer warnen vor einem »Minenfeld«, vor dem »gläsernen Fahrer« und vor »Big Brother« quasi im Armaturenbrett.[87] Noch nie ist es so leicht gewesen, derart exakte Bewegungsprofile zu erstellen. »Autos werden zum Server von Millionen und Milliarden von Informationen weltweit, die nicht nur viel über das Auto aussagen, sondern auch über denjenigen, der es fährt.« Kfz-Mechaniker, Versicherungen, Autohersteller, es herrscht kein Mangel an Leuten, die sich für die produzierten Daten interessieren. Bei der Internationalen Consumer Electronics Show 2013 in Las Vegas sagte der Marketing- und Sales-Chef von Ford, Jim Farley, über seine Kunden: »Wir kennen jeden, der das Gesetz bricht, und wir wissen, wann du es tust.«[88] Dass Farley kaum über Privatheit für Autofahrer diskutieren möchte, zeigt: Die Daten nicht zu erheben ist keine Option mehr, es kann nur noch politisch darüber entschieden werden, wie mit ihnen umgegangen wird.

Werfen wir einen Blick in die Zukunft: Der nächste Schritt ist das vollautonome, sich selbst lenkende Fahrzeug, das den

Straßenverkehr sicherer machen soll. Die einzige Frage ist, ob es bis dahin noch fünf, zehn oder 20 Jahre dauern wird. Ein Straßenverkehr, bei dem Auto- und Fahrradfahrer, sowie Fußgänger sicherer sind als heute, wäre ein Gewinn für uns alle. Konkret wird es eine Flotte selbstfahrender Autos geben, aus deren Pool wir uns jederzeit ein Auto mieten bzw. an einen bestimmten Ort bestellen können, wie heute ein Taxi. Bezahlt wird für die Nutzungsdauer beziehungsweise die gefahrenen Kilometer. Das Auto kommt morgens zur Wohnung gefahren, man steigt ein und lässt sich zur Arbeit bringen. Anstatt das Auto konzentriert durch den Verkehr zu lenken, schläft, liest oder arbeitet man bereits.

Durch die ständige Vernetzung der Autos werden die Routen dynamisch anhand der vorliegenden Verkehrssituation optimiert und Staus reduziert. Sobald man am Ziel angekommen ist, steigt man einfach aus, denn auch die oft lästige Parkplatzsuche entfällt. Das Auto fährt weiter zum nächsten Einsatz. Man muss sich nicht einmal darum kümmern, rechtzeitig zu tanken, denn auch das erledigt der Wagen automatisch. Über das Internet oder eine Handy-App lassen sich jederzeit Autos bestellen. Plant man den Kauf einer Kommode, bucht man ein größeres Fahrzeug, möchte man am Wochenende, das bestes Wetter bringen soll, eine Spritztour machen, bestellt man ein Cabrio. Es ist die simpelste Art der Fortbewegung, die uns weder Konzentration noch Denkkraft abverlangt. Nur: Die Technologie verwandelt jedes Auto in einen fahrenden Spion. Die Autos müssen ihre Umgebung kennen, was ihnen nur mit Kameras, Ultraschall- und Radarsensoren sowie Laserscannern gelingt. Daraus entsteht letztlich ein vollständiges 3-D-Abbild der Umgebung. Die Technologie dafür existiert bereits, was für ihren Einsatz noch fehlt, ist der neue Rechtsrahmen, woran die EU gerade arbeitet.

Im Durchschnitt steht ein Auto 95 Prozent der Zeit herum. Durch die flächendeckende Nutzung von autonom fahrenden Mietwagen ließe sich der Bestand von Fahrzeugen deutlich reduzieren. Riesige innerstädtische Flächen würden durch den Wegfall der Parkplätze frei werden und könnten neu genutzt werden. Die Autos könnten außerhalb der Städte oder in Industriegebieten geparkt und gewartet werden. Der innerstädtische Verkehr, so Studien, würde in Stoßzeiten schlagartig um etwa 30 Prozent abnehmen – um den Anteil derer nämlich, die einen Parkplatz suchen. Nur Menschen, die unbedingt ein eigenes Auto besitzen möchten, oder bestimmte Berufsgruppen wie Handwerker und Vertreter, die mit viel Material unterwegs sind und keine Lust haben, jedes Mal das Auto aus- und ein neues zu beladen, werden noch ein eigenes besitzen. Die Automatisierung des Straßenverkehrs zeigt, welches Potenzial in neuen Technologien steckt. Allerdings muss sich noch zeigen, wie gut wir mit dem negativen Aspekt, nämlich der potenziellen Komplettüberwachung der Autofahrer, umgehen werden

Die schöne innerstädtische Welt ohne Staus, mit besserer Luft, weniger Gehupe und riesigen Erholungsflächen sowie der neue Raum auf der Autobahn, da automatisiert fahrende Lastkraftwagen fast pausenlos unterwegs sein können, ist die eine Seite. Auf der anderen stehen wie erwähnt die massenhaft gesammelten Daten. »Ein sich selbst lenkendes Auto, das von Google betrieben würde, wäre nicht einfach ein sich selbst lenkendes Auto; es wäre ein Schrein für die Überwachung auf Rädern. Es würde genauestens aufzeichnen, wohin wir fahren. Es könnte uns sogar daran hindern, an bestimmte Orte zu fahren, wenn unsere – durch eine Analyse unseres Gesichtsausdrucks ermittelte – Stimmung den Verdacht nahelegt, dass wir zu zornig oder zu müde oder zu emotional sind.«[89]

Würden Sie wollen, dass bekannt ist, wie oft Sie zum Arzt fahren? Oder zur Tankstelle, um sich nachts ein Bier zu holen? Im Januar 2014 fand in Goslar der 52. Verkehrsgerichtstag statt. Die Experten zeigten sich angesichts der rasanten Entwicklung, die das Auto gerade in einen wertvollen Informanten verwandelt, alarmiert. Jürgen Bönninger, Geschäftsführer der FSD Fahrzeugsystemdaten GmbH in Dresden fordert, ein No-Spy-Zertifikat für Neuwagen und No-Spy-Regeln in das Wiener Weltabkommen über den Straßenverkehr aufzunehmen, außerdem ein Autodaten-Sicherheitsgesetz.»Es muss verhindert werden, dass digitale Abdrücke aller zukünftigen Autos und damit der Fahrdaten sowie der Fahrzeugzustandsdaten als Bewegungs- und Handlungsprofile hinterlassen oder abgerufen werden.«[90] Bönningers Diskussionsvorschlag kommt reichlich spät, seit Jahren erfassen die Mautbrücken jedes Kennzeichen, um von Lkw-Fahrern später Gebühren einzufordern. Die Technik für eine optische Überwachung aller Autos auf deutschen Autobahnen ist bereits vorhanden, möglicherweise ist es nur noch eine Frage der Zeit, bis sie auch genutzt wird, um flächendeckend Bewegungsprofile von allen Straßenteilnehmern zu erstellen.

Britische Autoversicherer bieten ihren Kunden schon seit einiger Zeit günstigere Tarife an, wenn sie in ihrem Auto eine Telematikbox installieren, die den Versicherer mit Daten über das Fahrverhalten füttert.[91] Wer jedes Brems- und Lenkmanöver, jedes Gasgeben, das Verhältnis von Autobahn- zu Stadtfahrten und Tag- zu Nachtfahrten analysieren lässt, erhält einen Rabatt, wenn der ermittelte Score-Wert einen bestimmten Grenzwert nicht überschreitet. Für Autofahrer, die gerne sportlich fahren oder ein ungünstiges Fahrprofil haben – überdurchschnittlich viele statistisch gesehen gefährlichere Nacht- und Stadtfahrten –, heißt das, sie müssen den teureren Normaltarif bezahlen. In Zukunft, wenn die Überwachungsboxen schon ab Werk in die Fahrzeuge eingebaut werden, wird damit sportliches Fahren zum Privileg derer, die sich eine teurere Versicherung leisten können.

Innerhalb von nur zwei Jahren hat der Versicherer Insurethebox in Großbritannien 120 000 Telematikpolicen abgesetzt. Seit Januar 2014 bietet in Deutschland die Sparkassen Direkt Versicherung ein neues Kfz-Versicherungsmodell an, das nach genau diesem Prinzip funktioniert. Die gesammelten Daten über das Fahrverhalten fließen automatisch in ein Punktesystem, das die Basis für die Höhe des Versicherungstarifs bildet. Bald wird es Nachahmer geben. Ab 2015 neu entwickelte Autos müssen in der EU mit einem sogenannten eCall-System ausgestattet sein. Dieses System soll bei einem Unfall automatisch über das Mobilfunknetz eine Notfallmeldung mit Positionsdaten und weiteren Informationen absetzen und so Polizei und Rettungskräften helfen, schneller und besser informiert am Unfallort einzutreffen. Die EU-Kommission hofft, mit dem System die jährliche Zahl der Unfalltoten um etwa 2500 zu senken. Das System hat also einen durchaus sinnvollen Hintergrund und ist in der momentan geplanten Implementierung aus datenschutzrechtlicher Sicht kaum zu beanstanden. Das eigentliche Problem entsteht aber, denkt man einen Schritt weiter. Schon heute sammeln die meisten Autos mit einer Vielzahl von Sensoren technische Daten, die den Werkstätten bei der Fehlersuche helfen. In Zukunft wird es ein Leichtes sein, diese Daten automatisch vom Auto an die Hersteller funken zu lassen. Nicht nur die regelmäßige Übermittlung technischer Parameter, etwa über den Bremsenverschleiß, den Reifendruck oder den Ölstand, ist denkbar, sondern auch das Erfassen von Fahrprofilen, also die Dauer und Länge von Fahrten, die gefahrenen Geschwindigkeiten sowie Positionsdaten.

Für die Automobilhersteller wären diese Daten bares Geld wert, denn während sie mit dem Verkauf eines Autos immer weniger verdienen, steigen die Einnahmen bei den Wartungs- und Serviceleistungen an. Wenn die Hersteller über entsprechende Daten verfügen, könnten sie den Fahrer rechtzeitig darauf hinweisen, dass beispielsweise neue Bremsscheiben fällig sind, und ein entsprechendes Angebot unterbreiten, um so die Fahrer in ihre Werkstätten zu lotsen. Eine weitere Einnahmequelle wäre der Verkauf der Daten an Unternehmen oder sogar staatliche Stellen. 2011 geriet der Navigationsgerätehersteller TomTom in die Schlagzeilen, als bekannt wurde, dass die Firma Daten aus den Navigationsgeräten der Kunden an die niederländische Polizei verkauft hat. Sie konnte anhand der Daten herausfinden, an welchen Stellen die Fahrzeuge zu schnell unterwegs waren, um dann dort gezielt Radarfallen aufzustellen.[92] Dass ausgerechnet das einst Freiheit versprechende Auto plötzlich in der Lage ist, gegen den eigenen Fahrer Stellung zu beziehen – dann nämlich, wenn die Daten entlarven, dass man zu schnell unterwegs war oder ein Unfall durch alte Bremsscheiben verursacht wurde, die längst hätten gewechselt werden müssen –, dürfte den meisten entgangen sein. Die Verkehrsanwältin Daniela Mielchen spricht vom »Auto als Zeugen der Anklage«. Zahlreiche neue Autos »verfügen über ein Warnsystem, das aus Fahrzeit und Lenkbewegungen errechnet, ob der Fahrer müde ist. Dann erscheint eine Kaffeetasse im Display mit der Frage »Pause?«. Würde man den Hinweis, dass man einen Kaffee ziemlich nötig hat, ignorieren und kurz darauf einen Unfall mit Personenschaden verursachen, wie würden die belastenden Informationen in einem solchen Fall verwendet werden? Die zentrale Frage lautet: Wem gehören die Daten, die das Auto sammelt? Dem Autohersteller? Dem Staat? Oder doch dem Fahrer? Darf der Fahrer nach dem Unfall Daten zurückhalten, die ihn belasten könnten?

5. Angriff auf den Körper

Ihr Körper wird gerade finanziell ausgeschlachtet. Das klingt brutal? Ist es auch. Ihre Erektions- oder Blasenschwäche mag für Sie ein massives Problem sein, für die Datenhändler ist Ihr Leiden jedoch ein potenzielles Geschäft. Der gläserne Konsument ist gleichzeitig ein gläserner Patient. Ihr Körper gehört nicht mehr Ihnen allein.

Nehmen wir einmal an, Ihr Nachbar hat multiple Sklerose oder Krebs. Er kämpft um sein Leben. Die Ärzte geben ihm nicht mehr viel Zeit. Höchstwahrscheinlich werden Sie Mitleid mit ihm empfinden, ihm vielleicht hin und wieder Ihre Unterstützung anbieten. Aber ganz unabhängig davon: Woran Sie sicher nicht denken, das ist die Verknüpfung von Krankheit und Schuld. Nein, niemals würden Sie auf die Idee kommen, Ihr Nachbar sei selbst schuld an seiner Krankheit. Das wäre unmenschlich. Doch vergessen Sie nicht: in Zeiten von Big Data, in der Algorithmen die irrsinnigsten Dinge miteinander in Beziehung setzen, Dinge, die wir nicht einmal im Traum in einem Atemzug genannt hätten, wird der Begriff des Schicksals kontinuierlich ausgehöhlt – so lange, bis von ihm irgendwann lediglich noch eine inhaltsleere Buchstabenhülle übrig geblieben ist.

Machen wir uns nichts vor: Die Manipulation unseres Lebens geht mit der Manipulation unseres Denkens einher. Beides ist nicht voneinander zu trennen. Nach und nach sickert die Big-Data-Logik mit ihren Bewertungs- und Kategorisierungsmechanismen in unsere Köpfe ein. Unsere Wertmaßstäbe, unser Solidaritätsgefühl, unsere Empathie, alles wird im Sinne der mathematischen Berechenbarkeit und Effizienzsteigerung umprogrammiert.

Ärzte, Apotheker und zahllose Unternehmen handeln mit Millionen Kranken- und Rezeptdaten und verdienen mit dem

83

Wissen über unsere Gesundheit viel Geld. Zum Beispiel mit der Leidensgeschichte des »Patienten Nummer 36288244«. Hinter dieser Zahlenkombination verbirgt sich eine reale Person, deren Datensatz der »Zeit«[93] vorlag. Es handelte sich um eine stark übergewichtige Frau. »Sie geht recht oft zu ihrem Hausarzt, Fachrichtung Innere und Allgemeinmedizin. Ihm trägt sie ihre Beschwerden vor, und der Doktor schreibt fleißig mit: Am 10. Januar 2012 notiert er, die Patientin habe eine wunde Hautstelle. Am 31. Juli will sie die Antibabypille. Schon am 5. November bekommt sie ein anderes Präparat. Bereits einige Tage später zerrt sie sich an der Halswirbelsäule und wird an einen Orthopäden überwiesen. Zugleich wird ihr Tetrazepam verschrieben, ein muskelentspannendes und angstlösendes Medikament, das bei längerfristiger Einnahme allerdings lebensbedrohliche Geschwüre auf den Schleimhäuten hervorrufen kann. Eine Magen-Darm-Erkrankung und eine Erkältung werden obendrein diagnostiziert, und als die Patientin am 5. Februar 2013 schon wieder in der Praxis erscheint, hat sie Kopfschmerzen und Akne.«[94]

Die Daten der Person wandern ohne ihr Wissen erst an ein Marktforschungsinstitut und dann weiter an die Pharmaindustrie. Im nächsten Schritt beauftragt die Pharmaindustrie ein Heer von Beratern, die die Datenmassen analysieren, um herauszufinden, welche Medikamente neu entwickelt werden können. »Zuletzt schicken die Pharmafirmen ihre Vertreter – die Kosten belaufen sich auf 130 000 Euro pro Vertreter im Jahr – in die Praxen, um exakt jene Pillen, Salben, Tropfen und Zäpfchen an den Arzt zu bringen, die dort ohnehin nachgefragt werden.«

Experten schätzen, dass mit Patientendaten in Deutschland jährlich 30 Millionen Euro umgesetzt werden. »Pharmakonzerne geben bis zu einem Drittel ihres Umsatzes für Marketing und Vertrieb aus – weitaus mehr, als es in der Automobil- oder Lebensmittelindustrie üblich ist. Je mehr die

Unternehmen über die Patienten wissen, desto leichter lassen sich Wettbewerber vom Markt drängen. Die Daten verraten, wann und wo Leute über Sodbrennen, Haarausfall oder Magenkrämpfe klagen – und welche Gegenmittel man unters Volk bringen könnte.«

Den Datenhändler Acxiom haben Sie bereits kennengelernt. Wer ein Pendant im Gesundheitswesen sucht, stößt schnell auf eine amerikanische Firma namens IMS Health mit Sitz in Connecticut, die auch auf dem deutschen, österreichischen und schweizerischen Markt kräftig mitmischt. In der Deutschlandzentrale in Frankfurt arbeiten mehrere hundert Angestellte.[95] Der Konzern, der wie alle großen Akteure der Datenindustrie der breiten Öffentlichkeit unbekannt ist, beackert den Gesundheitsdatenmarkt bereits seit 60 Jahren. Er hatte also genügend Zeit, einen gigantischen Datenvorrat anzusammeln und eine eindrucksvolle Infrastruktur aufzubauen. Heute nutzt IMS Health nahezu 100 000 Datenquellen und sammelt Daten über verschriebene Medikamente, eingereichte Krankenversicherungsansprüche, elektronische Krankenakten, Umfrageergebnisse sowie Profil- und Kontaktinformationen von Patienten.

»Anonymisiert« lautet eines der Lieblingswörter der Datenhändler, eine Art Beruhigungspille, die den Bürgern unablässig verabreicht wird. Erstaunlicherweise zeigt die Beruhigungsstrategie der Unternehmen ihre Wirkung und wir halten still wie wohlerzogene Kinder. Ein Harvard-Team hat demonstriert, dass Patienten allein durch ihren medizinischen Hintergrund sowie öffentlich verfügbare Informationen identifiziert werden können. Jim Pyles, Fachanwalt und Experte für das amerikanische Gesundheitsrecht, vergleicht elektronisch gespeicherte Gesundheitsinformationen mit der Atomkraft: »Wenn sie unter absoluter Kontrolle sind, haben sie ein großes Potenzial. Doch geraten sie außer Kontrolle, dann ist der Schaden unkalkulierbar.«[96] Auch der Berliner

Landesdatenschutzbeauftrage Dr. Alexander Dix warnt davor zu glauben, dass anonyme Daten wirklich anonym sind – oder es bleiben:»Wenn man heute Anonymität feststellt, dann muss einem klar sein, dass dieser Zustand maximal ein Jahr Bestand haben kann. Die technische Entwicklung ist so schnell, dass nach einer gewissen Zeit Technologien verfügbar sind, die anonyme Daten wieder personalisierbar machen.«[97] Betrachten wir die Informationsquellen von IMS Health genauer. Auf der deutschen Webseite heißt es:»Hunderte von Pharmaherstellern in über 50 Ländern melden uns die Produktvolumen, die sie direkt an ihre Kunden senden. Diese Informationen ergänzen Berichte von über 500 Pharma-Großhändlern und -Distributoren zu ihren Produktlieferungen an die einzelnen Distributionskanäle, z. B. Krankenhäuser, Kliniken, Einzelhandel und Online-Apotheken, Apothekenketten und Lebensmittelgeschäfte.« Des Weiteren senden nordamerikanische Gesundheitsversicherer»anonymisierte Daten zu Ansprüchen auf Krankenkassenleistungen für eine lückenlose Dokumentation der Patientenversorgung. Das Ergebnis ist eine der branchenweit umfassendsten Datenbanken zur Speicherung von Ansprüchen auf Krankenkassenleistungen.«[98]

Offiziell arbeitet IMS Health in der Bundesrepublik mit 2500 Ärzten zusammen.»Das ist zwar nur ein Bruchteil der insgesamt 130 000 niedergelassenen Mediziner in Deutschland. Da aber eine normale deutsche Arztpraxis durchschnittlich 1200 Patienten pro Jahr betreut, macht das rechnerisch drei Millionen Patientenbiografien, heißt es in der »Zeit«.[99] Hinzu kommen die niedergelassenen und Online-Apotheken, die unsere Gesundheitsdaten ebenfalls zu Geld machen. Die»Zeit« zitiert aus einem Direktvertrag von IMS Health mit einer Apotheke. In diesem soll sie sich verpflichten,»IMS wöchentlich die Ein- und Verkaufsdaten sowie einmal monatlich die Lagerdaten ihres pharmazeutischen und nicht-pharmazeutischen Sortiments« zu statistischen Zwecken zu übermitteln. Selbstverständlich werde alles vertraulich behandelt. Im Gegenzug erhält die Apotheke Marktanalysen und 450 Euro pro Jahr. Die Übermittlung der Daten übernimmt eine spezielle Software. Das IMS-Apothekerpanel umfasst »4000 Apotheken – also fast 20 Prozent aller deutschen Apotheken«, so die »Zeit«. Auch Krankenkassen geben die Daten weiter, an universitäre Forschungseinrichtungen etwa. »Und die Kette setzt sich fort – so lange, bis die Daten irgendwann auf der Straße im Umlauf sind und in Hände gelangen, in die sie besser nicht gelangen sollten. Ihre Speicherung kostet ja nichts«, sagt Niedersachsens Landesdatenschützer Joachim Wahlbrink.[100] Von der Pseudoanonymisierung zur Identifizierung ist es oft nur ein kurzer Weg. Ab einer gewissen Menge von Daten müsse man gar nicht mehr wissen, um welche Person es sich handele. »Ich muss lediglich wissen, diese Person ist weiblich, zwischen 20 und 25, mit der und der Schulbildung und bei jener Krankenkasse. Auf diese Weise entstehen Schattenbilder etwa von Bewerbern, die für Firmen sehr interessant sind.«

Beim Ausspähen der Volksgesundheit spielen auch soziale Netzwerke eine wichtige Rolle. Deren Bedeutung wird in Zukunft weiter wachsen. »IMS Health verwendet eine Mischung aus Automatisierung und menschlicher Intelligenz, um strukturierte und unstrukturierte Social-Media-Daten in Bezug auf Medikamente, Behandlungen und Healthcare-Unternehmen zu analysieren, während wir gleichzeitig die Privatsphäre des Patienten respektieren. Diese Inhalte können mit anderen Informationen kombiniert werden und so Life-Sciences-Unternehmen bei der Entwicklung neuer Medikamente, bei der Marktbewertung, bei Wettbewerbs-Analysen, beim Risikomanagement und im Stakeholder-Engagement unterstützen.«[101]

Dass soziale Medien mitunter missbraucht werden, um herauszufinden, wie gesund jemand lebt, mag unvorstellbar klingen, trotzdem geschieht es. Betreiben Sie Sport? Schwimmen Sie gerne und lesen Sie Ernährungsratgeber? Wie viele Fotos zeigen Sie mit Bier, Chips und Eiscreme? Oder mit einer Zigarette im Mund? Deuten Ihre geposteten Fotos oder Likes darauf hin, dass Sie wenig schlafen und viel feiern? Falls ja, würde Ihre Krankenversicherung oder Ihr Arbeitgeber das sicher nicht gerne sehen.

Fest steht, dass das Interesse an Data-Mining, dem Schürfen nach Informationen in riesigen Datenbergen, weiter zunehmen wird. Davon ist auch Kevin Pledge, Chef der kanadischen Consulting-Firma Insight Decision Solutions, die vorwiegend für Lebens- und Krankenversicherungen tätig ist, überzeugt. Versicherungsunternehmen, so Pledges Prognose, werden zukünftig die Supermarkteinkäufe ihrer Versicherten analysieren. Er selbst vermeidet mittlerweile die Nutzung seiner Kundenkarten und achtet sogar darauf, bar zu bezahlen, wenn er ungesundes Essen einkauft oder einen Burger isst. Pledges Vorsicht hat nichts mit Paranoia zu tun, er weiß nur, wie gefährlich der Datenmarkt auch für ihn werden kann.[102]

Genauso, wie sich jeder Online-Einkauf eines Medikaments nachvollziehen lässt, wird auch jedes Googeln nach bestimmten Krankheitssymptomen in unserer digitalen Akte abgespeichert. Die Hypochonder unter uns, die bereits bei einem Ziehen in der Magengegend das Stichwort »Krebs« bei Google eintippen und bei Kopfschmerzen das Netz mit Herzklopfen nach verschiedenen Tumorarten durchstöbern, bewegen sich auf gefährlichem Terrain. Kombiniert mit weiteren Daten aus dem Online- sowie Offline-Kosmos, entsteht ein detailliertes Bild über den scheinbaren Gesundheitszustand eines Menschen.

Im Jahr 2012 wandte sich die Arztsoftware-Firma Compu-

Group mit einem Schreiben an die österreichischen Ärztinnen und Ärzte und unterbreitete ihnen ein Angebot: »EUR 432,- für Sie!

In Kooperation mit der IMS Health GmbH bieten wir Ihnen bei Beteiligung an einer monatlichen Datenerhebung eine Zusatzverdienstmöglichkeit in der Höhe von € 432,- inkl. MwSt. pro Jahr. Wenn Sie an diesem Programm teilnehmen, werden die Daten (Verordnungs- sowie Diagnostik-Daten) anonymisiert und vollautomatisch aus Ihrem System bereitgestellt. Lediglich einmal im Monat bestätigen Sie die Übermittlung der Daten. Gerne schicken wir Ihnen mehr zu IMS und die daraus entstehende Studie ‹Medical Audit›«.[103] Mehrere hundert Ärztinnen und Ärzte sollen das Angebot angenommen haben. Sie gaben Gesundheitsdaten von einer »sehr großen Anzahl von Patientinnen und Patienten« weiter und haben dadurch »ihre Vertraulichkeit« verkauft.[104,105]

Für dieses dreiste Vorgehen wurde IMS Health ein Jahr später in der Kategorie »Business und Finanzen« mit dem österreichischen Big Brother Award ausgezeichnet, einem Negativpreis, der Unternehmen, Behörden oder auch einzelnen Personen für besonders eklatante Datenschutzverstöße oder Eingriffe in die Privatsphäre verliehen wird.

In der Begründung der Jury heißt es: »Da es sich um Daten wie Geschlecht, Geburtsjahr, Krankenscheinart, Diagnose, Medikamente, Dosierung, Therapie oder Laborwerte handelt, die ›anonymisiert‹ an IMS Health geliefert werden, lassen sich allein damit Rückschlüsse auf einzelne Personen ziehen. Für die Jury entsteht nicht nur eine neue Dimension des Gläsernen Patienten sowie ein Handel mit Gesundheitsdaten, sondern auch eine transparente Arztpraxis.«[106]

Nominiert in der Kategorie »Behörden und Verwaltung« war auch die Tiroler Gebietskrankenkasse. Schon 2011 war die Krankenkasse durch ihr naives Vertrauen in ihre Partner aufgefallen, als Datensätze von Versicherten im Internet auf-

getaucht sind, »die die Krankenkasse monatlich an Vertrags-
partner wie zum Beispiel Ärzte oder das Rote Kreuz weiter-
gebe«. Nicht enthalten seien dabei Aufzeichnungen über die
550 000 Versicherten. Doch das war, so die Jury, auch gar
nicht nötig, denn die Diagnosen »der jeweiligen Arbeitnehmer wurden direkt an interessierte Betriebe übermittelt. Die
einzige Bedingung, um die Krankenstandstage (Anzahl Tage,
Geschlecht, Diagnose) zu erhalten, war, dass der Betrieb zumindest 50 Mitarbeiter vorzuweisen hat. Nicht erst in Zeiten
von Big Data ist bekannt, wie einfach aus pseudoanonymi-
sierten Daten die Person identifiziert werden kann.« In Kri-
senzeiten gingen Krankenstände aus Angst um den Job schon
ohne weitere Bedrohung zurück, um wie viel mehr müsse
dann erst das Wissen ängstigen, dass die Anzahl der Kran-
kentage, das Geschlecht und die Diagnose an den Betrieb ge-
meldet werden, für den es ein Leichtes ist, die betreffende
Person zu identifizieren?

Der Gesundheitsdatenkosmos schreibt Horrorgeschich-
ten. Das »Projekt Datenschutz« sammelt und informiert auf
seinen Webseiten in nüchternem Stil über sich regelmäßig er-
eignende Datenschutzvorfälle, deren Folgen in vielen Fällen
kaum absehbar sind. Kopfschüttelnd liest man Fall um Fall –
bis einem klar wird: Man selbst könnte Opfer einer dieser
Skandale sein. Man selbst könnte auf einer der Listen stehen,
mit Namen, Alter, Krankheitsbild, Anschrift. Von den Vor-
fällen erfährt die breite Öffentlichkeit meistens nichts. Ein
paar Beispiele von den »Projekt Datenschutz«-Webseiten:

**Vertrauliche Akten in unbewachtem Lagerhaus
gefunden**
Datum: Dienstag, 16. Juli 2013
Ort: Immelborn
Datenherkunft: Adacta Aktenvernichtungs- und Archivie-
rungs GmbH

Organisation: Unternehmen
Typ: Fahrlässigkeit
Betroffen: Bürger, Unternehmen, Patienten
Anzahl Betroffene: unzählige
In Thüringen ist ein großer Aktenskandal bekannt geworden. In einem verlassenen Gebäude in Immelborn lagen geschätzte 250 000 Akten. Bei den Unterlagen handelt es sich unter anderem um Patientenakten, Akten aus Rechtsanwaltskanzleien, Personalakten und Firmenunterlagen. Das Gebäude war über Monate ungesichert, Türen aufgebrochen, Scheiben eingeworfen und Akten durcheinandergeworfen. Vermutlich haben sich Unbefugte Zutritt zum Gebäude verschafft und Akten gestohlen. Das Gebäude gehörte scheinbar der Adacta Aktenvernichtungs- und Archivierungs GmbH, die es aber laut Handelsregister seit 2008 nicht mehr gibt.

Tausende höchstsensible Patientendaten monatelang öffentlich im Internet zugänglich
Datum: Freitag, 4. November 2011
Ort: Rendsburg
Datenherkunft: Rebus GmbH
Organisation: Unternehmen
Typ: Datenleck
Betroffen: Patienten
Anzahl Betroffene: Tausende
Aufgrund einer Sicherheitslücke beim Internetdienstleister Rebus GmbH in Rendsburg, der Datenbanken für fünf soziale Dienste in ganz Deutschland betreibt, waren höchst sensible Patientendaten psychisch kranker Menschen monatelang frei im Internet zugänglich. Es handelte sich dabei um Vor- und Nachnamen, Geburtsdaten, medizinische Befunde, Klinikbriefe, psychologische Dokumentationen Tausender psychisch kranker Menschen in Schleswig-Holstein. »Wir haben

bislang keine Erklärung, wie das passieren konnte«, sagte ein Firmensprecher.

Hochsensible Patientendaten in Container entsorgt
Datum: Freitag, 30. März 2012
Ort: Hamburg
Datenherkunft: Asklepios Kliniken GmbH
Organisation: Unternehmen
Typ: Fahrlässigkeit
Betroffen: Patienten
Anzahl Betroffene: Tausende
Deutschlands größter privater Krankenhauskonzern Asklepios hat in Hamburg höchstsensible Patientenakten gleich kistenweise im Sperrmüllcontainer entsorgt. Notfallberichte und Abrechnungsberichte mit Tausenden von personenbezogenen Daten lagerten tagelang im offenen Container. [...] Die Ursache dieses Datenskandals ist noch unklar. Ein Sprecher des Klinikkonzerns sagte: »Wir sind entsetzt, dass so etwas möglich war, und wollen das für die Zukunft verhindern.« Die Akten hätten sich versehentlich in dem Container befunden und sollten eigentlich fachgerecht vernichtet werden, weil die Mindestlagerungsfrist abgelaufen war. Der Fehler passierte nach Angaben des Sprechers bei den externen Fachfirmen, die für die Entsorgung engagiert waren. »Wie genau, ist noch nicht sicher, weil einige Mitarbeiter im Urlaub sind und noch nicht befragt werden konnten.«

Baden-Württemberg: Patientendaten verschwunden
Datum: Freitag, 12. Oktober 2012
Ort: Baden-Württemberg
Datenherkunft: Kreiskrankenhaus Rastatt und medizinisches Versorgungszentrum Mittelbaden
Organisation: Unternehmen
Typ: Datenleck

Betroffene: Aktuelle und ehemalige Patienten
Anzahl Betroffene: Hunderttausende
In Baden-Württemberg sind Datensätze von aktuellen und
ehemaligen Patienten des Kreiskrankenhauses Rastatt und
des medizinischen Versorgungszentrums des Klinikums Mittelbaden verschwunden. Es handelt sich um Namen, Adressen, Kontaktdaten, Geburtsdaten der Patienten, dazu Befunde, ärztliche Briefwechsel und klinikinterne Schriftwechsel.
Betroffen sind Patientendaten aus den vergangenen 16 Jahren. »Wir müssen von einer sechsstelligen Zahl ausgehen«,
sagte der stellvertretende Landesbeauftragte für Datenschutz,
Peter Diekmann. Derzeit ist noch unklar, ob die Daten gestohlen wurden oder im Müll gelandet sind.«[107]

Vor wenigen Monaten verschickte die Versicherungsgesellschaft AXA ihren Kunden zum Thema »Noch besserer
Schutz Ihrer Daten« einen Brief, in dem es heißt: »In der Lebens-, Kranken- und Unfallversicherung ist es für uns notwendig, Ihre Gesundheitsdaten und weitere, besonders geschützte Daten zu verarbeiten. Die Erlaubnis hierzu haben
Sie uns bereits über die Einwilligungs- und Schweigepflichtentbindungserklärung in Ihrem Versicherungsantrag erteilt.
Nun haben die obersten Datenschutzaufsichtsbehörden gemeinsam mit Vertretern der Versicherungswirtschaft eine
neue Einwilligungs- und Schweigepflichtentbindungserklärung entwickelt. Sie sieht einen optimierten sowie für Sie
transparenteren Schutz Ihrer Daten vor und beinhaltet Einwilligungen zu folgenden Bereichen:

• Erhebung, Speicherung und Nutzung von Gesundheitsdaten
• Abfrage von Gesundheitsdaten bei Dritten (z.B. Ärzten)
• Weitergabe von Gesundheitsdaten und anderen nach § 203
  Strafgesetzbuch geschützten Daten innerhalb unseres Konzerns, an Rückversicherer, an Dienstleister, an Ihren Vermitt-

ler sowie im Rahmen des Hinweis- und Informationssystems (HIS) bzw. dem Verband Privater Krankenversicherer mit entsprechenden Unterrichtungspflichten.«

Der letzte Punkt ist entscheidend: hier teilt AXA seinen Kunden beiläufig mit, dass ihre sensiblen Daten an zig andere Unternehmen weitergegeben werden.

Natürlich ist der AXA-Konzern kein Einzelfall, jeder große Konzern gibt Kundendaten an zahlreiche Unternehmen und Dienstleister weiter. An große und kleine Firmen, an solche, die viel für den Datenschutz tun, und an solche, die ihre Daten schlecht schützen. Je mehr Firmen mit unseren Daten hantieren, desto größer ist die Gefahr, dass diese Daten versehentlich verloren gehen oder gestohlen werden. Auch die Gefahr, dass Dritte die Daten unberechtigterweise weiterverkaufen oder in anonymisierter, aber deswegen nicht ungefährlicherer Form weitergeben, steigt mit jedem Dienstleister, der Daten handelt – und die Liste dieser Dienstleister ist lang. So informiert der AXA-Konzern, dass Kundendaten gemäß der Einwilligungs- und Schweigepflichtentbindungserklärung an folgende Dienstleister weitergegeben werden: Adressermittler, Gutachter, Assisteure, Marktforschungsunternehmen, Marketingagenturen/-provider, Lettershops/Druckereien, Anbieter von Aktenlagern, IT-Wartungsdienstleister, Rechtsanwaltskanzleien, Inkassounternehmen, Rückversicherer und Aktenentsorgungsunternehmen. Teilweise werden sogar sensible Gesundheitsdaten an diese Dienstleister weitergegeben.

Den Dienstleistern ist es freilich untersagt, Missbrauch mit den Daten zu betreiben und sie weiterzuverkaufen. Sie werden außerdem verpflichtet, auf angemessenen Datenschutz zu achten. Das ändert jedoch nichts an der Tatsache, dass trotzdem immer wieder »Unfälle« passieren.

Der nationale britische Gesundheitsdienst NHS versucht gerade, ein Big-Data-Projekt auf die Beine zu stellen, das viele

Briten in Unruhe versetzt – besser gesagt in Angst. Sein Name: Care.data. Millionen von Patienten sind betroffen, denn deren Daten sollen in Zukunft in einer zentralen Datenbank gespeichert werden. Egal, wo diese Daten anfallen, ob in Krankenhäusern oder beim Hausarzt. Dem britischen Premier David Cameron schwebt ein »ultramodernes Gesundheitssystem« vor. Eigentlich sollte der Startschuss für Care.data im Frühling 2014 fallen, doch das Projekt hat für so viele negative Schlagzeilen und Empörung in der Bevölkerung gesorgt, dass seine Einführung auf Herbst verschoben werden musste. Was war passiert? »Medizinische Daten, die angeblich anonymisiert werden sollten, stellen sich als gar nicht so anonym heraus. Der NHS soll der Polizei Zugriff auf die Patientenakten in Care.data gewähren. Der NHS verkauft Krankenhausakten an Auktariate, also Unternehmen, die Risiken von Versicherungen berechnen. Der NHS arbeitet mit einer Beratungsfirma zusammen, die Dutzende von Gigabyte an Patientendaten auf Google-Server in den USA hochlädt. Jüngst hat der NHS einen Bericht über Zugriffe auf Krankenhausdaten vorgelegt. Darin finden sich Consultingfirmen wie McKinsey und PWC sowie der Pharmakonzern AstraZeneca.«[108], heißt es in der »Zeit«. Kein Wunder, dass die Bevölkerung angesichts dieser Nachrichten ihren Unmut deutlich äußert.

5.1 Vertrauen Sie weder Ihrem Arzt noch Ihrem Apotheker

Die Amerikanerin Pam Dixon, Gründerin und Geschäftsführerin des World Privacy Forum, ist bei ihren Recherchen auf den Datenhändler MEDbase200 gestoßen, der Listen zum Verkauf anbietet, deren schiere Existenz einem den Atem verschlägt: »Vergewaltigungsopfer«, »Aids/HIV Erkrankte«,

»Alkoholiker«, »Menschen mit Potenzstörungen«. Alle Listen beinhalten laut Unternehmensangaben 1000 Namen, zum Preis von 79 Dollar je Liste.

»Diese Opfer von Vergewaltigungen sind Familienmitglieder, die unter spezifischen Krankheiten oder Beschwerden in Zusammenhang mit Vergewaltigungen leiden. MEDbase200 besitzt solch eine Liste. Sie können Personen finden, die an einer von über 500 verschiedenen Krankheiten leiden oder die eines von 200 verschiedenen Medikamenten verschrieben bekommen haben. Außerdem können weitere Kriterien zur Auswahl herangezogen werden, wie zum Beispiel Lebensstil, Ethnie, geografische Merkmale oder das Geschlecht. Fragen Sie uns wegen weiterer Informationen.«[109]

»Datenhändler verkaufen Listen, auf denen psychisch Kranke, Krebspatienten, AIDS-Infizierte und Menschen, die an Hunderten anderer Krankheiten leiden, aufgeführt sind. Datenhändler verkaufen Listen von Personen, die ihre Rechnungen gewöhnlich erst spät bezahlen, und diese Listen werden oft an Firmen verkauft, die dann mit rücksichtslosen (Kredit-)Angeboten gezielt diejenigen Menschen ansprechen können, die in finanziellen Schwierigkeiten stecken. Datenhändler verkaufen Listen mit Menschen, die als ›impulsive Käufer‹ oder als ›eifrige Käufer im fortgeschrittenen Alter‹ bezeichnet werden. Es gibt Millionen von solchen Listen.«[110]

MEDbase200 gehört zum Unternehmen Integrated Business Services Inc., dessen Präsident Sam Tartamella gegenüber dem »Wall Street Journal« beteuerte, man habe niemals eine Liste mit Vergewaltigungsopfern geführt. Es habe sich um eine rein hypothetische Liste über Krankheiten gehandelt, die für interne Tests verwendet worden sei. Als die Webseite schließlich online ging, sei diese hypothetische Liste fälschlicherweise nie entfernt worden. Zudem, so Tartamella, habe nie jemand versucht, diese Liste zu kaufen. Also alles nur ein Irrtum? Auf die Nachfrage, was mit den anderen Listen sei, jenen über Alkoholiker, Menschen mit Potenzstörungen sowie Aids/HIV, erhielt die Journalistin Kashmir Hill keine Antwort.

Als Walter und Paula Shelton, beide um die 50 und aus Gilbert, Louisiana, versuchten, eine Krankenversicherung abzuschließen, spürten sie, was es bedeutet, wenn die eigene, durchleuchtete Krankengeschichte gegen einen verwendet wird. Die Versicherung hatte die Krankengeschichte der Sheltons haarklein recherchiert und kommerziell verfügbare Rezeptdatenbanken durchstöbert. Am Ende wusste sie über jedes einzelne Medikament Bescheid, das im Badezimmerschrank der Sheltons stand. Dummerweise standen dort auch Medikamente, die den Blutdruck regulieren, sowie Antidepressiva.

Psychische Leiden lassen bei sämtlichen Versicherern alle Alarmglocken schrillen, da Beschwerden wie Depressionen oft direkt in die Arbeitsunfähigkeit führen können. Der volkswirtschaftliche Schaden ist massiv. In einem Telefonat mit einem alarmierten Versicherungsvertreter versuchte Walter Shelton das Ruder herumzureißen. Er erzählte dem Mann am anderen Ende der Leitung die wahre Geschichte. Seine Frau Paula sei nicht depressiv, sie kämpfe lediglich mit einer hartnäckigen Knöchelschwellung. Das Antidepressivum helfe ihr beim Schlafen. Doch alle Erklärungen halfen nichts. Die Sheltons wurden abgelehnt. Die Medikamente, die ihnen vom Arzt verschrieben wurden, gefielen der Versicherung nicht. Das war nicht das erste Mal.[111]

Deborah Peel, praktizierende Ärztin und Datenschutzexpertin in der amerikanischen Gesundheitsindustrie, hat die Datenschutzorganisation Patient Privacy Rights gegründet, um Menschen wie Paula und Walter Shelton zu helfen. Den Handel mit Gesundheitsdaten schätzt sie als extrem gefährlich ein. Er verändert ohne unser Wissen und ohne jegliche Transparenz schleichend unser soziales Gefüge – das gilt nicht nur für Amerika, sondern genauso für Europa. »Die Art und Weise, wie die Gesundheitsindustrie Medizindaten erhebt, nutzt und mit ihnen handelt, ist schlimmer als die Totalspionage der NSA, und kaum jemand weiß darüber Bescheid. Ein typischer Eintrag einer elektronischen Krankenakte eines Patienten wird üblicherweise Tausende Male pro Tag von verschiedenen Unternehmen abgefragt. Kein Patient weiß bei diesem Heimlichkeitssystem, wer genau die Daten abfragt, zu welchem Zweck und mit welchen Folgen. Angeblich sind sämtliche Daten anonymisiert, aber wir alle wissen, wie leicht es in vielen Fällen ist, die Daten wieder zu personalisieren.«[112] Die Dimensionen der Datensammelei sind sehr viel größer, als selbst Experten jemals gedacht hätten. »Das Ergebnis ist eine gnadenlose Diskriminierung von Abermillionen Menschen.« In Amerika ist es inzwischen sogar so, dass sich zahllose Menschen, insbesondere bei psychischen Leiden, gar nicht mehr behandeln lassen, weil sie wissen, dass ihre medizinischen Daten nicht mehr vertraulich sind.[113] Ihre Angst, aus dem sozialen Kreislauf gedrängt zu werden, ist so groß, dass sie das Leid in Kauf nehmen.

Der Medizinhistoriker und Autor des Buchs »Ware Gesundheit: Das Ende der klassischen Medizin«, Paul Unschuld, warnt seit langem vor der Umwandlung des Gesundheitswesens in eine Gesundheitswirtschaft. Diese Ökonomisierung wird den Handel mit Patientendaten weiter florieren lassen.

In der neuen Gesundheitswelt mit ihren gravierenden, in ihrer Tragweite gar nicht erkannten Risiken sei die elektronische Patientenakte so etwas wie der »industriell gewünschte Nacktscanner.« »Wer seine intimsten Gesundheitsdaten so elektronisch zusammentragen lässt, übernimmt damit auch Verantwortung für die Folgen, die dies für seine Kinder und Kindeskinder haben kann«, sagt Unschuld. Eine weitere Gefahr ist das Erkennen von »Volksschädlingen«, das Aufspüren, Selektieren und Überwachen von Menschen unter gesundheitlichen Aspekten. »Da wird dann schnell der Ruf danach laut, dass Raucher oder Extremsportler etc. mit Strafbeiträgen bedacht oder sanktioniert werden sollen.«[114]

Der Ausverkauf des Körpers hat gerade erst begonnen.

6. Der durchleuchtete Angestellte

Vergessen Sie alles, was Sie über die Mechanismen und Gesetze der Arbeitswelt bislang wussten. Vergessen Sie Ihre Annahmen über Einstellungsprozesse, Mitarbeiterüberwachung und Performanceanalysen. Diese Welt wird gerade revolutioniert. Das Zauberwort lautet »People Analytics«. Der Algorithmus wird Personalchef. Es war nur eine Frage der Zeit, bis Big Data auch das Human-Resource-Feld erobert. Kein Stein bleibt dabei auf dem anderen. Und Zeugnisse? Auch deren Wert sinkt dramatisch. Ihr gesamter Lebenslauf, wie Sie ihn schreiben, wird durch einen zweiten ergänzt, der ohne Ihr Wissen über Sie geschrieben wird.

Erinnern wir uns kurz an die Vergangenheit, die in den Köpfen vieler nach wie vor als Gegenwart umhergeistert: Es gab einmal eine Zeit, da bewarb man sich auf einen Job, indem man einen Lebenslauf und ein auf das Unternehmen gemünztes Anschreiben verfasste. Auf das Vorstellungsgespräch, für das man sich einen teuren Anzug oder ein teures Kostüm gekauft hatte, bereitete man sich akribisch vor. Man versuchte sich so gut wie möglich zu verkaufen, stets den warnenden Satz im Ohr: »Du bekommst niemals eine zweite Chance, einen ersten Eindruck zu hinterlassen.« Es war dieser erste Eindruck, der zählte. Jahrzehntelang wurde uns erzählt, er sei entscheidend.

Die Dramaturgie war klar. Irgendwann kamen – je nach Jobanforderung – die Prüfungstage in sterilen Assessment-Centern hinzu, wo es galt, einen Intelligenz- und alle möglichen anderen Tests zu absolvieren und die Fragen eines Psychologen zu beantworten. Manche Firmen hatten sich sogar Gruppenbastelspiele ausgedacht, um festzustellen, wer welche Rolle innerhalb einer Gruppe übernimmt. Wer reißt das Wort an sich? Wer ist dominant? Wer schlüpft in die Rolle des Vermittlers? Es waren keine Maschinen, keine ausgeklügelten Algorithmen, sondern Menschen aus Fleisch und Blut, die einem gegenübersaßen und ihr Urteil über unsere Zukunft fällten. Man hatte das Gefühl, tatsächlich so etwas wie seines eigenen Glückes Schmied zu sein. Mit dieser Gewissheit sind wir aufgewachsen.

Wir sollten uns schnellstmöglich mit dem Gedanken anfreunden, dass diese Gewissheit in der heutigen Welt immer nutzloser wird. Es ist ganz einfach: Bewerbungsgespräche, wie sie früher geführt wurden, produzieren keine digitalen Daten. Sie entziehen sich einer mathematischen Mustererkennung, was viele in Zeiten von Big Data als ziemlichen Nachteil werten. Wer so naiv ist, nach wie vor zu glauben, er hätte die Fäden selbst in der Hand, sitzt einem Trugschluss auf. »Der neue Big Brother«, schreibt Frank Schirrmacher, »beliefert die Einwanderungsbehörden mit Listen von Leuten, die sie nicht ins Land lassen sollten, und die Bankiers mit Listen von Menschen, die sie nicht in die Gemeinschaft der Kreditwürdigen aufnehmen sollten.«[115] Und er beliefert auch die Unternehmen mit Listen von vermeintlich untauglichen Personen, die sie auf keinen Fall einstellen sollten, weil sie ein ökonomisches Risiko darstellen. Ob diese Listen der Wahrheit entsprechen, steht auf einem anderen Blatt.

In den vergangenen 100 Jahren lieferten diese Listen die Schulen und Universitäten. Der grundlegende Unterschied zur bereits angebrochenen Zukunft war: Bildung gibt einem das eigene Schicksal in die Hand, man kann sich anstrengen und gute Zeugnisse bekommen. Diese Transparenz und Verfügbarkeit über das eigene Schicksal existiert nun nicht mehr.

Big Data ist ein Wahrheitsgarant. Beunruhigend viele Menschen in Entscheidungspositionen folgen diesem Glaubenssatz. Chris Anderson, der ehemalige Chefredakteur des Magazins »Wired«, ist überzeugt, dass die schiere Masse an Daten allen anderen Interpretationsansätzen haushoch überlegen ist. »Wir leben in einer Welt, in der riesige Mengen von Daten und angewandte Mathematik alle anderen Werkzeuge ersetzen, die man sonst noch so anwenden könnte. Ob in der Linguistik oder in der Soziologie: raus mit all den Theorien des menschlichen Verhaltens! Vergessen Sie Taxonomien, die Ontologie und die Psychologie. Wer weiß schon, warum Menschen sich gerade so verhalten, wie sie sich verhalten? Der springende Punkt ist, dass sie sich so verhalten und dass wir ihr Verhalten mit einer nie gekannten Genauigkeit nachverfolgen und messen können. Hat man erst einmal genug Daten, sprechen die Zahlen für sich selbst.«[116]

Aber was, wenn die Zahlen eine falsche Antwort geben? Was, wenn die Unsicherheit steigt, ob die Ausgangsdaten fehlerhaft oder unvollständig sind? Was, wenn die Algorithmen nicht korrekt erstellt und implementiert wurden und dadurch die Ergebnisse der Analysen verfälscht werden?

Andersons Argumentationsproblem besteht darin, dass ihm offenbar nicht klar ist, dass Vergangenheit verstehen und Zukunft voraussagen zwei gänzlich unterschiedliche Dinge sind, zumindest, wenn es nicht um Konsum, sondern um die komplexe Arbeitswelt geht. Andersons Weg, nicht mehr verstehen zu wollen und die Prognosen Computern zu überlassen, ist schlicht unsinnig. Es wäre gefährlich, die amerikanische Überwachungs- und Analyserealität als Horrorgeschichte eines Totalzugriffs auf den Menschen zu lesen, die sich in weiter Ferne abspiele und uns deshalb nichts angehe. In einer globalisierten Welt existieren keine starren Grenzen mehr. Wir sollten deshalb, auch was die Rekrutierungsmethoden von Arbeitskräften betrifft, sehr aufmerksam nach Amerika blicken, um wirklich zu begreifen, in welche Richtung die Reise geht.

Google war eine der ersten Firmen, die ihre Personalabteilung mit Hilfe von Mitarbeiterdaten komplett umkrempelte. 2009 startete der Konzern das Projekt Oxygen. Das Ziel lautete, aus den vorhandenen Führungskräften, unter denen es zu viele mittelmäßige gab, bessere Führungskräfte zu machen. Man begann also Leistungsbewertungen, Befragungsergebnisse, Nominierungen für Top-Manager-Auszeichnungen und etliche weitere Dokumente zu analysieren. Das, was Google herausfand und in einem Acht-Punkte-Verhaltenskatalog für hocheffiziente Manager zusammenfasste, ließ einen allerdings nicht gerade staunen, etwa:

»Haben Sie für Ihre Mitarbeiter eine klare Vision und eine Strategie.«

»Helfen Sie Ihren Mitarbeitern bei der Karriereplanung.«

»Seien Sie kein Jammerlappen. Seien Sie produktiv und ergebnisorientiert.«[117]

Viele überraschte, dass Google die acht entscheidenden Punkte hierarchisierte, wobei an letzter Stelle die technische Expertise stand, was dem offiziellen Bild des »genialen« Google-Managers irgendwie widersprach. Offensichtlich ist es den Mitarbeitern wichtiger, dass ihr Chef Zeit für Gespräche unter vier Augen hat und seinen Leuten hilft, Probleme zu lösen, und zwar nicht, indem er ihnen die fertige Lösung präsentiert, sondern indem er sie gemeinsam mit ihnen erarbeitet. Überraschend ist das nicht, es steht so oder so ähnlich auch in analogen Managementbüchern.

Mit diesem Wissen schulte Google seine Manager. »Wir waren in der Lage, eine statistisch signifikante Verbesserung der Managerqualität zu erzielen«, sagte Laszlo Bock, Googles Vice President People Operations gegenüber der »New York Times«. Bock erzählt die Geschichte eines arroganten, herrischen, geheimniskrämerischen Teamleiters, der seine Leute mit Härte führte und dadurch in die Unzufriedenheit trieb. Die Führungskraft wurde geschult, veränderte ihr Verhalten und wurde bereits ein halbes Jahr später deutlich stärker akzeptiert. Das Projekt Oxygen wäre dafür wohl nicht nötig gewesen.

Dass sich Google mit diesen Erkenntnissen nicht zufriedengab und die Mitarbeiteroptimierung weiter vorantrieb, war vorauszusehen. Dazu passt, dass Google alles, was mit Personal zu tun hat, nicht unter dem Stichwort »Human Resources«, sondern »People Operations« verbucht. »Alle Entscheidungen, die das Personal betreffen, basieren auf Datenanalysen. Ziel ist es, die gleiche Präzision, mit der wir technische Entscheidungen treffen, auch auf das Personalwesen zu übertragen.« Googles Blick unterscheidet nicht mehr zwischen Maschine und Mensch bzw. zwischen Maschinenpark und Menschenpark. Auch hier gilt, dass Google eine Entwicklung auf die Spitze treibt, die in Unternehmen aller Branchen unausweichlich scheint.

Google hat unter anderem einen Algorithmus entwickelt, der voraussagen soll, welche Mitarbeiter mit hoher Wahrscheinlichkeit kündigen werden. Gute Mitarbeiter zu ersetzen kostet Firmen viel Geld, weshalb sie rechtzeitig Maßnahmen ergreifen möchten, um die entsprechenden Personen noch umzustimmen – sofern es sich lohnt.

Auch das People & Innovation Lab von Google, kurz Pi-Lab, greift den Optimierungsgedanken auf. Es erforscht, welche Arbeitsumgebung Menschen produktiv macht – und welches Essen ihre Leistung steigert. »Wenn die Mitarbeiter gesund sind, sind sie glücklich. Wenn sie glücklich sind, sind sie innovativ«, sagt Jennifer Kurkoski. Übersetzt in Googles Kantinenarchitektur bedeutet das zum Beispiel, dass Süßigkeiten in undurchsichtigen Behältnissen verpackt sind, was in der New Yorker Niederlassung den Effekt hatte, dass die Kalorienzufuhr durch Süßigkeiten innerhalb einer Woche um neun Prozent gesunken ist. Das Erste, was man sieht, wenn man eine Google-Kantine betritt, ist die Salatbar. Menschen, so Jessica Wisdom aus der Abteilung People Analytics, tendierten dazu, ihren Teller mit dem zu füllen, was sie zuerst sehen.

»Wenn man sich einen Teller schnappt, um sich sein Essen aufzufüllen, dann ist da ein Schild, auf dem steht, dass Menschen mit großen Tellern dazu neigen, mehr zu essen. Niemand schreibt einem vor, welchen Teller man nehmen soll, doch trotzdem beeinflusst das Schild das Verhalten. Dieser unterschwellige Hinweis sorgte dafür, dass sich die Verwendung von kleinen Tellern um 50 Prozent, auf nun 32 Prozent gemessen an allen Tellern, erhöht hat.«[118] Google hat überall seine Finger im Spiel – selbst bei der Wahl des Mittagessens seiner Angestellten.

6.1 Der Algorithmus wird Personalchef

Auch die kalifornische Technologiefirma Knack lässt Zahlen sprechen. Ihr Computerspiel »Wasabi Waiter« kommt so gewöhnlich daher wie die allermeisten Computerspiele. Schauplatz ist eine Sushi-Bar. Am Tresen sitzen einige Menschen, die einen lächeln, die anderen blicken so düster drein, als hätten ihre Aktienpakete gerade empfindlich an Wert eingebüßt. Die einen haben bereits etwas zu essen, die anderen nicht. Hinter dem Tresen steht ein breitschultriger junger Mann, der alles im Griff hat, jedenfalls sollte er Herr der Lage sein. Seine Aufgabe besteht darin, den Gästen das zu ihrem aktuellen Gefühlszustand passende Gericht zu servieren. Er muss leere Teller abräumen, neue Gäste begrüßen usw. – kurz gesagt alles das tun, was von einer guten Bedienung erwartet wird.

Doch Wasabi Waiter ist anders als andere Spiele. Wasabi Waiter will kein vergnüglicher Zeitvertreib sein, es ist ein Einstellungsinstrument, entwickelt von Neurowissenschaftlern, Psychologen und Datenanalysten. Der Hersteller verspricht, dass sein Spiel mehr über einen Menschen verrät als jedes Gespräch. Dieses Spiel erlaube, behauptet der Gründer und Geschäftsführer, Guy Halfteck, tiefe Einblicke in die Charaktereigenschaften eines Menschen, seinen Intellekt, seine Gewissenhaftigkeit, seine Kreativität, seine soziale Intelligenz, sein Potenzial. Es ist ein Prognose-Tool, das die Wahrscheinlichkeit berechnet, mit der der Kandidat ein »high performer« wird, der nächste »Topangestellte«.

Das Computerspiel dauert etwa 20 Minuten. In dieser Zeit muss der Spieler zahlreiche »Mikroentscheidungen« treffen, er muss die Gefühle in den Gesichtern der Gäste lesen, Schlüsse daraus ziehen und Prioritäten setzen. Um welchen Gast kümmere ich mich zuerst? Welchen lasse ich links liegen? Halfteck beschreibt die Aufgabenstellung von Wasabi Waiter als eine Kombination aus Multitasking und beschleunigter Entscheidungsfindung. Das Verhalten des Spielers werde in jeder Millisekunde gespeichert. Die entstehenden Berge von Daten werden später von Experten ausgewertet. Als Vergleichsgröße für das Abschneiden eines Kandidaten dient die Performance der besten Mitarbeiter der Firma, die jeweils den Job ausgeschrieben hat. Das offenbart die ganze Irrationalität: Das Spiel nimmt gar keinen Bezug auf echtes Verhalten in der echten Welt, sondern es vergleicht virtuelles Verhalten in der virtuellen Welt. Es ist also ein ganz normales Spiel. Es vermag nur zu ermitteln, wer von allen Spielern der beste ist. Mehr nicht.

Ob diese Firma einen hochbezahlten Analysten sucht oder eine schlechtbezahlte Verkäuferin, ist laut Knack irrelevant. Zu Knacks Pilotkunden zählen unter anderem Shell und das Langone Medical Center der New York University. Halfteck glaubt, sein Spiel sei in der Lage, viele Steve Jobs ausfindig zu machen. Dahinter steckt der größte Trugschluss, nämlich, dass es beim beruflichen Erfolg allein auf eigene Leistungsfähigkeit und überhaupt nicht auf äußere Umstände, wie historische Gelegenheiten, soziale Begegnungen oder simplen Zufall, ankomme.

Lässt man diese ganze Rhetorik für einen Augenblick beiseite, ist Wasabi Waiter nichts weiter als der Versuch eines Unternehmens, Recruiting-Software zu verkaufen. Im Grunde geht es gar nicht darum, den nächsten besten Angestellten zu finden, sondern Personalverantwortlichen Wege aufzuzeigen, wie sie die Maschine in Zukunft in die Verantwortung nehmen und sich selbst freisprechen können.

Nick A. Corcodilos, der seit 35 Jahren in Amerika als Headhunter tätig ist, teilt diese Ansicht. Mit Sorge verfolgt er die gegenwärtige Entwicklung, in der viele Personalchefs am liebsten gar nicht mehr mit den Bewerbern sprechen, sondern von vornherein Algorithmen entscheiden lassen möchten. Es gebe, erzählt er, in den Personalabteilungen einen Big-Data-Hype, über den die meisten Medien unkritisch berichteten und dessen Ausmaß den betroffenen Bürgern nicht bewusst sei. »Grundsätzlich ist absolut nichts Falsches daran, Technologie und Daten zu nutzen, um Entscheidungen zu treffen. Das Problem ist, dass die neuen Möglichkeiten von Big Data oft den gesunden Menschenverstand ersetzen.«[119] Anstatt die algorithmisch generierten Ergebnisse als Empfehlungen zu lesen, verstünden viele Personalchefs die Vorschläge als Handlungsanweisung. Am Ende entscheidet die Maschine. Sie legt Ergebnisse vor, aber über ihren Weg zum Ergebnis gibt sie keinen Aufschluss. Nicht die Technik an sich, sondern die Intransparenz der Maschine als Black Box ist das Problem.

Doch mehr Daten über irrelevante Verhaltensweisen, so der Recruiting-Experte, erzeugen keine besseren Vorhersagen. »Im Gegenteil – es macht die Sache nur schlimmer, wenn die Daten keine validen Anzeichen für Erfolg sind, weil indirekte Bewertungen zu *false negatives* führen – Arbeitgeber weisen potenziell geeignete Kandidaten ab – und zu *false positives* – sie stellen die falschen Personen aus den falschen Gründen ein.«[120] Aber gibt es überhaupt richtige Entscheidungen beim Personal? Welchen Weg man auch wählt, ein Restrisiko bleibt bestehen.

Noch existieren keine Zahlen darüber, wie viele »gute« Mitarbeiter fälschlicherweise durchs Raster fallen und nicht eingestellt werden, weil die Datenanalyse sie als »schlechte« Mitarbeiter einstuft. Corcodilos glaubt aber, dass die durchautomatisierte Auswahlmaschinerie in den USA sogar mitverantwortlich für den vermeintlichen »Fachkräftemangel« ist. »Die Zahl der guten Arbeitnehmer, die keine Arbeit finden, steigt in atemberaubende Höhen. Es gibt also für Unternehmen eigentlich viele gute Jobkandidaten, aus denen sie auswählen können. Dies ist eine schwerwiegende Entwicklung, die auf schlechten Entscheidungen und letztendlich auch auf zweifelhaften Datenanalysen beruhen«, so Corcodilo.[121]

Arnold Glass, ein führender Forscher auf dem Gebiet der Verhaltenspsychologie an der Rutgers University in New Jersey, drückt es folgendermaßen aus: »Bereits seit 1905, als Alfred Binet und Victor Henri den ursprünglichen IQ-Test erstellt haben, ist bekannt, dass die besten Vorhersagen für Arbeitsleistung oder wissenschaftliche Leistung durch einen Test erzielt werden, der aus den Aufgaben besteht, die später auch im Job durchgeführt werden. Deshalb ist es auch lächerlich zu behaupten, dass das massenhafte Sammeln von irrelevanten Daten über eine Person und deren Nutzung in einer monströsen mathematischen Gleichung den Vorhersagewert verbessert.«[122]

Die Firma Gild hat herausgefunden, dass ein verlässlicher Indikator für einen guten Programmierer sei, ob er regelmäßig auf einer bestimmten Manga-Seite im Netz surft. Dies sei, so der leitende Wissenschaftler von Gild, nur eine von vielen

Korrelationen. Gleichzeitig gibt er zu, dass es »keinen ur-
sächlichen Zusammenhang« gibt zwischen all den Daten, die
über Personen gesammelt werden und wie diese Personen
ihren Job ausführen. »Der Zusammenhang, auch wenn er un-
erklärlich ist, ist sehr deutlich.«[123] Um was für Korrelationen
es gehen kann, zeigt die Webseite businessinsider.com, die
einige Beispiele aufgelistet hat:

- 58 Prozent der Menschen, die lieber Softeis statt Eiskugeln
  essen, mögen auch Achterbahnen – im Vergleich zu 71
  Prozent der Allgemeinheit.
- 19 Prozent der Menschen, die ihr »R« nicht rollen können,
  benutzen regelmäßig Parfüm – im Vergleich zu 31 Prozent
  der Allgemeinheit.
- 72 Prozent der Menschen, die keine Lakritze mögen, kennen HTML (die Computersprache, in der Webseiten geschrieben sind) – im Vergleich zu 58 Prozent der Allgemeinheit.
- 26 Prozent der Menschen, die noch nie Motorrad gefahren
  sind, sind mehrsprachig – im Vergleich zu 40 Prozent der
  Allgemeinheit.
- 75 Prozent der Menschen, die nicht tippen können, ohne
  auf die Tastatur zu schauen, mögen lieber Pizza mit dün-
  nem als mit dickem Boden – im Vergleich zu 59 Prozent
  der Allgemeinheit.
- 51 Prozent der Menschen, die sich mit Essen vollstopfen,
  wenn sie sich ärgern, lesen gerne Sachbücher – im Vergleich zu 37 Prozent der Allgemeinheit.
- 44 Prozent der Menschen, die regelmäßig ihr Horoskop
  anschauen, benutzen auch regelmäßig Zahnseide – im Vergleich zu 28 Prozent der Allgemeinheit.
- 15 Prozent der Menschen, die keine Mayonnaise mögen,
  sind gute Tänzer – im Vergleich zu 29 Prozent der Allgemeinheit.[124]

Auch wenn diese Beispiele inhaltlich lustig und nutzlos klingen, im Grunde handelt es sich um Grundlagenforschung, die absichtsvoll ziellos unternommen wird. Google stützt genau darauf einen Milliardengewinn. Amazon ist damit zum Supermonopolisten geworden. In dieser Art von Big-Data-Analysen steckt nichts immanent Böses oder Gutes. Wir haben aber heute das Problem, dass die Unternehmen intransparent mit ihrer Forschung und ihren Ergebnissen umgehen, obwohl wir alle davon betroffen sind.

6.2 Bewerberscreenings sind an der Tagesordnung

Das Misstrauen der Firmen ist fundamental, ihre Angst, eine ökonomische Fehlentscheidung zu treffen, gewaltig. Es stehen enorme Summen auf dem Spiel. Jeder Weg, der eine Effizienzsteigerung und Profitmaximierung verspricht, wird dankbar eingeschlagen – das ist in Deutschland prinzipiell nicht anders als in Amerika, nur dass die gesetzlichen Hürden hierzulande noch sehr viel höher sind als in Amerika.

Dass das Geschäft mit der automatisierten Bewerberdurchleuchtung boomt, ist nur folgerichtig. Mindestens zwei Milliarden Dollar sollen amerikanische Unternehmen pro Jahr investieren, um das Leben ihrer Bewerber unter die Lupe zu nehmen, um aus dem gigantischen Pool der Arbeitssuchenden die perfekten Arbeitnehmer herauszufischen. In den neunziger Jahren screenten etwa 50 Prozent der Arbeitgeber ihre Bewerber; seit den Terroranschlägen vom 11. September ist die Zahl nach Angaben der amerikanischen Gesellschaft für Human Resource Management rapide gestiegen: auf mehr als 90 Prozent. Etwa 3600 Firmen bieten in Amerika mittlerweile ihre Durchleuchtungsdienste an, und unablässig werden neue

Start-ups gegründet. First Advantage, einer der Marktriesen, führt jährlich mehr als 23 Millionen Background Checks durch, Tendenz steigend. Jedes Jahr werden in der Branche mehrere hundert Millionen Dollar umgesetzt. Peter Cappelli, Management-Professor an der Wharton School, ist überzeugt, dass die machtvoll vorangetriebene Datenakkumulation das Human-Resources-Feld revolutionieren wird. Er geht sogar so weit zu behaupten: »Die meisten Unternehmen waren die ganze Zeit im Blindflug unterwegs.«[125]

Vor den Computern der Background-Check-Firmen sitzen zahllose Programmierer, Psychologen, Neurowissenschaftler, Soziologen und Linguisten. Sie bedienen die Schalthebel des Schicksals und erschaffen immer bessere Algorithmen, die Daten aus den verschiedensten Quellen miteinander kombinieren und in dem Meer aus Informationen nach statistischen Mustern suchen. Im Bereich von Big Data gibt es drei Klassen von Menschen: die, »die Daten – bewusst oder unbewusst, etwa, wenn sie Datenspuren hinterlassen – erzeugen; die, die über die Möglichkeiten verfügen, Daten zu sammeln; und die, die wissen, wie man Daten auswertet. Die dritte Gruppe, die kleinste, ist die privilegierteste«[126], schreibt der Medientheoretiker Lev Manovich. Ihre Manipulationsmöglichkeiten sind am größten. Sie sind es, die die Macht über uns haben.

Schon vor ein paar Jahren prophezeite der kalifornische Ökonom und Berater von Google, Hal Varian, der wirkliche »sexy Job« sei in Zukunft der des Datenanalytikers. »Das sind die Personen, die die Daten interpretieren und uns die Geschichten dazu erzählen können.« Die Fehleranfälligkeit des von Menschen geschaffenen Systems verschweigt er. Nicht überall, wo man sich Korrelationen wünscht, existieren tatsächlich welche. Varian hält sich dem Big-Data-Hype folgend unbeirrbar an das große Versprechen, das lautet, Menschen nicht nur lesbar zu machen, ihr Innerstes wie einen mathematischen Code zu entziffern, sondern auch ihr zukünftiges Verhalten vorherzusagen.[127]

Auf Erfahrung, Vertrauen, Intuition oder gar auf Sympathie zu setzen gilt in der Ära des Informationskapitalismus als heillos gestrig – es gilt sogar als idiotisch. Überspitzt formuliert, könnte man die neuen Rekrutierungsstrategien auch als ein Misstrauensvotum auf breiter Basis gegenüber den Personalchefs betrachten. Deren Menschenverstand, Erfahrung und Kompetenz sind offenbar unzeitgemäß. Ein Personalchef ist keine Glaskugel, in der man die Zukunft sieht. Genau das traut man in immer mehr Personalabteilungen den Algorithmen zu. Sie sollen Fragen beantworten wie: Was genau deutet darauf hin, dass eine Person die an sie gestellten Erwartungen in Zukunft erfüllt? Dass sie zum Beispiel nicht bald wieder kündigt? Dass sie selten krank ist? Dass sie sich ins Team einfügt? Verantwortung übernimmt? Fleißig ist? Gewissenhaft? Dass sie Umsatz bringt? Und dem Unternehmen gegenüber absolut loyal ist?

Erik Brynjolfsson, Professor an der MIT Sloane School of Management in Cambridge, ist überzeugt, dass die Analyse von Mitarbeiterdaten weitaus größere Folgen hat als die Algorithmen, die heutzutage an den Börsen den Handel bestimmen oder die entscheiden, welche Werbung wir auf Webseiten sehen. »Die Datenmengen, mit denen frühere Generationen gearbeitet haben«, sagt er, »waren winzig, verglichen mit denen, die heute verfügbar sind. Während der letzten fünf Jahren gab es einen enormen Umbruch, die Datenmengen sind so stark gewachsen, dass man nun anfangen kann, Dinge zu tun, die vorher nicht möglich waren.«[128]

6.3 Sind Sie vorbestraft?

Das amerikanische Unternehmen HireRight bietet mit seinen 1600 Mitarbeitern mittlerweile in mehr als 240 Ländern das Bewerber-Screening an und macht damit jährlich mehrere 100 Millionen Dollar Umsatz. Im Oktober 2013 verkündete der Konzern die Umsetzung seiner weltweiten Expansionspläne. Viele Jahre hatte die Firma ihr Hauptaugenmerk auf Englisch, Französisch und Spanisch gelegt, nun hat sie 15 neue Sprachen hinzugenommen, darunter Chinesisch, Portugiesisch und Deutsch. Das Überprüfungsportfolio von HireRight ist sehr umfangreich. Ein paar Beispiele:

- Suche in Vorstrafenregistern und internationalen Strafregistern
- Validitätsprüfung der Sozialversicherungsnummer
- Suche in Sexualverbrecherkarteien
- Überprüfung von Angaben zu früheren Arbeitgebern
- Überprüfung von Angaben zur Ausbildung und/oder zu Universitätsabschlüssen
- Überprüfung von Berufszulassungen
- Bonitätsüberprüfungen
- Überprüfung von Daten der Führerscheinbehörden
- Durchführung verschiedener Background Checks, Drogen- und Gesundheitschecks
- Suche in internen Datenbanken, in denen Drogen- und Alkoholverstöße im Straßenverkehr sowie entsprechende Auffälligkeiten bei Einstellungsuntersuchungen gespeichert sind
- Suche in internen Datenbanken, in denen mehr als 500 000 Ladendiebe geführt werden
- Suche in Datenbanken, in denen Ansprüche an Unfallversicherungen gespeichert sind. Dort können zum Beispiel auch Informationen über bestimmte Erkrankungen oder Verletzungen von Personen gefunden werden.

- Suche in verschiedenen branchenspezifischen Datenbanken, zum Beispiel bei Berufskraftfahrern[129]

Enorme Datenmassen werden verarbeitet, und so steigt auch die Wahrscheinlichkeit, dass Fehler passieren. In die Realität übersetzt, heißt das, dass immer wieder Menschen der Boden unter den Füßen weggezogen wird. Dass Menschen, die sich außer ein paar harmlosen Strafzetteln fürs Falschparken nie etwas zuschulden haben kommen lassen, schlimmstenfalls auf der Straße stehen. Ohne Job, ohne Krankenversicherung, ohne Dach über dem Kopf. Und niemand wird darüber aufgeklärt, auch nicht derjenige, der die Analyse in Auftrag gab.

Ein winziger Fehler bei einem Background Check, ein einziger Buchstabendreher kann unter Umständen zu einer völlig falschen Einschätzung einer Person führen – und deren Leben zerstören. Einmal Verlierer, immer Verlierer?

LexisNexis beispielsweise, eine Firma, die jedes Jahr die Vergangenheit von mehr als zwölf Millionen Menschen auswertet, gibt an, dass weniger als ein Prozent der Background Checks wegen strittiger Ergebnisse angefochten werden.[130] Das klingt nach einer verschmerzbaren Zahl, doch das ist sie nicht. Umgerechnet sprechen wir hier über die Existenz von 120 000 Menschen – so viele Einwohner wie Ulm hat. Opfer sind aber nicht nur das eine Prozent, Opfer sind auch die anderen 99 Prozent, weil die Intransparenz des Systems ebenso für sie gilt – sie gilt für alle.

Was Big-Data-Analysen im Personalbereich ausmacht, ist das neue Potenzial, errechnete Wirklichkeiten herzustellen und kommunikationsfähig zu machen, oft ohne begründen zu müssen, wie man zu den Ergebnissen gekommen ist. Bei diesen Ergebnissen geht es nicht mehr nur um wahr/falsch, sondern auch um brauchbar/unnütz. Und viele Big-Data-Analysen scheinen sehr nützlich zu sein, ohne dass die Möglichkeit besteht, sie zu validieren.

Auch die Firma Sterling Infosystems ist außerordentlich erfolgreich. Sie wächst seit 2001. Damals lagen die Einnahmen bei 7,5 Millionen Dollar, heute sind es 250 Millionen. Mehr als 2000 Angestellte beschäftigt Sterling, in der Kundendatei stehen Tausende Namen. Trotzdem geht es den Amerikanern mit Sterling ganz ähnlich wie den Deutschen mit dem Adresshändler Schober: Die meisten haben noch nie in ihrem Leben von dem Unternehmen gehört. Sterling ist ein Spezialist für Criminal Background Checks. Wer ist vorbestraft? Wer ist schon einmal betrunken Auto gefahren? Wer hat geklaut? Wer mit Drogen gehandelt? »Wir machen den Arbeitsplatz sicher«, verspricht der Gründer von Sterling, Billy Greenblatt. Laut einer Umfrage der Gesellschaft für Human Resource Management lassen 87 Prozent der Arbeitgeber überprüfen, ob der Bewerber eine weiße Weste hat.

In Amerika hat die zunehmende Verwendung von Background Checks bereits eine Diskriminierungsdebatte ausgelöst. Sie dreht sich im Kern darum, inwiefern die Vergangenheitsüberprüfung dafür verantwortlich ist, dass schwarze Amerikaner überproportional von Arbeitslosigkeit betroffen sind. Laut Statistik verloren sie im Zuge der Rezession häufiger ihre Jobs und büßten deutlicher an Wohlstand ein als ihre weißen Kollegen. Die Employment Opportunity Commission warf etwa BMW vor, 70 schwarze Mitarbeiter aus einer Fabrik in South Carolina aufgrund krimineller Vergehen in der Vergangenheit entlassen beziehungsweise deren Verträge nicht verlängert zu haben, völlig ungeachtet der Tatsache, dass diese Mitarbeiter schon viele Jahre bei dem Konzern arbeiteten. Eine seit 14 Jahren zu BMW gehörende Frau soll die Kündigung wegen eines geringfügigen Vergehens erhalten haben, das 20 Jahre zurücklag.[131]

Im vergangenen Jahr musste HireRight eine Geldbuße von 2,6 Millionen Dollar bezahlen, nachdem die Federal Trade Commission, die Bundeshandelskommission, herausgefunden hatte, dass das Unternehmen in zahlreichen Fällen inkorrekte strafrechtliche Verurteilungen aufgeführt hat.[132] Die Amerikanerin Kathleen Casey war zwei Jahre lang arbeitslos und in großer Sorge, ob sie ihr Apartment weiterhin behalten könne oder bald auf der Straße leben würde. Bis sie endlich einen Job in einem Bostoner Drogeriemarkt fand, für elf Dollar die Stunde. Das Einzige, was der über Fünfzigjährigen zu einem geglückten Neustart noch fehlte, war ein positiver Background Check, was kein Problem werden sollte. Doch es wurde eines. Kathleen Caseys Background Check entlarvte sie als vermeintliche Scheck- und Kreditkartenbetrügerin, als Kriminelle mit einem Vorstrafenregister, das einem die Sprache verschlug. Es listete insgesamt 14 kriminelle Handlungen auf. Nur: Es war das Vorstrafenregister einer völlig fremden und 18 Jahre jüngeren Person, die in der Nähe wohnte. Ihr Name: Kathleen A. Casey. Das zusätzliche A war Schuld an der Verwechslung. Es ist, sagte Kathleen Casey gegenüber der Presse, als wäre man urplötzlich im Jurassic Park gelandet.»Sie greifen dich von allen Seiten an, und Gott weiß, wer als Nächstes hinter dem Baum hervorspringt und dich attackiert. Dass sie ihre hässlichen Fratzen zeigen, kann immer wieder passieren. Und was mache ich dann?«[133] Kathleen Casey ist nur einer von unzähligen Fällen. Ein kleiner ärgerlicher Systemunfall, würden Befürworter des Background Check sagen und zur Tagesordnung übergehen. Doch Fälle wie diese häufen sich. Die Anwälte, die Menschen wie Kathleen Casey vertreten, werden sich in Zukunft vor Opfern und Arbeit nicht retten können.

Amerikanische Großunternehmen agieren praktisch in einem rechtsfreien Raum, in dem sich kaum jemand um Europas Rechtsvorstellungen schert. Zwar existiert auch in den USA Datenschutz, aber er ist ein reines Bürgerrecht. Mitarbeiter sind ihren Organisationen meist völlig ausgeliefert.»Neben dem internationalen Problem, dass man aus Europa heraus nicht in die USA vollstrecken kann, existiert auch ein politisches Problem: Viele Parlamentarier, insbesondere aus dem den Unternehmen zugeneigten Lager, sehen im Datenschutz keinen Sinn. Er bringt ihrer Ansicht nach nur Ärger und Probleme für deutsche IT-Arbeitsplätze. Wenn Abgeordnete der konservativen Seite also Probleme mit verschiedenen Datenschutzfragen haben, gehen sie einfach zum Branchenverband Bitkom und lassen sich dort ein für sie positives Gutachten schreiben. Es besteht nicht nur eine finanzielle Übermacht, sondern auch eine politische Infiltration. Der Lobbyismus spielt eine große Rolle. Das alles ist leider nicht illegal«[134], sagt der Landesdatenschutzbeauftragte Joachim Wahlbrink.

Der Schaden, der durch die technische Entwicklung im Bereich der Persönlichkeitsrechte oder des informationellen Selbstbestimmungsrechts entsteht, wächst von Woche zu Woche. »Die Probleme werden in Zukunft zunehmen – es sei denn, die Politik schafft es, uns immer mehr abzustumpfen, bis unser Selbstverständnis vollends verkümmert. Dann würde es völlig normal, dass sich die Gesellschaft aufteilt: in eine kleine Elite, die das System trägt, sozusagen die Kenner und die Informatiker, und den großen Rest. Das sind die, welche die neue Realität nicht begreifen. Sie stellen das fleischliche Ende einer IT-Kette dar.«[135] Wir alle sind dieses fleischliche Ende.

6.4 Das war's mit dem Traumjob

Der Background Check gewinnt auch in Deutschland massiv an Bedeutung. 2009 wurde das Datenschutzgesetz novelliert, es erlaubt die Speicherung, Nutzung und Verarbeitung personenbezogener Daten von Bewerbern im Auswahlprozess.

In Berlin sitzt zum Beispiel die Signum Consulting GmbH, »seit 1998 marktführender Anbieter von Pre-Employment und Background Checks in Deutschland«.[136] Die Firma hat sich auf das Screening von Führungskräften im mittleren und höheren Management spezialisiert. »Wie leicht war es doch im Mittelalter«, schreibt sie auf ihrer Homepage. »Ein Siegel unter ein Dokument gesetzt, und niemand zweifelte an der Rechtmäßigkeit und Gültigkeit. Im Zeitalter der modernen Medien sollten die Prüfmechanismen den Möglichkeiten angepasst werden. Falsche Titel und Abschlüsse, geschönte Lebensläufe und gestreckte Berufserfahrungen sind allgegenwärtig und können Unternehmen durch Fehlbesetzungen immensen Schaden zufügen.«[137] Anders formuliert: Das sogenannte A-Profil des Bewerbers mag schön und gut sein, wirklich interessant jedoch ist das B-Profil. »Laut einer internen Statistik sind 25 Prozent der Angaben in Bewerbungen fehlerhaft«, sagte der Gründer und Geschäftsführer der Signum Consulting GmbH, Eckhard Neumann, gegenüber der »Frankfurter Allgemeinen Zeitung«.[138] Die Spanne reiche von gestreckten oder, bei Arbeitslosigkeit, verkürzten Zeitspannen bis hin zu Urkundenfälschung.

Es sind lediglich zehn Jahre nötig gewesen, um das Bewerbungsverfahren grundlegend zu verändern. Heute sind bei vielen Konzernen Online-Bewerbungen die Regel, um die große Anzahl von Bewerbern auf eine Stelle besser managen zu können. Die Algorithmen leisten ganze Arbeit und erledigen das Aussortieren von Bewerbern schnell und scheinbar effektiv. Man muss sich dieses elektronische Verfahren wie eine Rasterfahndung vorstellen. Nur wer die Anforderungen der Firmen exakt erfüllt, den sortiert die Software nicht aus. Die Versuchung, falsche Angaben zu machen, etwa seine Englischkenntnisse in ein besseres Licht zu rücken, um nicht sofort rauszufliegen und zumindest in die nächste Runde zu kommen, ist verständlicherweise groß. Denn die Maske auf dem Bildschirm lässt nicht mit sich handeln. Es ist ein System der Inklusion und Exklusion. Die Kreuze müssen nur an den richtigen Stellen gemacht werden. Aber was sagt das am Ende über das Potenzial eines Menschen aus?[139]

Wer die Signum Consulting GmbH beauftragt, hat die Wahl zwischen zwei Überprüfungsangeboten: der Basisüberprüfung – Studienzeiten und Hochschulabschlüsse, Aus- und Weiterbildungen, vorherige berufliche Stationen – und dem erweiterten Background Check bei Führungskräften. »Bei einem umfangreichen Background Check«, heißt es »werden zusätzliche Informationen eingeholt und geprüft, die für das beauftragende Unternehmen von Relevanz sind, z.b.: Referenzeinholung, Firmenbeteiligungen und wirtschaftliche/persönliche Verflechtungen zu anderen Unternehmen, relevante Verbindungen zu Personen oder Organisationen von besonderem Interesse. Wir gleichen weiterhin die zu überprüfende Person mit internationalen Anti-Korruptionslisten ab und führen extensive Medienrecherche durch.«[140]

Über den Punkt, dass unter anderem »relevante Verbindungen« recherchiert werden, könnte man hinweglesen und die Ich-habe-nichts-zu-verbergen-Karte ziehen. Nur weiß der im modernen Datenuniversum lebende Mensch, der die Begriffe Transparenz und Anti-Diskriminierung oft in einem Atemzug nennt, meist gar nicht, wen er überhaupt »kennt«. Aber genau das wäre ungemein wichtig.

Ein Beispiel: Dass Firmen Social Media Profile ihrer Bewerber anlegen, ist zumindest in Amerika inzwischen Standard. In einer Studie gaben 91 Prozent der befragten amerikanischen Unternehmen an, Online-Recherchen über ihre Bewerber zu betreiben. In 69 Prozent veranlassten die gefundenen Ergebnisse, Personen abzulehnen. In welche Richtung der Trend geht, zeigt die Tatsache, dass 68 Prozent der Firmen gezielt soziale Netzwerke auf der Suche nach geeigneten

Kandidaten durchforsten. Strahlt das Profil Kreativität aus?
Zeigt es, dass jemand gut organisiert ist? Hat eine Person besondere Auszeichnungen erhalten? In welcher Weise äußern sich deren Kontakte über sie?[141] Die Bedeutung der Ich-Vermarktung wächst.

Dass sich die Studie auf Amerika bezieht, schmälert ihre Aussagekraft nicht. Es ist hierzulande zwar nicht zulässig, soziale Netzwerke nach Bewerbern zu durchforsten, doch man kann davon ausgehen, dass die Informationen, die abgreifbar sind, auch abgegriffen werden.[142]

Diese Auswertungen der Daten aus sozialen Medien erfolgen in den USA sogar schon teilweise automatisiert. Es existieren Firmen, denen schickt man einen Stapel voller Namen und E-Mail-Adressen von Bewerbern, die dann nach bestimmten Kriterien ausgewertet werden. Soziale Netzwerke wie Facebook, LinkedIn und Twitter werden nach verwertbaren Informationen durchsucht, hochgeladene Fotos werden bewertet und sogar der Tonfall, in dem jemand kommuniziert, wird nach Kriterien wie zum Beispiel rassistisch, aggressiv oder explizit sexuell eingestuft. In Deutschland ist diese zweifelhafte automatisierte Art der Auswertung glücklicherweise verboten.

Noch.

Dass die sozialen Netzwerke trotzdem fleißig durchforstet werden, davon geht auch Carola Sieling, Fachanwältin für IT-Recht, aus: »Arbeitgeber dürfen zwar rechtlich gesehen ohne die Einwilligung der Betreffenden nur Daten von allgemein zugänglichen berufsbezogenen Webseiten auswerten, also Webseiten wie Xing oder LinkedIn. Alles andere ist tabu. Doch wie sollte man das nachprüfen? Keine Personalabteilung wird eine Kopie der persönlichen Webseite in die Personalakte legen. Gegoogelt und gescreent wird sicherlich trotzdem.«[143]

Die Betroffenen haben, solange sie nicht nachweisen können, dass beispielsweise ihr Facebook-Profil durchstöbert worden ist, keine rechtliche Handhabe. Spricht man mit Anwälten, hört man, dass es selbst hierzulande vorkommt, dass Angestellte von ihrem Chef aufgefordert werden, ihm Zugang zu ihrem Facebook-Profil zu gewähren.

In der Schweiz wird der Datenschutz weitaus lockerer gehandhabt als in Deutschland. Im Rahmen einer Studie zur Nutzung sozialer Medien aus dem Jahr 2012 gaben 39 Prozent der 730 befragten Unternehmen an, »Social Media zu nutzen, um Kandidaten anzusprechen, 24 Prozent setzten bereits Social Media Recruiting Tools ein, und bei 22 Prozent sei deren Einsatz in Planung«. Es sei »heutzutage gängige Praxis, dass ein Großteil der Unternehmen ihre Stellenbewerber im Rahmen eines Bewerbungsprozesses zunächst einmal im Internet durchleuchtet«, heißt es weiter. »Die Interessen des Arbeitgebers am für die offene Stelle geeignetsten Bewerber kollidieren dabei jedoch mit dem Recht des Kandidaten auf Privatsphäre und Datenschutz sowie dessen Meinungsäußerungsfreiheit. Gemäß Art. 328b OR darf der Arbeitgeber Daten über den Arbeitnehmer nur so weit bearbeiten, als dass sie das Arbeitsverhältnis betreffen oder zur Durchführung des Arbeitsverhältnisses erforderlich sind.« Eine Informationseinholung bezüglich politischer Einstellung, Religionszugehörigkeit, sozialer Beziehungen, Vermögensverhältnisse oder Hobbys ist demnach unzulässig.[144]

Der »Tagesanzeiger« fragte bei einem Dutzend der größten Schweizer Arbeitgeber nach, ob sie Google und verschiedene soziale Netzwerke nutzen würden, um Bewerber zu screenen. Das Ergebnis zeigt eine eindeutige Tendenz: Die Hälfte der Unternehmen gab an, das Internet hierfür zu nutzen, insbesondere Xing und LinkedIn. Die entscheidende Frage, was daraus folgt, bleibt davon aber unberührt.

Nur ABB, Credit Suisse und die Zürich Versicherung verneinten eine Internetüberprüfung. Mit Hilfe von Google Earth und Google Street View kann heute jeder Personalchef ohne größeren Aufwand herausfinden, wie ein Bewerber wohnt. »Sich selber im Internet als Detektiv zu betätigen ist aber genauso unzulässig, wie einen Bewerber durch einen Privatdetektiv ausforschen zu lassen«, sagt der Züricher Anwalt Urs Egli. Google zeige auch Informationen an, die ohne Wissen und manchmal gegen den Willen des Betroffenen ins Netz gestellt worden sind. Häufig seien die Suchergebnisse zweideutig oder sogar falsch. »Dafür können die Arbeitgeber zwar nichts, trotzdem muss man von ihnen erwarten, dass sie nicht zu Lasten Stellensuchender von den Wildwestverhältnissen im Internet profitieren«, sagt Egli. Das sieht freilich nicht jeder so, zum Beispiel die Mediensprecherin von Coop, die der »Tagesanzeiger« so zitiert: »Unsere Bewerber müssen sich bewusst sein, dass sie sich auf Social-Media-Plattformen und anderen Webpages praktisch im öffentlichen Raum bewegen.«

Es geht bei der Ausschnüffelei längst nicht mehr nur um kompromittierende Partyfotos, es geht darum, charakterliche Widersprüche aufzudecken. Wie hoch ist die Wahrscheinlichkeit, dass es sich bei dem Bewerber um ein Problemkind handelt? Um einen Alkoholiker, Junkie oder Geldverschwender? Oder dass er seinen neuen Kolleginnen gegenüber anzügliche Bemerkungen macht und das gute Betriebsklima gefährdet?

Wer bei Facebook, Xing oder LinkedIn ist, bekommt hin und wieder Kontaktanfragen völlig fremder Menschen. Wir tendieren dazu, diese Anfragen anzunehmen. Denn die Person, die vielleicht sogar attraktiv ist, steigert das Ansehen und damit unser digitales Kapital. Die Zahl der Kontakte ist ein Baustein der Ich-Vermarktungskette. Vielleicht ist der Grund, weshalb wir eine Kontaktanfrage akzeptieren, aber auch ein ganz anderer. Gut möglich, dass wir befürchten, unser Erinnerungsvermögen spiele uns einen Streich und es handele sich bei dem »Fremden« um den neuen Nachbarn, die neue Arbeitskollegin oder das neue Mitglied im Schwimmverein – und wir wollen nicht unhöflich sein.

Sobald wir leichtfertig den entscheidenden Button drücken, dürfen wir zwei Dinge nicht vergessen: erstens, dass wir möglicherweise einem Fake-Profil aufsitzen, hinter dem unser neuer neugieriger Chef steckt, und zweitens, dass wir unmöglich vollständig nachprüfen können, mit welchen Personen wiederum die an unserer Freundschaft interessierte verbunden ist. Ein einziger Klick und wir sitzen mit im Boot – und sind unter Umständen mit jemandem »befreundet«, der bei den Anti-Korruptionsjägern sehr weit oben auf der roten Liste steht.

Der Einwand, man würde aber ganz sicher nur Kontaktanfragen von Personen annehmen, den man auch persönlich kennt, läuft ins Leere. Er blendet aus, dass wir automatisch auch mit sogenannten Kontakten zweiten Grades in Verbindung gebracht werden können, also den Personen, mit denen unsere eigenen Kontakte befreundet sind. Und wissen Sie, mit wem Ihr Arbeitskollege befreundet ist?

»Ein fauler Apfel verdirbt den ganzen Korb«, so drückt es Pam Dixon vom World Privacy Forum aus. »Sind alle Ihre Freunde schwul, reich, arm? Leben sie alle in Kalifornien, New York oder Kansas? Was sind ihre Hobbys? Sehen sie nach Geld aus oder nach einem hohen Risiko?« Der Traumjob, sagt Dixon, könnte sich schnell in Luft auflösen. »Die Entscheidung des Arbeitgebers, Sie nicht einzustellen, mag ethisch betrachtet skandalös sein. Aber sie ist nicht illegal.«[145]

Skandalös ist ebenfalls, dass die Bewertungskriterien absolut undurchsichtig sind. Niemand weiß, welches Partybild einmal seiner Karriere das Genick brechen kann. Wann vermittelt ein Bild den Eindruck von Geselligkeit und wann den eines Exzesses? Wo genau verläuft die Grenze? Wer legt sie fest? Und: Wenn ich wiederholt Action- oder Horrorfilme

»like«, sortiert mich die Software dann aus? Ist es von Vorteil, SPD-Mitglied zu sein, oder eher ein Nachteil?

Wolfang Lichius von Kienbaum Consultants International hat diese Willkür einmal unfreiwillig beschrieben: »Es ist erstaunlich, in welchem Maße sich die Leute outen.« Kritisch werde es dann, wenn die Kandidaten Informationen preisgeben, die dem Medium nicht entsprechen. »Was zu sehr ins Private oder Marktschreierische geht, wirkt abstoßend.« Aber was genau meint er mit marktschreierisch?

Eine Microsoft-Studie aus dem Jahr 2010[146] untersucht, welche Rolle die Online-Reputation Jobsuchender in einer vernetzten Welt spielt. Befragt wurden Headhunter aus Deutschland, Amerika, Großbritannien und Frankreich. Alle waren sich einig, dass die Bedeutung des Internets als Informationslieferant in den nächsten fünf Jahren signifikant steigen wird. 85 Prozent der Befragten gaben an, dass die Online-Reputation eines Kandidaten in ihre Einstellungsentscheidung einfließe, und etwa 50 Prozent maßen ihr sogar ein sehr hohes Gewicht bei.

»Unser Ruf ist ein work in progress, etwas, an dem wir rund um die Uhr und sieben Tage in der Woche feilen können und sollen. Deshalb verwandelt man alles in produktives Kapital: unsere Beziehungen, unser Familienleben, unseren Urlaub«, schreibt der Publizist und Wissenschaftler Evgeny Morozov.[147] Inzwischen halten wir alle es für selbstverständlich, uns in jeder Minute zu inszenieren. So glauben wir einen Rest Kontrolle über unser Selbst zu haben. Doch die Selbstvermarktung im Internet ist in Wahrheit eine Selbstversklavung.

In Deutschland glauben 13 Prozent der befragten Internetnutzer, dass die Spuren, die sie online hinterlassen, ihre Einstellungschancen beeinflussen könnten. Dazu passt, dass etwa 16 Prozent der Headhunter und Personalchefs angeben, in der Vergangenheit Bewerber aufgrund ihrer Online-Reputation nicht vermittelt bzw. eingestellt zu haben. Was ihnen missfiel: 42 Prozent hatten Bedenken angesichts des Lebensstils des Bewerbers; 78 Prozent störten sich an unangebrachten Kommentaren und Texten (und 14 Prozent bewerteten sogar die Texte von Freunden oder Verwandten negativ); 44 Prozent bewerteten Fotos oder Videos als unpassend; 28 Prozent hatten kritische Kommentare über vorherige Arbeitgeber, Kollegen oder Kunden gefunden; 36 Prozent gefiel die Mitgliedschaft in bestimmten Gruppen oder Netzwerken nicht; 17 Prozent bemängelten schlechte Kommunikationsformen; und elf Prozent beunruhigte die finanzielle Lage des Bewerbers.

Beunruhigend ist, dass sich 22 Prozent der befragten deutschen Personalentscheider weigerten, die Frage überhaupt zu beantworten.

»Es tummeln sich immer mehr Spezialanbieter auf dem Markt. So wertet zum Beispiel die US-Rüstungsfirma Raytheon mit ihrem Programm RIOT öffentlich zugängliche Daten bis hin zu Metadaten von publizierten Fotos zu Personen in sozialen Netzwerken aus, um Ortsangaben, Kontaktnetzwerke, Interessen und vieles mehr darzustellen, zu analysieren und zu prognostizieren. Angesichts des Big-Data-Hypes rechnen Unternehmen, die Lösungen für die Integration und Analyse von Daten anbieten, wie zum Beispiel die Deutsche Software AG, mit nachhaltigem Wachstum und Profit. Insbesondere hinsichtlich der inhaltlichen Auswertung von Internetkommunikation und Inhalten aus Social Media, etwa Netzwerken, Blogs, oder Foren, etablieren sich immer mehr Lösungen und Angebote. Es geht dabei darum, aus dem riesigen Strom von Daten für den eigenen Kontext Relevantes auszusieben«[148], so der Datenschützer Thilo Weichert.

Was also sollen wir tun, um uns zu schützen? Unsere Internetaktivitäten auf ein Minimum reduzieren? Uns aus sozialen Netzwerken abmelden? Keine Tweets mehr absetzen? Keinen eigenen Blog betreiben? Wer medial nicht negativ auffällt, steht auf der Gewinnerseite, so könnte die banale Schlussfolgerung lauten. Nur: Sie ist falsch. Mediale Abstinenz weckt bisweilen Misstrauen, einige stufen sie sogar als verdächtig ein. Manche Forscher glauben, mediale Abstinenz könnte ein Indiz für psychische Störungen sein.

Dass der Attentäter von Aurora, der ein Kino stürmte, zahlreiche Menschen tötete und verletzte, weder bei Facebook aktiv war noch ein Twitter-Account besaß, verleitete eine Journalistin vom »Tagesspiegel« dazu, die Internetenthaltsamen generell in ein fragwürdiges Licht zu rücken. Mit diesem Generalverdacht schoss sie zwar weit über das Ziel hinaus, nichtsdestoweniger wird es, je mehr sich die Grenzen der Privatheit auflösen, immer schwerer werden, den »Opt-out«-Weg einzuschlagen, ohne den Eindruck zu erwecken, man wolle etwas verbergen. Genau genommen steht der Begriff »opt-out« in unserer total vernetzten Gesellschaft bereits heute für die Illusion, wir könnten die Hoheit über unsere Daten durch das Befolgen von ein paar einfachen Regeln zurückerobern. Bewusste Abstinenz betrifft ja lediglich jene Daten, die man glaubt, selbst unter Kontrolle zu haben, etwa politische Kommentare, Interessen, was eben so alles per Social Media publiziert wird. Gehandelt werden aber, wie gesagt, sehr viel mehr Daten, die wir in unserem Alltag überall hinterlassen – freiwillig und unfreiwillig.

Das, was wir gerade erleben, ist lediglich ein kleiner Vorgeschmack auf die Zukunft, wenn der Background Check immer mehr automatisiert und irgendwann vollständig in den Hoheitsbereich von Maschinen fällt. Für den Bewerber brechen bedrohliche Zeiten an. Die Technologie, die den Background Check von morgen durchführt, wird noch besser sein, als sie heute ist, und verstärkt mit Gesichtserkennungssoftware arbeiten. Was die Gesichtserkennungssoftware allerdings nicht leisten kann, ist die Einordung. Die wichtige Frage, in welchem Kontext das Foto entstanden ist, beantwortet sie nicht. Die überprüfte Person werde weder jemals erfahren, dass ihre Datenspur getrackt wurde, noch, welche Türen sich für sie aufgrund von Postings in sozialen Netzwerken geöffnet oder geschlossen haben«[149], schreibt der Journalist Alan Farnham. Die gute Nachricht lautet, dass das Screening von Bewerbern auch für die Firmen nicht automatisch ohne Konsequenzen bleibt. Ein Forscherteam der North Carolina State University[150] fand heraus, dass die Bereitschaft von Jobbewerbern, für eine Firma zu arbeiten, sank, nachdem sie erfahren hatten, dass die Firma soziale Netzwerke auf der Suche nach despektierlichen Informationen über sie durchforstet hatte. Sie waren eher geneigt, den Bewerbungsprozess als unfair zu betrachten und einer anderen Firma den Vorzug zu geben. Die Durchleuchtung ist eine Grenzüberschreitung, die unser Gefühl für Privatsphäre verletzt. Sie lässt uns nicht kalt. Das ist eine gute Nachricht, weil sie zeigt, dass wir nicht bereit sind, uns der Post-Privacy-Idee und ihren Konsequenzen einfach so zu beugen.

Die Bewerbungsphase und der Auswahlprozess sind die ersten Kontakte zwischen Arbeitgeber und Arbeitnehmer, es ist die erste sensible Phase gegenseitiger Vertrauensbildung. Internetrecherchen stellen nicht gerade eine vertrauensbildende Maßnahme dar, weder wenn man einen neuen Menschen in einer Bar, im Zug oder wo auch immer kennenlernt und ihn googelt, sobald er die Toilette aufsucht, noch wenn man sich für einen Job bewirbt – sie zerstören Vertrauen. Für jede Beziehung ist Misstrauen ein schlechter Start. Jeder von uns würde sich fragen: Was geschieht mit mir, sobald ich den Job angetreten habe? Auf welche Weise werde ich in Zukunft ausgespäht? Fließt jeder meiner Internetklicks in ein heimlich angelegtes Profil meiner Person? Sind im Gebäude Mini-

kameras installiert, die mich beobachten und meine Gefühls-
lagen registrieren? Werden meine Telefonate aufgezeichnet?
Mit dem Gedanken im Hinterkopf, dass sich der Markt um
die Topbewerber reißt, beginnt die Schnüffelei wirtschaftlich
eine ernste Rolle zu spielen, warnt die Psychologieprofesso-
rin Lori Foster Thompson.[151] Die Firmen werden in Zukunft
noch viel aufmerksamer darauf achten, dass ihr Vorgehen geheim bleibt. Die Intransparenz wird also steigen, weil die
Menschen das gesamte Prinzip der Maschinenlesbarkeit nicht
akzeptieren.

Wir müssen davon ausgehen, dass sich auch in Deutschland die Lage zuspitzt, sobald das Screening standardmäßig
durchgeführt wird. Bereits heute ist es so, dass »viele Unternehmen regelmäßig die Grenze des Erlaubten überschreiten.
Im Dienst des Profits«, sagt der Datenschützer Thilo Weichert. Jeder kann sich ausmalen, was passiert, wenn sich unsere Gesellschaft in den nächsten fünf, zehn oder 15 Jahren
weiter daran gewöhnt, ihre Privatsphäre preiszugeben, und
das flächendeckende, automatisierte Auswerten von Daten
schulterzuckend akzeptiert hat.

Das Perfide dieser neuen Informationsökonomie ist: Es
kann jeden jederzeit treffen. Die meisten von uns haben nicht
die leiseste Ahnung, welche persönlichen Informationen, von
banal bis hochsensibel, im Umlauf sind.

Die Amerikanerin Gina Maria Haynes wollte gerade mit ihrem Saab vom Hof fahren, da rauchte die Kühlerhaube, und
das Auto gab seinen Geist auf. Der Saab war nicht mehr zu
gebrauchen. Die Frau brachte ihn zur Reparatur. Die Rechnung betrug 291,48 Dollar. Haynes zahlte den Betrag allerdings erst nach sechs Monaten. Ihre Verschlepperei musste
sie bitter büßen. Der Autohändler ließ beim zuständigen Gericht unter Haynes‹ Namen einen Gebührenbetrugseintrag
vornehmen, der, als sie die Rechnung bezahlt hatte, selbstver-

ständlich wieder gelöscht wurde. In der Zwischenzeit hatten sich jedoch etliche auf Background Checks spezialisierte Firmen die Daten des Gerichts heruntergeladen und später nicht mehr aktualisiert – mit der Konsequenz, dass Haynes das Jobangebot, einige Wohnungen zu verwalten, wieder verlor. Einem Reporter gegenüber sagte sie: »Ich will mein Leben zurück.«[152] Das ist im Zeitalter von Big Data leider oft aussichtslos. Denn sobald eine Information erst einmal in der digitalen Welt im Umlauf ist, hat man kaum noch Einflussmöglichkeiten. Wie schnell eine nicht mehr zutreffende Information aktualisiert wird, lässt sich ebenso wenig selbst steuern wie das Löschen oder Korrigieren fehlerhafter Informationen. Gina Maria Haynes‹ Forderung kann nur die Politik erfüllen, indem sie Gesetze erlässt, in denen geregelt wird, wann und in welchem Umfang einzelne Personen und Unternehmen Daten erheben, analysieren und weiterverkaufen dürfen. Solche Gesetzentwürfe gibt es, aber sie liegen noch in den Schubladen, wie beispielsweise die Datenschutzgrundverordnung in der Europäischen Union.

6.5 Der Totalzugriff auf den Arbeitnehmer

Im März 2014 erschien ein beunruhigendes Datenschutzgutachten[153], das die Überwachungsmethoden von Arbeitgebern in Deutschland unter die Lupe nimmt. Die Autoren machen deutlich, wie sehr die Technik jenen in die Hände spielt, deren Ziel der gläserne Mitarbeiter ist. Die mehr oder weniger verdeckten Angriffe kommen aus allen erdenklichen Richtungen. Und auch hier gilt, dass wir erst am Anfang der Entwicklung stehen.

Ein Beispiel: Ein Pharmaunternehmen rüstet seine Außendienstmitarbeiter mit Tablet-Computern aus. Mit den neuen

Geräten sollen die Mitarbeiter in Zukunft ihre Arztbesuche planen sowie den Ärzten darauf die Produktpräsentationen vorführen. Die Dauer der Vorführung sollte gemessen werden, um – so die Konzernbegründung – die Akzeptanz der neuen papierlosen Methode bei den Ärzten zu überprüfen. Die Mitarbeiter sollen zudem notieren, wie viele Patienten die jeweiligen Ärzte schätzungsweise haben, ob sie eher weniger oder mehr Medikamente verschreiben und ob es sich bei den Verschreibungen hauptsächlich um die Produkte des Unternehmens oder um Konkurrenzprodukte handelt. Außerdem sind sie angehalten, die Ärzte einzuschätzen: Welcher Arzt ist besonders innovativ, welcher in erster Linie Praktiker, welcher Wissenschaftler?»Das System sollte daraus dann nach einem im Programm hinterlegten Algorithmus eine ›Kundenwertsegmentation‹ berechnen und eine Klassifizierung in A-, B- oder C-Kunden vornehmen, aus der dann die Vorgaben der Besucherfrequenz der Mitarbeiter abgeleitet würden. Außerdem sollten Daten gesammelt werden, die die Reputation des Arztes beschreiben (Fachveröffentlichungen, Kongressteilnahmen u.Ä.).«

Das Unternehmen forderte die Mitarbeiter auf, Arztbesuche mit der in der Anwendung integrierten Tourenplanung zu organisieren.»Die Auswertungen sollten dann im Zusammenhang mit einer persönlichen Beurteilung herangezogen werden, von der ein Teil des Jahresgehalts abhängen würde. Ausgewertet werden sollen außerdem die Besuche und die Verlässlichkeit der Planung.« Der Betriebsrat zeigte für diese Art der minutiösen Mitarbeiterkontrolle wenig Begeisterung. Eine über die Aktivitätenerfassung hinausgehende Tourenplanung mit einem Zugriff auf die einzelnen Geräte von der Zentrale aus würde die Aufzeichnung von Bewegungsprofilen ermöglichen. Der Betriebsrat lehnte ab.

Angenommen, es hätte sich bei dem Beispiel nicht um einen Konzern, sondern um ein kleines Unternehmen ohne

mächtigen Betriebsrat gehandelt. Wer hätte in einem solchen
Fall gewagt, gegen das Monitoring Einspruch zu erheben?
Wer hätte seinen Job riskiert und sich gegen den Totalzugriff
des Arbeitgebers gewehrt? Vielleicht niemand. Doch wenn es
keine Selbstheilungskräfte in den Unternehmen gibt, dann
muss der Staat eingreifen. Das Datenschutzrecht könne, heißt
es im Gutachten, wie das Immissionsrecht angewandt werden, also ohne konkrete Betroffene. Als würde man die Verbreitung von Daten eindämmen, wie man Verschmutzung
eindämmt, um der sauberen Luft selbst willen – ganz egal,
wer sie atmet.

Ein weiteres Beispiel: Ein Unternehmen stattete seine Wa-
renauslieferer mit einer Flottensteuerungssoftware aus, damit die Zentrale zu jeder Zeit weiß, wo sich welches Fahrzeug befindet, welches fährt, welches steht usw. Der
Betriebsrat erhob Einspruch gegen diese Art der Überwachung und Dauerkontrolle. Um den Konflikt zu lösen, dis-
kutierten die Beteiligten über die Umsetzung zweier verschiedener Modelle. Das eine, genannt »Meilensteinverfahren«,
sah vor, das System so einzurichten, »dass die permanente
Beobachtung durch die Zentrale abgeschaltet blieb und die
Mitarbeiter von sich aus an definierten Punkten oder bei definierten Ereignissen (z. B. bei der Ablieferung der Ware
beim Kunden) das System aktivieren und eine Statusmeldung
absetzen konnten. Bei der zweiten Methode dagegen, dem
Broadcasting-Modell, war vorgesehen, dass ein Fahrzeug nur
bei Bedarf geortet werden sollte, etwa bei Ausfall eines Fahrers zur Umdisponierung von Einsatzwagen. Was beide Modelle gemein haben, war das Ziel, die permanente Überwachung durch eine Stichprobenüberwachung zu ersetzen.

Online-Bewerbungen sind alles andere als harmlos: Sie haben
den Nebeneffekt, dass ein Teil der Bewerberdaten häufig in

eine Talent-Pool-Datenbank wandert, um bei Bedarf jederzeit auf sie zurückgreifen zu können. Der Bewerber weiß in der Regel weder über diese Speicherungsmethode Bescheid, noch hat er einen Einfluss darauf, in welche Hände seine Daten gelangen. »Die Personalsysteme zumindest der größeren Unternehmen speichern Angaben über Schulbildung, berufliche Ausbildung und bisherige Tätigkeiten, oft einschließlich der Angaben über ehemalige Arbeitgeber. Außerdem findet sich in den Systemen oft die komplette Historie der angefallenen Fort- und Weiterbildungsmaßnahmen. Verfügt das Unternehmen über ein elektronisch unterstütztes Arbeitszeitmanagement, so kommen die Arbeitszeitdaten hinzu: tägliches Kommen und Gehen, die Pausen, die Urlaube, die Krankheitszeiten und sonstige »Fehlzeiten«. Unternehmensparkplätze mit elektronisch gesteuerten Schranken halten das Ankommen und das Verlassen der Parkplätze fest, und mit Zugangskontrollsystemen sowie Funkchips in Mitarbeiterausweisen lassen sich sogar Bewegungsprofile erstellen.«[154]

In vielen Unternehmen herrscht eine ausgeprägte Feedbackkultur. Regelmäßig finden Mitarbeiterbeurteilungen statt, Zielvereinbarungen werden besprochen sowie der einzuschlagende Weg, um das Ziel zu erreichen. An dieser nach Transparenz klingenden Mitarbeiterführung ist erst einmal nichts auszusetzen. Ein in regelmäßigen Abständen vorgenommener Abgleich des Ist- und Sollzustands schafft Klarheit und Sicherheit auf beiden Seiten. Doch darum geht es nur auf den ersten Blick. Auf den zweiten Blick geht es um Kontrolle und eine permanente Leistungsanalyse. Denn das, was zwischen Führungskraft und Mitarbeiter besprochen wird, bleibt nicht in einem Raum, es wandert in ein elektronisches System, in dem eine Art zweite Personalakte angelegt wird, die wächst und wächst.

Noch allerdings gilt, dass es nur eine Personalakte geben darf. Alle Daten, die über Beschäftigte anfallen, müssen entweder direkt in der Akte vermerkt werden, oder es muss in der Akte verzeichnet werden, wo weitere Personaldaten zu finden sind. Doch »die Praxis steht im Gegensatz zu den wichtigen Grundsätzen des Datenschutzrechts«.

Dass Datenbanken über Mitarbeiter zum Teil atemberaubende Umfänge angenommen haben, die die Persönlichkeitsrechte des Einzelnen verletzen, zeigt das Beispiel des größten europäischen Softwareherstellers SAP. Deren Software für das sogenannte Human Capital Management, also die Personalwirtschaft, die weltweit von Tausenden Kunden eingesetzt wird, ergänzt seine Datensammlung durch »Module zum Kompetenzmanagement um Informationen über die Fähigkeiten und Fertigkeiten der Beschäftigten, ihre sog. Skills, oft in einer Granularität, die Hunderte von Ausprägungen umfasst. In den Systemen festgehaltene Qualifikationen beschränken sich keinesfalls auf sachliches und methodisches Wissen. Im Zentrum heute üblicher Systemeinführungen stehen vielmehr die Social Skills, wobei Vorgesetzte dann z. B. die Teamfähigkeit, die Kommunikations- und Konfliktfähigkeit, die Ziel- und Ergebnisorientierung, Lernbereitschaft oder auch die ›kreative Problemlösungskompetenz‹ ihrer Untergebenen zu beurteilen haben, alles ›weiche Faktoren‹, für die es kaum objektive Messkriterien geben dürfte. Die subjektive Sicht auf diese Faktoren kann ausgesprochen unterschiedlich ausfallen.«[155] Sie kann genau genommen überhaupt nur subjektiv ausfallen, da wir es hier mit Einschätzungen und Bewertungen zu tun haben, die davon abhängen, wer sie vornimmt.

Wir sollten uns nichts vormachen. SAP ist bei weitem nicht der einzige Konzern, der »einen bunten Strauß von Softwareinstrumenten« in seine Personalsysteme integriert hat. Diese laufen unter harmlos klingenden Stichwörtern wie: Recruiting Management, Kompetenz- und Performance Management sowie Talent and Succession Management. In einer tiefgreifenden Mitarbeiteranalyse sehen viele Firmen eine Chance, verlorengegangene Kompetenz zurückzugewinnen. »Personalentwicklung bzw. Personal Development heißt das neue Tummelfeld. Schlagworte wie ›Coaching‹, ›Motivstrukturanalyse‹, ›Neurolinguistische Programmierung‹ (NLP), ›Fördern und Fordern‹ bereichern die PowerPoint-Präsentationen. Das Damoklesschwert des demografischen Wandels und der beginnende Kampf um die ›klugen Köpfe‹ macht es für die Unternehmen überlebenswichtig, Mitarbeiterinnen und Mitarbeiter zu gewinnen und vor allem an sich zu binden.«[156]

Ein Nebeneffekt der Talent-and-Succession-Management-Systeme sei, so die Autoren des Datenschutzgutachtens, die Durchleuchtung und Kontrolle der Mitarbeiter und Führungskräfte vor dem Hintergrund eines Unternehmensleitbildes. Konformität trage dabei immer den Sieg über Querdenkertum davon. »Die Systeme kennzeichnet häufig die Ausrichtung auf eine Normierung von Leistung und Verhalten.«[157] Darin spiegelt sich die Angst der Unternehmen vor der Individualität ihrer eigenen Mitarbeiter – einer Individualität, die für Unkontrollierbarkeit steht: Wer sich nicht steuern lässt, wird als Risiko eingestuft. Die Zukunft der Querdenker ist damit besiegelt.

Einer der Autoren des Gutachtens ist der Arbeitsrechtler Peter Wedde, der seit Jahrzehnten beobachtet, wie die Technologie unsere Arbeitswelt verändert. Wedde ist ein Experte auf dem Gebiet des Beschäftigtendatenschutzes, ein präzise argumentierender Mann, der nicht zum Alarmismus neigt, was seine Zukunftsprognosen umso beunruhigender macht. »In den nächsten zehn Jahren«, so Wedde, »werden die Arbeitgeber die Möglichkeiten des Data-Minings massiv ausschöpfen, um noch mehr über ihre Mitarbeiter herauszufinden. Viele Firmen arbeiten am sogenannten Social Business 2.0, einer Art Facebook für die Arbeitswelt.[158] Die Nutzung von Software, um in virtuellen Arbeitsräumen mit Mitarbeitern und Kunden in aller Welt zusammenzuarbeiten, wird zunehmen. Das Arbeitsverhalten wird dadurch noch transparenter. Man kann dann nicht nur jeden Knopfdruck sehen, sondern auch die von Mitarbeitern geäußerten Gedanken. Mit Hilfe von Textmining-Tools – also Software, mit der Computer die Bedeutung von Texten und die enthaltenen Informationen erfassen können – werden diese Daten automatisch bewertet und verarbeitet. Dazu kommt, ähnlich wie bei Facebook, ein Bewertungssystem mit Sternchen und Likes. Das ist ein Quantensprung, wie von der Schreibmaschine zur E-Mail«, so Wedde.

Während Computer und Maschinen immer intelligenter werden, würden Mitarbeiter durch die Technik »dumm gehalten«. Anders als heute wird es zukünftig in Produktionsbetrieben sehr viel weniger Mitarbeiter geben, die sich fachlich hervorragend auskennen.

Großunternehmen, die bekanntermaßen sehr stark auf Kennzahlen ausgerichtet sind, werden die Welt des Bezifferbaren weiter ausbauen. »Die Führungsetage will auf Teufel komm raus wissen, was im Unternehmen passiert. In Zukunft wird der einzelne Mitarbeiter durch neue Analysemethoden ins Visier geraten. Die Technologie wird einfacher zu benutzen und ihre Ergebnisse werden einfacher zu analysieren sein. Ich bin überzeugt, dass dadurch die Zahlenhörigkeit und -gläubigkeit und damit auch die Kontrollintensität deutlich zunehmen werden.«[159]

Systeme, die eigentlich dafür gedacht sind, Abläufe zu verbessern und Produktivität zu steigern, werden, so Weddes Erfahrung, in etlichen Unternehmen zur Mitarbeiterüberwachung missbraucht. Er erzählt das Beispiel eines Produktionsbetriebs für Kunststoffteile. Dort wurde ein System eingeführt, das den Materialfluss von Werkzeugen verbessern sollte. Das System konnte aber auch dafür benutzt werden, um zu registrieren, wann Mitarbeiter eine Raucherpause einlegten. Der Betriebsrat war gegen diese Nutzung, doch der Geschäftsführer wollte das System unbedingt einführen – und tat es auch.

Wedde führt die weitverbreitete Technikhörigkeit auch auf einen gewissen »Spieltrieb« zurück. Er glaubt, dass sich dieser Spielbetrieb in den Managementetagen ausbreiten wird: »Dort sitzen Leute, die mit den neuen Techniken groß geworden sind. Schon morgens beim Zähneputzen wollen sie ein Feedback von ihrer smarten Zahnbürste. Es kommt eine Generation von Führungskräften auf uns zu, die sehr genau um das Potenzial von Überwachungstools weiß und dieses in vielen Bereichen auch einfordern wird. Am Ende wird die Technikverliebtheit dafür sorgen, dass Grundrechte ignoriert werden.«[160]

Mecklenburg-Vorpommerns Datenschützer Reinhard Dankert sieht es genauso: »Dass durch preiswerte Technik, die zudem einfach bedienbar ist, sehr schnell neue Begehrlichkeiten entstehen, liegt auf der Hand. Und wenn dann die klassische Videoüberwachung durch Technologien zur Gesichts- und sogar Verhaltenserkennung ergänzt wird, sind Eingriffe in die Privatsphäre sowohl von Kundinnen und Kunden als auch von Beschäftigten vorprogrammiert. Mit dieser Technik werden in zunehmendem Maße Daten unter dem Vorwand erhoben, den Service zu verbessern. Zur lückenlosen Überwachung von Beschäftigten ist es dann nur noch ein kleiner Schritt, der von manchen Arbeitgebern leider allzu bedenkenlos gegangen wird. Offenbar wird in vielen Fällen ein Rechtsbruch bewusst einkalkuliert.«[161]

Der normale Mitarbeiter ahnt meist nicht, dass er überwacht wird. Er denkt, er sei nur ein Rädchen im großen Getriebe. Auch von den umfassenden Zugriffsmöglichkeiten der Administratoren seiner Firma hat er für gewöhnlich keine Ahnung. Doch die technologische Entwicklung hat ihn heimlich ins Zentrum der Überwachung gerückt. Dort verrichtet er nun seine Aufgaben, ohne zu wissen, dass er auf einem Pulverfass sitzt. Seine Leistungskurve, das ist so gut wie sicher, wird sich mit zunehmendem Lebensalter verändern, und zwar nach unten. Das automatisierte System, das mit immer neuen Tools der Leistungsmessung operieren wird, registriert selbst den minimalsten Leistungsabfall. »Wir gewöhnen uns gerade daran, verstärkt Planzahlen sprechen zu lassen. Der Mensch wird immer mehr in Zahlen abgebildet. Dadurch wächst die Kontrolle, und mehr Menschen werden schlicht durchs Raster fallen und ihren Job verlieren«, glaubt Wedde.[162]

»Allein normative Regelungen reichen für einen wirksamen Schutz der Persönlichkeitsrechte der Beschäftigten nicht mehr aus.«[163] Um das Problem zu lösen, müssten die Unternehmen verpflichtet werden, mit entsprechenden Kompetenzen ausgestattete Datenschutzbeauftragte zu engagieren, die die Software tatsächlich verstehen und den Quellcode lesen und für Menschen verständlich übersetzen können. Das wäre der eine mögliche Weg. Der andere wäre die Gründung einer neuen Behörde, die, wie es die Gesundheitsbehörde tut, unangekündigte Kontrollen durchführt.

Die Logik ist simpel: Je mehr sensible Daten akkumuliert werden, desto größer ist das Risiko bei Missbrauch. Dazu ein paar Geschichten, die sich tatsächlich zugetragen haben:

Ein Arbeitgeber erlaubt die dienstliche Nutzung privater Endgeräte. Ein Arbeitnehmer überspielt die auf seinem privaten Tablet vorhandenen dienstlichen Daten zur Sicherung auf das Notebook seiner Frau. Das Gerät wird später per Kleinanzeige verkauft. Der Käufer entdeckt die lediglich oberflächlich gelöschten und daher leicht wiederherstellbaren Firmendaten und macht den Datenschutzverstoß unter Nennung der Firma im Internet publik. Der Rufschaden in

der Branche ist groß, der Arbeitnehmer erhält die Kündigung.[164]
Ein Krankenhausarzt lässt sich personenbezogene Labordaten der Patienten mittels einer App direkt auf sein Smartphone senden. Ein dienstliches Smartphone wurde ihm aus Kostengründen vom Arbeitgeber verweigert.[165]
Das Pflegepersonal eines großen Krankenhauses vereinbart, die für die Schichtübergabe auf den Stationen notwendigen Patientendaten über eine geschlossene Benutzergruppe in einem sozialen Netzwerk (Facebook) auszutauschen. So können wichtige Informationen schon auf dem Weg zur Arbeit gelesen werden. Teilweise werden Auszüge aus den elektronischen Patientenakten beigefügt, die per USB-Stick aus dem Stationscomputer ausgelesen werden. Die Klinikleitung erfährt von diesem Verfahren durch einen Hinweis »von außen«.[166]
Ein Mitarbeiter aus der Personalabteilung nimmt für die Arbeit am Wochenende und am Abend statt schwerer Akten immer einen leichten USB-Stick mit nach Hause. Versehentlich wird der Stick vom Sohn des Hauses für die Weitergabe von Musikdateien verwendet. Auf diese Weise erfahren andere Menschen im kleinen Wohnort, welche Personen in der Firma des Vaters auf der Kündigungsliste stehen.[167]
Beim Einchecken am Flughafen legt ein Mitarbeiter den mit Firmendaten gefüllten Laptop ordnungsgemäß in den Korb der Sicherheitskontrolle. Weil es piept, wird er persönlich kontrolliert. Danach findet er nur noch die Tasche vor, nicht aber den Laptop. Auf der Videoaufzeichnung sieht man später, dass ein anderer Passagier mit dem Rücken zur Kamera das Gerät eingesteckt hat. Die Daten auf dem Laptop waren unverschlüsselt.[168]

6.6 Absolute Kontrolle

Stephen Baker beschreibt in seinem Buch »Die Numerati: Datenhaie und ihre geheimen Machenschaften«, wie der Konzern IBM die Vermessung, Berechnung und Kategorisierung seiner Mitarbeiter machtvoll vorantreibt. Da der Mensch ein Wesen ist, dessen Verhalten sich nicht ganz so einfach in Zahlen übersetzen lässt, wie es den Big-Data-Enthusiasten vorschwebt, beschäftigt IBM zahlreiche Experten, unter anderem Data-Miner, Psychologen und Linguisten, die das Verhalten und die Eigenschaften ihrer Mitarbeiter entschlüsseln und deren Pozential berechnen sollen. »Sie codieren alles, was sie finden – jede unserer Gesten und Fertigkeiten – in Symbole, die ein Computer verdauen kann.« Der Traum hinter der Simulation von Arbeitskräften, der endlich verwirklicht werden soll, ist klar: die absolute Kontrolle. »Wenn deine Leistung hervorragend ist, könnten Unternehmen eines Tages dein mathematisches Modell als DNS-Prototyp eines Arbeitsplatzes nutzen. Und sie könnten es, in gewissem Sinne, verwenden, um dich zu klonen.«

Man stelle sich vor, erzählte eine IBM-Spezialistin Stephen Baker, die Firma habe einen hervorragenden Mitarbeiter namens Joe Smith. Das Management könnte zwei oder drei weitere von seiner Sorte gut gebrauchen, oder gar ein Dutzend. Wenn die Firma erst einmal umfassende mathematische Profile ihres Personals angelegt hat, sollte es nicht schwierig sein, anhand dieser Modelle die Erfahrungen oder Fähigkeiten zu identifizieren, die Joe Smith zur Spitzenkraft machen. Würde man seine gesamte Berufslaufbahn kennen, könnte man sogar die einzelnen Schritte auf der Karriereleiter berechnen, durch die sich Joe Smith zu dem Musterangestellten entwickelt hat.[169]

»Im Jahr 2006 hat Microsoft ein Patent für eine Technologie eingereicht, mit deren Hilfe Puls, Blutdruck, Hautwiderstand und Mimik von Büroangestellten erfasst werden können. Laut Patentantrag soll das System Manager informieren, wenn ihre Mitarbeiter mehr unter Frustration oder Stress leiden«, schreibt Baker. In der Arbeitswelt ist all das im Grunde optional, aber im Privaten wird es bereits innerhalb der nächsten Jahre obligatorisch werden, etwa im Auto, wo dann Sensoren unser Stresslevel messen und Warnsysteme aktiviert werden.

Auch das Londoner Start-up SOMA Analytics, das von Münchner Studenten gegründet wurde, hat ein Frühwarn- und Präventionssystem für Burn-out und Depressionen entwickelt. Ihre Smartphone-App soll das Stresslevel von Mitarbeitern erkennen können und Hinweise und Anleitungen zur Stressreduktion anbieten. Die App analysiert während eines Telefonats die Tonlage und die Schnelligkeit der Stimme; je gestresster ein Mensch ist, desto geringer falle laut SOMA die Modulation seiner Stimme aus. Wenn das Smartphone nachts neben dem Bett liegt, erfasst die App Informationen über die Schlafdauer und die Schlafqualität. Auch häufige Tippfehler registriert die App, sie seien ein eindeutiges Stressindiz, denn sie verweisen auf eine gestörte Hand-Augen-Koordination des Smartphone-Besitzers. »Da Stress, oder eben Nicht-Stress, einen maßgeblichen Faktor der Mitarbeiterproduktivität darstellt, gehen bei SOMA Analytics Altruismus und Profitmaximierung Hand in Hand«, heißt es in einem Artikel über das Start-up. Von Altruismus kann freilich keine Rede sein. Auch wenn die App in ihrer derzeitigen Form die Daten über das Stresslevel nicht der Personalabteilung, sondern ausschließlich dem jeweiligen Nutzer zugänglich macht, kann man davon ausgehen, dass das nicht so bleiben wird.

Die Firma Sociometric Solutions hat ein kleines Gerät entwickelt, das am Hals des Arbeitnehmers baumelnd sekündlich dessen Interaktion aufzeichnet. Ein Kommentator des »Boston Globe« hat das Gerät einmal treffend als »NSA-Style des Managements«[170] bezeichnet. Was das Gerät kann? Ausgestattet mit Infrarot-Sensoren, erkennt es, dass man in Gesellschaft ist, in einem Meeting sitzt, sich mit einem Kollegen auf dem Gang, in der Kaffeeküche oder anderswo unterhält. Das Tracking-Gerät nimmt zwar keine Konversation auf, es hält aber fest, wie oft und wie viel man spricht, wie lange man, verglichen mit der eigenen Redezeit, zuhört und wie häufig man seine Gesprächspartner unterbricht. Auch der Ton, den man anschlägt, sowie die Haltung, die man einnimmt, inklusive der Gestik werden ausgewertet. Wie nah kommt man anderen Personen während der Unterhaltung? Wie extrovertiert bzw. introvertiert ist jemand? Auf der Homepage des Unternehmens heißt es:»Mit der Sociometric-Plattform helfen wir Unternehmen, das Potenzial ihrer Mitarbeiter zu erschließen und fortwährend bedeutende Innovationen zu entwickeln.«

6.7 Eroberungsfeldzug der Maschinen

Jede Firma besitzt ein ziemlich exakt bezifferbares Inventar. Der Wert des Inventars, der Maschinen, Immobilien und Waren, ist bekannt. Unternehmen arbeiten daran, auch den Wert eines jeden einzelnen Angestellten genau zu bestimmen. Wie die Entwicklung einer Aktie soll auch die Leistung eines Menschen in Echtzeit beobachtbar sein. »Der erste Schritt besteht darin, uns in kleine Stücke zu zerlegen – in die Eigenschaften, die wir mit anderen gemein haben, die Charakteristika, die in die Spalten eines Arbeitsblattes eingetragen und in Zahlen ausgedrückt werden können. Die Datenbank versteht uns weitgehend als ein Mosaik von Einträgen im Lebenslauf, von Tätigkeitsbereichen über die Beherrschung der Programmiersprache C++ bis hin zu Chinesischkenntnissen.«[171] Der neue Mensch ist die Summe seiner Daten, egal, ob er als Konsument, Patient, Bewerber, Kreditnehmer, Mieter, potenzieller Liebespartner oder Angestellter auftritt. Am Ende der Effizienz-, der Kosten-Nutzen-Rechnung steht immer ein folgenreiches Ergebnis. Diese Datenerhebung in Endlosschleife wird, bezogen auf den Arbeitsplatz, dazu führen, dass vermeintliche Ineffizienz nicht länger geduldet wird. Sie haben gerade eine Beziehungskrise? Ihr Vater ist gestorben? Und Ihre Mutter dem Tod geweiht? Pech gehabt. Ihr Wert fällt. Aktien werden in solchen Fällen abgestoßen. Auf Abstoßung, also Kündigung, läuft es auch beim Menschen hinaus.»Ebenso wie Anlageberater Bestände von spekulativen Anleihen oder Schwellenmarktaktien verwalten, stecken uns die Numerati in Menschenbestände«, schreibt Baker.

Im Moment trifft das in erster Linie auf Arbeitnehmer zu, die leicht ersetzbar sind. In Zukunft werden von dieser Entwicklung aber wohl eine ganze Menge mehr Jobs betroffen sein.

Der Computer spioniert uns nach und nach aus. Unsere kleinen Online-Geheimnisse sind bei ihm in denkbar schlechten Händen.»Am Arbeitsplatz laufen wir – vielleicht mehr als irgendwo sonst – Gefahr, zu Datenknechten zu werden, zu Sklaven der Information, die wir produzieren. Im Büro kann heute jeder Tastendruck gespeichert und mathematisch analysiert werden – er gehört nicht mehr uns. Wenn unsere Chefs es wollten, könnten sie eine grafische Auswertung unseres E-Mail-Verkehrs anfordern. Sie würde die Wörter anzeigen, die wir am häufigsten schreiben, je öfter sie vorkommen, desto größer werden sie dargestellt. Sie können nur beten, dass die Wörter ›Film‹ oder ›Bier‹ nicht in größerer Schrift erscheinen als die Medikamente, die Sie verkaufen oder die Aktien, die Sie empfehlen.«[172]

Es hätte den unermüdlichen Arbeitsoptimierer Frederick W. Taylor gewiss sehr glücklich gemacht, hätte er erleben können, wie gnadenlos seine Effizienzprinzipien in die digitale Welt übersetzt werden.»Taylor schuf eine Einteilung, die

Arbeitsplätze in kleinste, hocheffiziente Einheiten und Umgebungen verwandelte, in denen jede Bewegung, jeder Schritt des Arbeiters auf seine Wirtschaftlichkeit hin geprüft wird«, schreibt Frank Schirrmacher.[173] Die totale Kontrolle, von der Taylor nur träumen konnte, ist Realität geworden. Auch in Deutschland. »In der Vergangenheit kam der Mensch zuerst. In Zukunft muss das System zuerst kommen.«

Die Journalistin Maggie Jackson sprach als eine der Ersten vom »digitalen Taylorismus«. Dessen extreme Variante betreiben zwei amerikanische Konzerne: Walmart und Amazon. Beide haben technologisch ausgefeilte Systeme der Überwachung und Dauerperformanceanalyse ihrer Mitarbeiter installiert, die darauf abzielen, den Menschen zur Maschine umzuformen – dabei könnte die Maschine diese Art der monotonen Sklavenarbeit schon heute sehr viel effizienter erledigen als der Mensch. In den nächsten 30 Jahren werden von der Maschinenoptimierung allerdings sehr viel mehr Berufe betroffen sein, als wir uns heute vorstellen können.

In seinem Buch »Mindless: Why smarter machines are making dumber humans« (»Hirnlos: Warum intelligente Maschinen dümmere Menschen schaffen«) beschreibt Simon Head diese surreale Welt der totalen Kontrolle. Der Mensch ist darin eine vermessbare Einheit. Chips, Sensoren und Funkverbindungen verfolgen nicht nur jede Güterbewegung, sie verfolgen auch jeden Schritt der Amazon-Arbeiter, die in gigantischen Lagerhallen monotone Aufgaben verrichten. Und nicht nur das: Sie geben auch jeden Schritt detailliert vor. Wie viel Zeit benötigt Arbeiter X, um die Ware von A nach B zu transportieren? Wie viel Zeit benötigt er dafür, sie auszupacken? Wie viel, um sie einzupacken? In seinen Verteilerzentren hat Amazon sämtliche Mitarbeiter aus Gründen der Optimierung mit einem kleinen Navigationscomputer ausgerüstet, der ihnen die ideale Route innerhalb des Lagers vorgibt, damit sie so

schnell wie möglich zum Regal mit dem nächsten Artikel gelangen, den sie zur Verpackung vorbereiten müssen.
Die Navigationscomputer geben außerdem eine Zeit vor,
und überwachen deren Einhaltung. Die Stoppuhr als Gegner.
Falls jemand von einem Regal zum nächsten länger als von
der Maschine vorgesehen benötigt, weil er vielleicht einen
Krampf im Bein hatte, einen Hustenanfall oder einfach kurz
durchatmen wollte, schlägt der Computer Alarm.

Dieses Regime des permanenten Drucks lässt jene Arbeiter, die entweder weniger fingerfertig oder in einem Alter
sind, in dem sie körperlich unmöglich mit einem 20-Jährigen
konkurrieren können, reihenweise versagen – egal, wie hart
sie kämpfen.»Amazons System der Mitarbeiterüberwachung
ist das härteste, dem ich jemals begegnet bin«, schreibt Head.
»Es kombiniert die modernste Art der Überwachungstech-
nik mit Taylors System des ›funktionalen Vorarbeiters‹.«

Head beschreibt den Fall einer Frau namens Kate Salasky,
die in einem Amazon-Lager in Allentown, Pennsylvania, arbeitete. Elf Stunden dauerte ihre Schicht, meist war sie zu
Fuß im Lager unterwegs, von Regal zu Regal. An einem Tag
im März 2011 erhielt sie eine elektronische Warnung: Sie sei
bereits mehrere Minuten ihrer Schicht unproduktiv gewesen.
Von da an dauerte es nicht mehr lang, bis Kate Salasky gefeuert wurde.

Mark Zweifel, 22, arbeitete im Wareneingang, ebenfalls in
Allentown. Er packte Pakete aus, scannte Barcodes und ver-
packte die Produkte in Lagerbehälter. Nachdem er sechs
Monate für Amazon gearbeitet hatte, teilte ihm sein Boss
mit, dass er seine Zielquote von 250 Verpackungseinheiten
pro Stunde auf 500 verdoppeln müsse.»Keine Warnung,
nichts. Ich war jung, ich konnte das schaffen«, sagte Zweifel
gegenüber einem Reporter. Kurz darauf wurde er in eine andere Abteilung versetzt und sollte nun Waren in die Regale
einsortieren. Zweifel wurde immer häufiger ermahnt, er sei

nicht schnell genug, er müsse einen Zahn zulegen. Die Zielvorgabe einzuhalten, so Zweifel, sei absolut unmöglich gewesen, weil die Regale so zugestellt waren, dass er erst Platz für die neuen Artikel schaffen musste. Es sei ein großer Unterschied, ob man einen leichten, schmalen iPod verstauen müsse oder einen unhandlichen Gegenstand. An zwei Tagen hatte er Pech und musste zahlreiche sperrige Waren einsortieren. Zweifels Rate sank. Die Zahlen waren eindeutig, aber sie sagten nichts über die Gründe aus. Zweifel wurde entlassen.[174]

Um ihn herum schufteten reihenweise ältere, weniger fitte Arbeiter, die schnell an dem Anforderungsprofil scheiterten. Ein Leiharbeiter in seinen 50ern aus demselben Warenhaus wie Zweifel musste zehn Stunden am Tag Waren aus verschiedenen Kartons in die entsprechenden Regale einsortieren. 1200 Waren sollte er während seiner Schicht abarbeiten – umgerechnet heißt das, alle 30 Sekunden eine Ware zu bewegen. Um das geforderte Produktivitätsziel zu erreichen, hätte der Mann pro Tag 250- bis 300-mal in die Knie gehen müssen. Auch er war wie Kate Salasky oder Mark Zweifel zu langsam, und auch er wurde gefeuert. Nur drei von 100 Leiharbeitern, die gemeinsam mit ihm eingestellt worden sind, haben »überlebt«.

Amazon – und auch Zalando – betreiben ihre Lager ganz bewusst in strukturschwachen Gebieten mit einer hohen Arbeitslosigkeit. Das sorgt einerseits dafür, dass es stets genügend frische Arbeitskräfte gibt und dass andererseits unzufriedene Mitarbeiter, da die Jobs so rar gesät sind, nicht so schnell kündigen. Amazon agiert global. Das heißt, dass auch die Missstände – wenn auch unterschiedlich ausgeprägt – global sind. Die »Frankfurter Allgemeine Zeitung« druckte das »Tagebuch einer Amazon-Packerin«, die in einem Lager in der Nähe von Augsburg beschäftigt gewesen war. Darin heißt es: »Ein weiterer Punkt, über den ich auch im Forum des

Amazon-Betriebsrats in Graben gelesen habe, lässt sich unter das Motto ›Pausenklau‹ stellen. Theoretisch steht allen Mitarbeitern eine halbe Stunde Pause am Tag zu. Die Zeit läuft vom ersten Gong, bei dem man allerdings noch am Platz stehen muss. Sie endet mit dem zweiten Gong, bei dem man hingegen schon wieder am Platz sein muss. Per Computer wird überprüft, wer sich zu früh aus- oder zu spät einloggt. Ein Problem wird daraus vor allem während der Weihnachtszeit, denn für Hunderte Arbeiter, die dann zu ihren Spinden und in die Kantine gelangen wollen, gibt es nur vier Sicherheitsschleusen. Addiert man die daraus folgenden Zeitverluste, ergibt sich insgesamt eine höchstens 20-minütige Pause. In der Kantine warm zu essen war angesichts der Schlange dort nie möglich. Meistens verbrachten wir die Pause schweigend, weil jeder versuchte, so schnell wie möglich sein Essen zu verschlingen, um dann mit müdem Gesicht und immer noch schmerzenden Füßen zurück zur Arbeit zu gehen.«

Ein Vorarbeiter registrierte außerdem, wie oft die Packer zur Toilette gingen. Falls jemand nicht die nächstgelegene Toilette benutzte, fragte der Vorarbeiter nach dem Grund. Unablässig durchschritten Aufseher die Reihen und registrierten jeden, der nicht hundertprozentig funktionierte. Kurze Verschnaufpausen oder Plaudereien waren strikt verboten.[175]

Der wohl größte Amazon-Skandal ereignete sich im Sommer 2011 in Allentown. Er geschah in jenem Lager, in dem auch Kate Salasky gearbeitet hatte. Der Konzern tat, was er immer und überall tut: Er versuchte, die Kosten auf ein Minimum zu drücken und die Produktivität anzukurbeln. Trotz der brütenden Hitze wurde die Halle nicht klimatisiert. Amazon weigerte sich aus Angst vor Dieben sogar, die Beladetüren zu öffnen, damit die Luft zirkulieren konnte. Das Arbeitstempo wurde trotz der unmenschlichen Bedingungen nicht gelockert, selbst dann nicht, als die Temperatur auf über 37 Grad stiegen und die ersten Arbeiter einen Hitz-schlag erlitten.

Am 2. Juni 2011 kontaktierte ein Mitarbeiter die Bundes-behörde für Sicherheit und Gesundheitsschutz am Arbeits-platz und informierte sie, dass die Temperatur im Warenlager 38 Grad erreicht hatte und 15 Arbeiter kollabiert seien. Am 10. Juni erhielt die US-Bundesbehörde für Arbeitssicherheit, OSHA, von einem Notarzt des Lehigh Valley Hospital fol-gende Nachricht auf der Beschwerde-Hotline: »Ich möchte auf die unsicheren Arbeitsbedingungen bei Amazon in Al-lentown hinweisen. In den letzten Tagen wurden mehrere Patienten mit Hitzeproblemen eingeliefert.« Auch am 25. Juli – die Temperatur im Lager betrug jetzt 43 Grad – weigerten sich die Verantwortlichen weiterhin, die Garagentore zu öff-nen. Dieser unfassbare Starrsinn führte zu so vielen Notru-fen, dass an einigen heißen Tagen im Juni und Juli vorsorglich Krankenwagen vor dem Lager standen.[176]

Der normale Menschenverstand sollte jedem sagen, dass es unmöglich ist, bei 43 Grad gut zu arbeiten. Er sollte aller-dings ebenso jedem sagen, dass sich auch das Erbringen von Leistung unter den Bedingungen der flächendeckenden Überwachung verändert. Wer andauernd beobachtet wird, ändert sein Verhalten.

Glaubt man den Enthüllungen einer jungen RTL-Journa-listin, die drei Monate lang undercover in einem 18 Fußball-felder großen Erfurter Logistikzentrum des Online-Händ-lers Zalando gearbeitet hat, wurde dort ein ähnliches Über-wachungs- und Ausbeutungsregime wie bei Amazon implementiert. Arbeiter müssen am Tag für 8,79 Euro Stun-denlohn bis zu 27 Kilometer laufen, um die Waren zu den entsprechenden Orten zu bewegen. Der Druck brachte die Journalistin an ihre physischen und psychischen Grenzen, und offenbar war sie bei weitem nicht die Einzige, die unter der Brutalität der Arbeitsbedingungen litt. »Bespitzelung,

Gängelung und reihenweise Verstöße gegen das Arbeitsrecht« lauten ihre Vorwürfe. Zalandos Motto »Schrei vor Glück« klingt da wie blanker Hohn. Den Angestellten des Online-Händlers dürfte wohl keine Sekunde zum Schreien zumute sein, jedenfalls nicht vor Glück.[177] Nach den Enthüllungen tobte im Internet ein Shitstorm, die Empörung war groß, aus Zalando wurde Sklavando.

6.8 Bitte bleiben Sie gesund

Arbeitnehmer kosten Geld. Sind sie krank, kosten sie besonders viel. Der Druck, diese Kosten auf ein Minimum zu reduzieren, ist gewaltig. Jeder Arbeitgeber wünscht sich effiziente, leistungsstarke, gesunde, loyale Arbeitnehmer. Der Einfallsreichtum der Firmen, diesem Ziel so nahe wie möglich zu kommen und aus jedem Mitarbeiter das Beste rauszuholen, ist schier grenzenlos. Im Januar vergangenen Jahres erklärten sich 1600 Mitarbeiter von vier amerikanischen Arbeitgebern freiwillig bereit, an einem Diabetesvorsorgeprogramm teilzunehmen.[178] Das Pilotprojekt hatte sich eine Versicherung ausgedacht. Wer teilnahm, musste sieben Tage 24 Stunden lang ein Armband von BodyMedia tragen, das den Kalorienverbrauch bestimmt, die Bewegungsgewohnheiten, die Schlafqualität und -quantität, wie viele Schritte man pro Tag zurücklegt und so weiter. Ursprünglich war das Armband dafür gedacht gewesen, Menschen beim Abnehmen zu unterstützen, aber weshalb sollte es nicht auch die Sensibilität bezüglich Diabetes schärfen, um so langfristig die hohen Kosten von an Diabetes erkrankten Arbeitskräften zu senken?

Das »Selftracking« gewinnt auch in Deutschland an Popularität. Die Quantified-Self-Bewegung, die ihren Anfang 2007 nahm, stammt aus dem Silicon Valley. Damals riefen die

»Wired«-Journalisten Gary Wolf und Kevin Kelly die Internetseite quantifiedself.com ins Leben, die, wie der Name sagt, auf die Quantifizierung des Ichs abzielt, die Totalvermessung des Menschen. Die Bewegung, die das Verwachsen von Mensch und Maschine mit aller Macht voranzutreiben versucht, wächst weltweit rasant, überall schließen sich Quantified-Self-Gruppen zusammen. Fitness-Tracker am Handgelenk gelten als cool, der Chef der Deutschen Bank Anshu Jain trägt eines, und immer mehr Hollywood-Stars tun es auch.

Inzwischen gibt es viele Hundert Smartphone-Apps und -Tools, die uns vermessen, und täglich kommen neue hinzu. In nur vier Jahren haben sich laut McKinsey mehr als 200 Unternehmen etabliert, und Urs-Vito Albrecht, App-Experte an der Medizinischen Hochschule Hannover, schätzt die Zahl der Applikationen, die einen medizinischen Nutzen versprechen, auf 100 000.[179] Sie messen unseren Puls, unsere Lungen- und Herzfunktion, unsere Körpertemperatur, den Blutzuckerspiegel, wie viele Kalorien wir verbraucht haben, wie viele Schritte und Stufen wir gegangen sind und was dies in Kilometer und Höhenmeter umgerechnet bedeutet. Sie messen, wie wir uns fühlen, wie produktiv wir sind und wie gut wir geschlafen haben. Sie erkennen in unseren Stimmen Anzeichen für Depression und warnen bei zu viel Stress.

Nehmen wir Aktivitätstracking-Armbänder, wie zum Beispiel von Fitbit, Jawbone oder Nike. Sie sind mit hochsensiblen Bewegungssensoren ausgestattet, die jede Bewegung messen und so unter anderem den Kalorienverbrauch und die Schlafqualität berechnen sollen. Die aktuellen Daten kann man sich auf seinem Smartphone grafisch aufbereitet anschauen. Dies soll uns, so der Hersteller, ermutigen, »zu Hause oder im Büro die Treppen zu nehmen oder bei der nächsten Bergwanderung noch etwas weiter zu gehen«.

Oder die App »Sleep Cycle«, die den Schlafverlauf festhält, als sei er ein Börsenkurs. Sie erkennt, wann man ins Bett geht, wie lange man geschlafen hat, wann und wie oft man sich umgedreht hat, schließt so auf Tiefschlaf- und Traumphasen und ermittelt damit die Schlafqualität.[180] Es gibt Kopfhörer, die unter anderem Schrittfrequenz, Körpertemperatur, Schweißbildung, Herzfrequenz und die Sauerstoffsättigung des Blutes messen können.

Der Hersteller vom Aktivitätstracker-Armband Healbe GoBe behauptet sogar, dass er mit einem patentierten Algorithmus, der Messwerte von einem Herzfrequenz-, einem Impedanz- und einem Beschleunigungssensor nutzt, die Kalorienzufuhr messen könne.

Google hat vor kurzem einen frühen Prototypen einer Kontaktlinse vorgestellt, die mit Hilfe eingebauter Sensoren sekündlich Tränenflüssigkeit analysiert und den Blutzuckerwert bestimmen kann.

Oral-B wird eine intelligente Zahnbürste auf den Markt bringen, die per Funk mit der dazugehörigen Smartphone-App kommuniziert. Benutzer können sich später verschiedene Auswertungen anschauen. Sie soll laut Hersteller »die Zahnpflege intelligenter gestalten« und »ein unentbehrlicher Bestandteil des interaktiven Badezimmers werden und neue Maßstäbe bei der Mundhygiene setzen«.

Stellt man ein Daten-Werte-Ranking auf, nehmen die Gesundheitsdaten eine Spitzenposition ein. Nicht zufällig steigen unzählige Firmen in dieses lukrative Geschäftsfeld ein. Smartphonehersteller greifen gerade den Self-Tracking-Trend auf, um ihn dadurch zum Mainstream zu machen. Die ersten Geräte mit eingebauten Pulsmessern und Sensoren, die die Aktivität des Nutzers messen, sind bereits auf dem Markt. Zukünftig werden immer mehr Smartphones und sogenannte Wearables, also Geräte, die man ständig am Körper trägt, mit einer Reihe von neuen Sensoren ausgestattet sein, um die Vitalwerte der Nutzer zu überwachen.

Das britische Gesundheitsministerium stellte Ende vergangenen Jahres auf seiner Internetseite rund 500 Apps und technische Anwendungen für Selbstoptimierer vor und rief die Bürger zur Abstimmung auf. Andrew Lansley, der damalige Gesundheitsminister des Landes, sagte:»Ich wünsche mir, dass es ganz normal wird, eine App auch zu nutzen, um den Blutdruck zu messen.« Den ersten Platz belegte schließlich das Stimmungsbarometer Moodscope. Man fragt sich regelmäßig»Wie geht es mir heute?«, und bewertet auf einer Skala seine Stimmungslage.[181]

Bei YouTube existiert ein Video, auf dem die EU-Kommissarin Neelie Kroes, eine der mächtigsten Politikerinnen Europas, eine Ansprache hält, von der man, wäre der Ton auf stumm geschaltet, annehmen würde, es ginge um Politik, so staatstragend kommt der Auftritt daher. Doch es geht keine Sekunde lang um Politik. Neelie Kroes preist in ihrer Rede über»Gesundheit in der Brieftasche« die Quantified-Self-Bewegung. Sie klingt in ihrer ideologisch gefärbten Rhetorik wie eine Silicon-Valley-Abgesandte, die uns vom Heil der Selbstvermessung überzeugen will. Darüber könnte man lachen, wäre die gegenwärtige Transformation des Menschen in ein quantifizierbares Wesen mit ihren unabsehbaren Folgen für unsere Freiheit, für unsere Selbstbestimmung nicht hochgefährlich.

Die erzeugten Daten werden zum Anbieter bzw. Hersteller übertragen. Der Grund: So können die Daten den Nutzern in wunderbaren, schön anzuschauenden grafischen Auswertungen präsentiert werden. Der Nebeneffekt: Die Daten liegen nun beim Hersteller, und der kann sie nutzen oder zu Geld machen, indem er sie verkauft. Alles unter dem Deckmantel und der Rechtfertigung, ausschließlich anonyme Daten weiterzugeben. Gut vorstellbar, dass in Zukunft auch

Arbeitgeber und Krankenkassen Interesse an den Daten haben werden.

Zur Logik der Selbstvermessung gehört die Kommunikation über den technikbasierten Versuch der Körperermächtigung, weshalb im Netz unzählige Videos von Menschen abrufbar sind, die ihren Erfahrungsschatz mit der Öffentlichkeit teilen. Wie zum Beispiel der in Brooklyn lebende Marketing-Fachmann Bob Troia, dem man wohl nicht zu nahe tritt, wenn man ihn einen Technik- und Körperbesessenen nennt. Er trackt seinen Schlaf, misst nach dem Aufwachen sofort sein Gewicht und mit einem speziellen Gerät sogar seinen Glukosewert. Als Nächstes absolviert Troia am Computer eine Fingerübung, wobei seine kognitive Performance gemessen wird. Wie bin ich heute drauf? Bevor er das Haus verlässt, schnallt er sich ein schwarzes, enges Band um den Oberkörper und eines um sein Handgelenk – die Sensoren in den Bändern zeichnen seine Herzfrequenz, Körpertemperatur und Schweißproduktion auf und geben haarklein Auskunft über Troias Vitalwerte und sein Stresslevel. Bob Troia, um die 40, sagt, er habe Angst vor Diabetes und wolle gesund bleiben.

Die Selbstquantifizierer tun nichts anderes, als unzählige Firmen freiwillig mit ihren intimen Daten zu versorgen und eine elektronische, öffentlich zugängliche Krankenakte über sich anzulegen, die sie ebenfalls regelmäßig mit Daten füttern und auf Internetplattformen wie www.chartmyself.com oder www.daytum.com sammeln, um ihren körperlichen Zustand mit dem anderer zu vergleichen. Es ist eine Form von »gamification«, also einer Motivationssteigerung durch die Verwendung von spielerischen Elementen wie Highscores und Auszeichnungen. Ein Dauerwettkampf in Sachen Körperperformance. Was mit den Massen an Daten passiert, in wessen Hände sie geraten, welche Datenhändler, Versicherungen, Personalabteilungen sie abgreifen und was daraus für die Zu-

kunft des Einzelnen folgt, ist den Quantified-Self-Anhän-
gern vermutlich nicht annähernd bewusst.

»Wir glauben, der beste Weg, Menschen dabei zu helfen,
ihr Diabetesrisiko zu senken, ist, ihnen ein auf ihre Person
zugeschnittenes Programm anzubieten, das sie nachhaltig
motiviert, ihre Gesundheit zu verbessern«, sagte der Vizepräsident von Cigna, Eric Herbek, in einem Interview.[182] Das
funktioniert umso besser, je mehr intime Daten vorliegen. Es
ist nachvollziehbar, dass derjenige, der ein gesünderes Leben
leben will, für jedes Hilfsmittel dankbar ist. Und die Technologie hilft zweifelsohne. Sie tritt gewissermaßen als maschi-
neller Therapeut auf, als Stütze auf dem Weg der Verhaltens-
änderung. Als Dauerbeobachter und Daueransporn. Dass sie
uns die Arbeit erleichtert, ist der positive Aspekt der Körper-
überwachung – und wir zahlen es ihr mit Dank zurück, indem wir uns entblößen. Die entscheidende Frage stellen wir
aber nicht: Welche Nachteile bringt es, dass ich der Technologie blind vertraue und meine Daten preisgebe? Im privaten
Bereich wird erprobt und getestet, was gerade in der Arbeitswelt weit weniger freiwillig Einzug hält.

Der Pharmazie- und Konsumgüterhersteller Johnson &
Johnson zahlt kooperativen Mitarbeitern, die ihre Gesundheit nicht als Privatsache ansehen und Informationen über
ihren körperlichen Zustand – erhoben durch einen umfangreichen Fragebogen – mit dem Unternehmen teilen, eine Prä-
mie von 500 Dollar. Weitere 250 Dollar verdient, wer sich bei
einem Programm einschreibt, das helfen soll, mit Krankheiten wie Diabetes vernünftig umzugehen, oder sich rechtzeitig
einer Darmspiegelung zur Krebsvorsorge unterzieht.[183]
    Der Baumaschinenhersteller Caterpillar reduziert bei-
spielsweise die Versicherungsraten der Mitarbeiter um monatlich 75 Dollar, wenn ein Mitarbeiter bereit ist, sich auf
eventuelle Gesundheitsrisiken untersuchen zu lassen.

Die Fluglinie JetBlue zahlt ihren Mitarbeitern für verschiedene Aktivitäten Geldprämien in unterschiedlichen Höhen. Wer sich die Zähne reinigen lässt, bekommt 25 Dollar, wer erfolgreich einen Triathlon absolviert, 400 Dollar. Nach einer Umfrage von Fidelity Investments bieten mittlerweile fast 90 Prozent der amerikanischen Arbeitgeber ihren Mitarbeitern Anreize, wenn sie ihren Lebensstil gesünder gestalten. Dabei geben sie im Durchschnitt jährlich etwa 520 Dollar pro Mitarbeiter aus.[184]

So funktionieren Vergütungs- und Bonussysteme. Diese maßgeschneiderten, zielführenden Botschaften, kombiniert mit einem finanziellen Anreiz, seien ein großartiger Weg, Mitarbeiter dazu zu bringen, am Programm teilzunehmen, sagte Fikry Isaac, der Vizepräsident des Bereichs Global Health Service bei Johnson & Johnson.

Belohnung ist die billigste und einfachste Methode, sensible Daten anzuhäufen und die Grenze zum Privaten weiter verwischen zu lassen. Dass aus den Erkenntnissen früher oder später Konsequenzen gezogen werden, die der Betroffene nicht beabsichtigt hat, liegt auf der Hand. Gerne würde man erfahren, was mit jenen passiert, die diese Anreizprogramme vollkommen kaltlassen, weil ihnen ihre Privatsphäre wichtiger ist als ein paar 100 Dollar Zusatzverdienst. Die klug genug sind, zu erkennen, dass diejenigen, die ihre Daten verkaufen, die wahren Verlierer sein werden. Vermerkt eine interne Liste ihre Renitenz? Werden sie bei der nächsten Gehaltserhöhungsrunde übergangen? Oder bald versetzt? In dem Moment, da eine kritische Masse die Totalüberwachung akzeptiert hat, erhöht sich der Druck auf die Verweigerer exorbitant. Bis deren Überzeugung kippt, bis auch der Letzte seinen Körper verkauft und das Kontrollsystem gesiegt hat, ist es dann nur noch eine Frage der Zeit.

Man muss kein Pessimist sein, um darin die Zukunft der deutschen Krankenversicherungen zu erkennen. In einer al-

ternden Gesellschaft verstärkt sich der Druck, die Kosten-
explosion in den Griff zu bekommen. Warum sollte das nicht
auch durch Belohnungssysteme geschehen?

2011 schrieb der Gesundheitskonzern Heritage Provider
Network gemeinsam mit dem Start-up-Unternehmen Kaggle
einen zweijährigen Wettbewerb aus, in dem es darum ging,
einen Algorithmus zu entwickeln, der möglichst präzise vorhersagt, welche Patienten aus ihrer Datenbank im kommenden Jahr voraussichtlich ins Krankenhaus müssen. Als Be-
rechnungsgrundlage dienten massenhaft anonymisierte
Krankheitsdaten zahlreicher Personen aus den letzten drei
Jahren. Das Ziel: ein Frühwarnsystem zu entwickeln und Risikopatienten mit medizinischen Tipps und Behandlungsvor-
schlägen zur Seite zu stehen, bevor ein teurer Krankenhaus-
aufenthalt notwendig wird. Das Preisgeld: drei Millionen
Dollar.

Damit hier kein Missverständnis entsteht: Gerade im Gesundheitswesen ist das Potenzial von Big Data enorm. Richtig angewandt, kann Big Data millionenfach Leben verbessern, verlängern und retten. Auf der Neugeborenen-Inten-
sivstation des Sick Kids Hospital in Toronto sind die Babys
Teil eines Big-Data-Frühwarnsystems. Alle Lebenszeichen,
die an den Babys gemessen werden, laufen in einer Datenbank zusammen und werden automatisch analysiert. Die entwickelten Algorithmen warnen vor Infektionen, sie messen
den Sauerstoffgehalt für die sich noch in der Entwicklung
befindlichen Augen, sie achten auf alle möglichen Verhaltensmuster und wissen lange vor den Ärzten, ob sich der Zustand eines Babys verschlechtert.[185]

Stefan Rüping, Experte für Data-Mining und Big-Da-
ta-Analytics am Fraunhofer-Institut für Intelligente Analyse-
und Informationssysteme (IAIS) erklärt es folgendermaßen:
»Der medizinische Forscher muss nicht selbst Hypothesen

bilden und diese dann in den Daten testen, sondern bekommt aus den Daten belegbare Hypothesen präsentiert und kann sie inhaltlich bewerten. Der neue Ansatz besteht also darin, die Fantasie des Forschers beim Finden neuer Fragestellungen durch Datenintelligenz zu ergänzen.«[186] Auf der Computermesse CeBIT wurde 2014 unter anderem sehr intensiv für das von IBM entwickelte Supercomputersystem Watson geworben. Künstlich-intelligente Software wie Watson hießen auf der CeBIT Decision-Support-Systeme. Watson, so eine IBM-Vertreterin,»vergisst nie etwas«. Und ihr Marketingspruch:»Mehr Wahrhaftigkeit in diagnostischen Entscheidungen.« Das Memorial Sloan-Kettering Cancer Center in New York arbeitet mit IBM zusammen und nutzt Watson zur Entwicklung einer Anwendung, die personalisierte Krebstherapien vorschlägt. Dazu verarbeitet der Supercomputer 1,5 Millionen Patientenakten und 600 000 Forschungsberichte und Fachartikel. Manche glauben tatsächlich, dass die Technik den Arzt innerhalb der nächsten zwei, drei Jahrzehnte quasi ersetzen werde.[187] Das hieße, der Algorithmus wäre dann ebenfalls Arzt geworden.

Gleichzeitig äußern sich viele kritische Stimmen:»Erst eine gründliche Grundlagenforschung erklärt die kausalen Zusammenhänge und garantiert damit nachhaltige Diagnosen und Therapien«, sagt der Wissenschaftstheoretiker Klaus Mainzer von der TU München in Hinblick auf Big-Data-Erkenntnisse in der Medizin. Speziell bei den Big-Data-Algorithmen bestehe die Gefahr, dass man nur noch auf ihre Schnelligkeit setze. Es wäre fatal, wenn aus schneller Profitgier die Bedeutung der Grundlagenforschung unter die Räder käme.[188]

Die Verlockungen nehmen zu. Versicherungen, der Staat, die Gesundheitsindustrie – alle sind gierig nach Daten.»Das neue Wissen um Krankheitsrisiken könnte Versicherungen dazu verleiten, von Risikopatienten höhere Prämien zu verlangen. »Das ist eine konkrete Gefahr«, sagte der österreichische Internetforscher und Jurist Victor Mayer-Schönberger. »Hier müssen wir wohl gesetzliche Maßnahmen ergreifen, die es Versicherungen verbieten, mittels Big-Data-Analyse zwischen den einzelnen Menschen zu differenzieren.«[189] Es ist höchste Zeit.

7. Aus dem Leben eines Datenanalysten

Ich war Datenanalyst. Ich kenne die Branche, ich weiß, welche algorithmischen, linguistischen und psychologischen Werkzeuge benötigt werden, wie man sie einsetzen und die Ergebnisse interpretieren muss, damit aus einem Menschen ein gläserner Angestellter wird, in dem man glaubt, wie in einem offenen Buch lesen zu können. Noch vor einem Jahrzehnt hätte kaum jemand das, was heute technologisch machbar ist, überhaupt für möglich gehalten. Wir haben uns selbst übertroffen. Jetzt spielen wir ein Spiel, für das wir keine Regeln festgelegt haben, und das macht dieses Spiel so gefährlich. Es ist so, als hätten wir das Auto erfunden, aber nie über Verkehrsregeln nachgedacht.

Die amerikanische Softwarefirma, für die ich zwei Jahre lang in den USA und sechs Jahre lang von Deutschland aus gearbeitet habe, heißt Cataphora. Ihr Firmensitz ist in Kalifornien, im Silicon Valley, in direkter Nachbarschaft zu Facebook. Cataphora betreibt digitale Archäologie am menschlichen Objekt. Anhand von Datenspuren rekonstruieren Experten Sachverhalte und Entwicklungen bis ins kleinste Detail und erstellen Prognosen über zukünftiges Verhalten. Cataphora versucht, Menschen anhand ihrer digitalen Datenspuren zu lesen, zu verstehen und zu bewerten. Am Ende dieser Reduktion eines Menschen auf seine Daten und deren Analyse entsteht ein digitales Schattenbild jedes Einzelnen. Das zweites Ich.

Solche Schattenbilder verraten Details über Personen, deren sie sich selbst nicht bewusst sind. Man könnte auch sagen: Sie legen Menschen bloß. Die elektronischen Charakterprofile machen sie angreifbar und damit verwundbar.»Unsere Arbeit ist so, als würde man alle Querverweise in den

Tagebüchern von wahnsinnig peniblen Tagebuchschreibern lesen. Das digitale Ich wird mit viel größerer Wahrscheinlichkeit beim Lügen, Betrügen und Stehlen am Arbeitsplatz erwischt als das wirkliche Ich«, so beschreibt es meine ehemalige Chefin und CEO von Cataphora, Elizabeth Charnock, in ihrem Buch »E-Habits«. Der Mensch ist eine Maschine, deren Betriebssystem man nur richtig lesen muss, um sie zu verstehen und zu steuern.

Vor gut 12 Jahren begann Cataphora als eine von vielen Firmen in den USA, elektronische Daten, vor allem E-Mails, automatisiert und nach bestimmten Gesichtspunkten zu analysieren und einzuordnen. Das hatte einen einfachen Grund: In zahlreichen größeren Gerichtsfällen waren riesige Datenmengen angefallen, die die Anwälte nach Beweisen und verwertbaren Informationen durchsuchen mussten, was auf die herkömmliche Art – sie also durchzulesen – unmöglich gewesen wäre, zumal, wenn sich in manchen Fällen Berge von 30 Millionen E-Mails und andere elektronische Dokumente auftürmten.

Einer der ersten Ansatzpunkte ist die sogenannte Keyword-Suche. Man definiert Begriffe, die für den Fall relevant erscheinen – zum Beispiel bestimmte Projekt – oder Produktnamen –, und durchsucht die verfügbaren Dokumente und Kommunikationsdaten automatisiert nach genau diesen Wörtern. Das Problem dabei ist, dass man zu Beginn der Recherche oft nicht präzise genug weiß, wo und wonach man eigentlich sucht. Außerdem ist eine einfache Keyword-Suche relativ unflexibel. Menschen vertippen sich beim Schreiben, benutzen Codewörter oder solche, an die man selbst im ersten Moment nicht denken würde, sie umschreiben Sachverhalte, nutzen Dialekte usw. Um diesem Problem zu begegnen, hat es sich durchgesetzt, mit vielen verschiedenen computerlinguistischen Methoden die Anzahl der Wörter, nach denen gesucht wird, massiv zu erweitern. So lassen sich nicht nur einzelne Wörter, sondern ganze Phrasen suchen, die mit überaus komplexen Regeln, sogenannte Ontologien, definiert werden können.

Ein weiteres Problem, das bei der Suche nach Informationen beachtet werden muss, ist die Tatsache, dass die Keyword-Suche oft den entscheidenden Kontext einer Nachricht nicht mit einbezieht. Die Aussage »Ja, so machen wir es!« hat keinerlei Bedeutung, solange unklar ist, worauf sie sich bezieht. Sagt jemand »Ja, so machen wir es!« im Laufe einer Unterhaltung, in der es darum geht, eine Überraschungsparty für einen Kollegen zu planen? Oder sagt es jemand im Zusammenhang mit einer Vertuschungsaktion, in der das Gegenüber vorschlägt, Akten so schnell wie möglich verschwinden zu lassen? Aus diesem Grund begann Cataphora vor vielen Jahren mit einer Technologie zu arbeiten, die es ermöglichte, die vielen kleinen zusammengehörigen Informationshappen aus verschiedenen E-Mails, Chatnachrichten oder anderen elektronischen Dokumenten entsprechend ihrem Kontext zusammenzufassen. So wurde es leicht, eine Nachricht wie »Ja, so machen wir es!« einzuordnen, denn man sah auf einen Blick, in welchem Zusammenhang diese Aussage gemacht wurde.

Je mehr Daten im Spiel und je komplexer die Fälle sind, desto notwendiger ist es, raffinierte Technologien einzusetzen. Raffiniert bedeutet in diesem Zusammenhang, dass eine simple Keyword-Suche, also das Durchsuchen von Dokumenten nach bestimmten Begriffen, nicht zum Ziel führt – man muss viel tiefer in die Daten eintauchen und versuchen, die verborgenen Zusammenhänge zu erkennen, ihre Bedeutung zu lesen, sie zu dechiffrieren. Es ist eine detektivische Arbeit.

Dass eine Gruppe von Mitarbeitern Gelder veruntreut, kann man anhand aller E-Mails und Dokumente nicht unbedingt auf den ersten Blick feststellen. Vielleicht waren sie clever genug, nichts zu schreiben, was gegen sie verwendet werden könnte. Über ihre Machenschaften reden sie nur im persönlichen Gespräch. Also muss man tiefer in die Daten eintauchen. Gibt es beispielsweise einen Zusammenhang zwischen der Anwesenheit im Büro und dem Auftreten der verdächtigen Finanztransaktionen. Welche Muster lassen sich durch eine Analyse der Urlaubspläne und Fehlzeiten, der Reisekostenabrechnungen und Meetingkalender erkennen?

Cataphora hat dafür in den vergangenen Jahren zahlreiche hochkomplexe Analysen und Techniken entwickelt, mit deren Hilfe sich aus einem Pool von Menschen diejenigen enttarnen lassen, die Kriminelles im Schilde führen bzw. bereits das Gesetz gebrochen haben. Mit anderen Worten: Cataphora findet heraus, wer die »Guten« sind und wer die »Bösen«.

Wenn hier von den »Bösen« die Rede ist, dann ist damit nicht die Sekretärin gemeint, die für ihre Kinder ab und zu mal ein paar Stifte und Schreibblocks im Büro einsteckt, und auch nicht der Mitarbeiter, der, weil er sich um sein krankes Kind kümmern muss, vorgibt, selbst krank zu sein. Nein, wenn Firmen wie Cataphora den Auftrag haben, Millionen Datensätze zu analysieren und ganze Teams von Mathematikern, Datenanalysten und Computerlinguisten mit dem Durchführen verschiedener Analysen beschäftigt sind, dann geht es um die ganz großen Fälle: um Mitarbeiter, die Millionen von Dollar bzw. Euro veruntreut haben, die in illegale Preisabsprachen oder Insiderhandel verwickelt sind und ihrem Unternehmen massiv schaden.

Bei den Aufträgen handelte es sich meistens um große Skandale und Gerichtsfälle, über die die Presse ausführlich berichtete. Im Laufe der Jahre haben wir zig Millionen E-Mails und elektronische Daten analysiert. Wir haben gelernt, wie sich Menschen, die etwas vertuschen, die unauffällig bleiben wollen oder kriminelle Pläne schmieden, für gewöhnlich verhalten. Wir haben Parameter entwickelt, die aufzeigen, welche Muster und Auffälligkeiten harmlos sind und welche ein Indiz für eine Straftat sein können. Cataphora entschlüsselt die wahren Absichten einer Person. Sie schauen hinter ihre Fassade. Am Ende kennt Cataphora die Vergangenheit von durchleuchteten Menschen in gewisser Hinsicht fast genauso gut wie sie selbst.

Anwälte und Staatsanwälte benutzen die Ergebnisse dieser Durchleuchtungstechnologien auch vor Gericht. Die Tatsache, dass das Porträt eines Menschen mit ausgefeilten Computerprogrammen gemalt worden ist, gibt dem Ganzen dabei den Anschein der Objektivität. Wichtige Zeugen und Verdächtige erwarten, dass ihnen zu dem Fall relevante Fragen gestellt werden, darauf bereiten sie sich vor. Sie glauben zu wissen, was auf sie zukommt. Dieses Vorstellungsgebäude bringt Cataphora zum Einsturz. Was Angeklagte und Zeugen nämlich nicht erwarten, sind Fragen, die sie irritieren und aus dem Gleichgewicht bringen. »Zum Beispiel, warum sie bestimmte Angewohnheiten in letzter Zeit geändert haben. Mit anderen Worten: In einem Produkthaftungsprozess ist die Frage: ›Wann haben Sie zum ersten Mal vermutet, dass das Produkt fehlerhaft sein könnte?‹ entscheidend. Aber eine Frage wie ›Warum haben Sie aufgehört, mit James freitags zum Essen zu gehen?‹ verblüfft den Zeugen der Gegenseite und versetzt ihn in eine solche Verwirrung, dass es unserem Klienten im Kreuzverhör nutzt.«[190]

Kriminellen das Handwerk zu legen, das war der Beginn von Cataphora. Ich hatte ein gutes Gefühl bei dieser Arbeit. Wir standen auf der richtigen Seite, denn durch unsere Arbeit wurde die Gesellschaft in meinen Augen ein klein wenig besser. Doch das Geschäftsmodell von Cataphora veränderte sich. Das große Geschäft war anderswo zu machen. Im Fokus stand nun unter anderem die Auswertung der Daten von Mitarbeitern verschiedener Firmen, deren Performance, Kündigungswahrscheinlichkeit, Motivation und betrügerische Absichten offengelegt werden sollten. Algorithmen verschaffen Einblicke in die Geheimnisse fremder Menschen. Ihre Affären, ihre Alkohol-, Drogen- und Sexprobleme, ihre sexuellen Vorlieben, all das förderte das von Cataphora betriebene Data-Mining nebenbei zutage. Wir verbuchten diese Geschichten unter der Kategorie »Hall of Shame«.

7.1 Metadaten sind die Botschaft

Seit Snowden und der NSA-Affäre sollte vielen klargeworden sein, dass E-Mails auch dann, wenn man nicht das Geringste über deren Inhalt weiß, aufgrund ihrer Metadaten, Bände sprechen können. Die vermeintlich abstrakte Metaebene hinter den eigentlichen Inhaltsdaten wird von Regierungsseiten meist reflexhaft herangezogen, sobald es um die Verharmlosung des massenhaften Datenabgriffs geht. »Niemand hört Ihre Telefonate mit«, beschwichtigte US-Präsident Barack Obama, als Edward Snowden auf die Bildfläche trat und der amerikanischen Öffentlichkeit die Inlandstelefonüberwachung der NSA offenbarte. Die demokratische Senatorin Dianne Feinstein verglich die Speicherung von Metadaten damals sogar mit einer Telefonrechnung: Es würden weder Inhalte noch Namen gespeichert.

»Privatsphäre besteht aus mehr als nur dem Klang unserer Stimmen. Der Inhalt mag das sein, was wir sagen. Metadaten sind, was wir tun«, schrieb Matt Blaze, Kryptografie-Professor an der Universität von Pennsylvania. »Metadaten sind die Botschaft.« Die impliziten, oft verborgenen Beziehungen der Bürger untereinander, der soziale Kontext des Einzelnen und der von Gruppen – das alles bilden Metadaten ab.[191] Zwei Doktoranden des Fachs Computerwissenschaft der Stanford University, Jonathan Mayer und Patrick Mutchler, haben die

Beschwichtigungstaktiken der Politik als Anlass für eine Studie genommen, die untersucht, was Metadaten tatsächlich über einen Menschen verraten. 546 Probanden waren bereit, eine von den Studenten entwickelte App namens MetaPhone auf ihrem Smartphone zu installieren und Mayer und Mutchler über mehrere Monate Zugriff auf die Verbindungsdaten zu gewähren. Gewählt wurden in diesem Zeitraum insgesamt knapp 34 000 Nummern. Gesprächsinhalte wurden im Gegensatz zu Zeitpunkt und Länge nicht abgespeichert, ebenso verzichteten die Forscher darauf, die Standortdaten auszuwerten.

Das Ergebnis ihrer Studie[192] hat selbst die Forscher überrascht: Mayer und Mutchler waren zwar davon ausgegangen, dass Metadaten alles andere als harmlos sind, gleichzeitig hatten sie ihre Brisanz unterschätzt.

Eine der ersten noch relativ harmlosen Erkenntnisse bezieht sich auf das Beziehungsleben. Die Stanford-Forscher konnten schon wenige Tage nach der Überwachung feststellen, mit welcher Person Probanden eine Liaison eingegangen waren. Paare telefonieren bekanntlich häufiger – fast täglich – miteinander und das auch zu späten Uhrzeiten.

Die Telefonhistorie gab allerdings auch Auskunft, wer mit Ärzten, Abtreibungskliniken, Striplokalen oder den Anonymen Alkoholikern in Verbindung getreten war. 57 Prozent der Teilnehmer haben beispielsweise verschiedene Gesundheitsdienste angerufen. Wer sich relativ häufig bei einem Psychologen meldet, dem kann mit ziemlicher Sicherheit ein psychisches Leiden nachgesagt werden – das taten immerhin acht Prozent der Probanden. Ein anderes Szenario liest sich ebenfalls erschreckend: Eine Frau, die nach einem Anruf ihres Frauenarztes ihren Partner kontaktiert und sich kurze Zeit später bei einer Abtreibungsklinik meldet, ist für ihre Überwacher ein offenes Buch. Die Studie kommt außerdem zu dem Ergebnis, dass sechs Prozent der Anrufer in Verbindung

mit einem Sexual- oder Reproduktionsmediziner standen –
eine zutiefst private Angelegenheit.

Viele der gewählten Nummern ließen sich durch Nutzung
öffentlicher Verzeichnisse wie Google oder der Bewertungs-
plattform Yelp einer bestimmten Einrichtung (Laden, Restaurant, Arzt, Schule, Werkstatt etc.) zuordnen. Nachdem
die Wissenschaftler für wenig Geld die Ergebnisse zusätzlich
durch eine kostenpflichtige Telefondatenbank verifizieren
ließen, konnten sie die Besitzer der Nummern mit einer
Wahrscheinlichkeit von 90 Prozent zuordnen.

Die beiden Forscher nennen in ihrer Studie einige Fälle, in
denen Anrufe zu konkreten Schlussfolgerungen führten:

Ein Teilnehmer hat mehrere Selbsthilfegruppen für neuro-
logische Erkrankungen sowie eine Fachapotheke kontaktiert.
Außerdem wählte er die Nummer einer Beratungshotline für
Multiple-Sklerose-Patienten.

Ein Proband führte längere Gespräche mit Kardiologen
in einem Krankenhaus, sprach kurz mit einem medizini-
schem Labor, nahm Anrufe von einer Apotheke entgegen
und rief mehrmals bei einer Hotline eines Herstellers an, der
Geräte zur Überwachung von kardiologischen Störungen
herstellt.

Ein anderer Teilnehmer rief mehrfach einen auf halbauto-
matische Waffen spezialisierten Waffenladen an. Außerdem
telefonierte er mit dem Kundenservice eines Waffenherstel-
lers. Dass die betreffende Person eine Waffe besitzt oder sich
demnächst eine zulegen möchte, ist sehr wahrscheinlich.

Ein Studienteilnehmer hat innerhalb von drei Wochen zu
einem Baumarkt, einem Schlosser, einem Händler von Hy-
drokultur-Gerätschaften und einem Headshop, der Zubehör
für den Cannabiskonsum verkauft, Kontakt aufgenommen.

Eine der Teilnehmerinnen telefonierte an einem Morgen
sehr lange mit ihrer Schwester. Zwei Tage später rief sie mehrfach eine Schwangerschaftsberatungsstelle an. Zwei Wochen

später meldete sie sich dort erneut. Zum letzten Mal kontaktierte sie die Stelle einen Monat später. Vermutlich war die Probandin ungewollt schwanger geworden und ließ sich vor einer Abtreibung beraten.

Es handelt sich hierbei um die Studie zweier Studenten ohne großes Budget oder einen Pool an Mitarbeitern im Hintergrund. Jeder kann sich ausmalen, was es heißt, wenn sich Behörden oder Firmen, bei denen Geld keine große Rolle spielt, der Sache annehmen und anfangen zu entschlüsseln, welche Menschen hinter den Metadaten stecken.

Wir haben bislang gesehen, dass Big Data für unser Leben zwei große Gefahren birgt: Man wird zum Beispiel analysiert und fehlerhaft einsortiert, bekommt dadurch keinen Kredit- oder Mietvertrag oder nur zu schlechten Konditionen, steht plötzlich auf der sogenannten No-Fly-Liste, gelabelt als gefährliche Person, die keinesfalls ein Flugzeug besteigen darf – und man ist in seinen Lebensgewohnheiten fast vollständig durchleuchtet. Der Informationskapitalismus ist ein massiver Angriff auf unser Recht auf Selbstbestimmung, und unsere Freiheit wird auf eine Weise beschnitten, die Peter Galison zufolge in die Selbstzensur führt.[193] Was bedeutet es, fragt er, wenn wir wissen, dass unsere Bewegungen auf lange Zeit hinaus gespeichert und analysiert werden können? Machen wir bei sozialen Netzwerken nicht mehr mit, weil das irgendwann einmal falsch interpretiert werden könnte? Verzichten wir auf die Online-Lektüre eines Buches, weil wir uns damit vielleicht Probleme einhandeln? Werden wir bedenken, dass wir sofort auffallen, wenn wir gerade nicht tun, was die meisten Menschen tun? Werden wir daran denken, dass irgendwo ein Alarm ausgelöst wird, wenn wir uns an bestimmten öffentlichen Plätzen bewegen oder jemanden in unser Adressbuch eintragen?[194] Diese Selbstzensur gleicht einer lebenslangen Freiheitsstrafe.[195]
Niemand möchte freiwillig so leben.

7.2 Was Ihre E-Mails über Sie verraten

In den USA gehören sämtliche Daten, die während der Arbeitszeit mit Geräten des Arbeitnehmers erzeugt werden, der Firma. Wir sprechen hier nicht nur von geschäftlichen E-Mails, sondern auch von den auf einem Firmen-PC geschriebenen Chat- oder Facebook-Nachrichten. Keine Äußerung ist privat, weder die vom Diensthandy getippte Valentinsnachricht noch die Gutenachtwünsche an die Kinder. Oft verbergen sich in der elektronischen Kommunikation entlarvende Informationen, die enorm viel über eine Person verraten, was auch damit zusammenhängt, dass Data-Mining selbst eine sehr weit zurückliegende Vergangenheit in die Gegenwart holt. Eine Vergangenheit, die der Betroffene vielleicht schon abgehakt hat – und die nun plötzlich zum gefährlichen Fallstrick wird. Hinzu kommen weitere elektronische Dokumente: Textdateien, Präsentationen, Kalkulationstabellen. Selbst Dokumente, die nur in Papierform vorhanden sind, können, nach dem Scannen elektronisch verarbeitet werden.

Doch das Spurenlesen endet nicht an dieser Stelle, im Gegenteil: Manche Firmen haben elektronische Zugangssysteme installiert. Jedes Mal, wenn ein Mitarbeiter mit seiner Schlüsselkarte eine Tür passiert, fallen Daten an. Zeiterfassungssysteme speichern die An- und Abwesenheit der Mitarbeiter, Telefonlogdateien speichern, wer wen wie lange angerufen hat, Urlaubskalender, Meetingkalender und Reisekostenabrechnungen liefern weitere Informationen genauso wie die oft zahlreich vorhandenen unternehmensinternen Systeme, die etliche weitere Daten erfassen. Dadurch entstehen vielschichtige Kommunikations- und Bewegungsprofile. All das kann in die Analysen einfließen. Die Computer jonglieren mit Millionen von Datensätzen, und die Geschwindigkeit, mit der sie das tun, steigt dabei kontinuierlich.

Man muss sich diese Daten wie Tausende Puzzlestücke vorstellen. Die Informationsfülle ist gewaltig. Stehen die einzelnen Daten jeweils für sich, sagen sie nichts oder nur wenig aus. Betrachtet man sie allerdings im Ganzen, vergleicht und verknüpft sie miteinander, setzt sie also in einen Zusammenhang, entsteht ein Bild über das Verhalten, Handeln, die Hintergedanken und die psychische Verfassung eines Mitarbeiters. Einige Beispiele für mögliche Fragestellungen:

Gewinnen bei einem Mitarbeiter Charaktereigenschaften die Oberhand, die seiner Leistungsfähigkeit schaden?

Gibt es plötzliche Änderungen im Verhalten eines Mitarbeiters? Sind irgendwelche negativen äußeren Einflüsse der Grund dafür? Ist das ein potenzielles Risiko oder kann es gar zu einem handfesten Problem für das Unternehmen werden?

Welche Mitarbeiter machen regelmäßig die beste Arbeit? Wer ist am unproduktivsten? Wer ist am fleißigsten? Wer macht die wenigsten Pausen und wer die längsten?

Welche Mitarbeiter oder Abteilungen sind überlastet? Und wen kann man mit Mehrarbeit belasten?

Welche Mitarbeiter leiten wichtige Informationen zuverlässig weiter, und wer macht dabei regelmäßig Fehler?

Welche Mitarbeiter sind verärgert oder unzufrieden und warum? Hat das externe, private oder interne Gründe?

Wo gibt es regelmäßig Unmut und Auseinandersetzungen in der Belegschaft? Liegt das vielleicht an einem bestimmten Mitarbeiter, der ein schwieriger Mensch ist? Wo lohnt es sich besonders, zukünftig Konflikte zu vermeiden?

Wie groß sind Reibungen und Spannungen in der Belegschaft wirklich, wenn beispielsweise Sparmaßnahmen durchgesetzt werden müssen, neue Arbeitsprozesse eingeführt oder Abteilungen umstrukturiert werden? Stellen sie ein Risiko für das Unternehmen dar? Besteht die Gefahr, dass die Stimmung umschlägt?

Welcher Mitarbeiter fällt durch besonders merkwürdiges

Verhalten auf? Und warum verhält er sich merkwürdig? Gibt es beispielsweise Mitarbeiter, die auffallend oft von der schriftlichen auf mündliche Kommunikation umschalten, weil sie möglicherweise vermeiden wollen, dass Gesprächsinhalte elektronisch erfasst und festgehalten werden? Wie ist die Stimmung oder die Meinung zu bestimmten Kunden, Projekten, Maßnahmen, Vorhaben? Wo kann eine negative Stimmung gefährlich werden?

In welchen Situationen werden die üblichen Arbeitsabläufe verändert? Hat das einen speziellen Grund? Ist der Grund tolerierbar oder muss nachgesteuert werden?

Welche Arbeitsprozesse lassen sich wie optimieren?

Welche Mitarbeiter treffen bestimmte Entscheidungen? Und welche Mitarbeiter waren bei bestimmten Entscheidungen dabei? Wer trägt eine getroffene Entscheidung mit, und wer ist dagegen? Und warum?

Wer sind die zentralen, einflussreichen Mitarbeiter im Unternehmen? Welche Mitarbeiter haben in der täglichen Arbeit miteinander zu tun? Wie eng arbeiten sie zusammen? Dies kann helfen zu verstehen, wie eine Abteilung tickt, wie sie funktioniert, wer das Sagen hat, wer besonders wertvoll ist. Diese Informationen wiederum werden wichtig, wenn entscheidende Mitarbeiter ausfallen oder das Unternehmen verlassen und dann ersetzt werden müssen.

Wie lässt sich die Kommunikation im Unternehmen verbessern, sowohl zwischen Abteilungen und Teams als auch zwischen einzelnen Mitarbeitern und ihren Vorgesetzten?

Und schließlich: Wie verändern sich all die oben genannten Dinge im Laufe der Zeit und unter Einfluss bestimmter Faktoren? Kann man positive Veränderungen gezielt fördern und lassen sich negative in Zukunft aktiv verhindern?

Niemand kann auf den Tag genau sagen, wie sich sein Verhalten gegenüber einem bestimmten Kollegen verändert hat, und zwar in all seinen Facetten, Nuancen sowie im zeitlichen Verlauf. Wenn wir unsere Meinung ändern, geschieht das meist in einem schleichenden Prozess, ohne dass wir dieses Umdenken bewusst wahrnehmen und reflektieren. Oft dokumentieren unsere Datenspuren dieses Umdenken, lange bevor wir überhaupt sprachlich artikulieren, was in uns vorgeht, wie sich unsere Stimmung, unsere Einschätzung verändert. Ein wichtiger Indikator ist dabei die Tonlage unserer E-Mails. Alltägliches Verhalten absolvieren wir üblicherweise unbewusst.»Sensemaking« ist ein ausschließlich retrospektiver Prozess. Nun kommt die Maschine, die mehr weiß, weil sie mehr und besser beobachtet und nie vergisst. Im Grunde steht eine rein rationale Maschine einem eher emotionalen Menschen gegenüber – was beide allerdings in gewisser Weise verbindet, ist die Verwendung und das Verstehen von Sprache.

Kommunizieren Sie mit Ihren Kollegen über ein bestimmtes Projekt, einen bestimmten Kunden oder eine Person immer in einem ähnlichen Tonfall? Oder verändert sich Ihre Sprache im Laufe der Zeit? Wird sie kritischer? Kühler? Distanzierter? Aggressiver? Ängstlicher? Zweifelnder? Und wenn ja, weshalb? Was hat den Ausschlag gegeben, dass Sie Ihre Meinung plötzlich geändert haben? Warum ist der Kollege im Nachbarbüro, mit dem Sie regelmäßig mittagessen waren, auf einmal Ihr Feind? Warum meiden Sie ihn plötzlich konsequent? Wissen Sie etwas, was Sie vor drei Monaten noch nicht gewusst haben? Und mit wem haben Sie in diesem Zeitraum Kontakt gehabt? Wie sieht es bei Ihren Kollegen aus? Zeigen sich bei denen dieselben Hinweise? Gibt es Personen, mit denen alle Beteiligten im betreffenden Zeitraum Kontakt hatten? Wie hat sich die Information im Unternehmen verbreitet? Wer wusste wann worüber Bescheid? Die Kunst ist es, wertlose von wertvollen Daten zu trennen und die richtigen Schlüsse zu ziehen. Das heißt nicht, dass wertvolle Daten von vornherein als Überführungswaffen fungieren. Doch mit ihrer Hilfe werden etwa Teams, die firmenintern Ermittlungen durchführen, ziemlich sicher herausfinden, was in einem Unternehmen wirklich vor sich geht. Ein einfaches Beispiel: Ein wichtiges Projekt scheitert. Der involvierte Kollege behauptet, er habe die drohende Katastrophe nicht kommen sehen. Er glaubt, mit dieser Aussage stünde er auf der sicheren Seite. Sein E-Mail-Verkehr mit dem Chef und den Kollegen enttarnt ihn allerdings schnell als Lügner. Seine positive Projekteinschätzung hielt er ab einem gewissen Zeitpunkt nämlich nur noch gegenüber seinem Chef aufrecht. Die Kollegen erhielten ganz andere, von großen Bedenken, Kritik, ja sogar von Angst durchsetzte Nachrichten.

7.3 Wer hat was zu vertuschen?

E-Mails und Chatnachrichten sind für Data-Miner Goldgruben. Sie verraten viel darüber, wie nah das Verhältnis zwischen bestimmten Kollegen ist. Haben Sie schon einmal eine Mail eines Kollegen ungelesen gelöscht, weil Sie dachten, dass die Mail sowieso unwichtig sei? Oder weil der Kollege Sie ständig mit irgendwelchen Spaß-E-Mails und weitergeleiteten Katzenbildern nervt? Neben dem Löschen ungelesener E-Mails ist auch die Zeit bis zur Beantwortung aufschlussreich. Wenn die Algorithmen gelernt haben, dass Sie gewöhnlich die Mails Ihrer Kollegen innerhalb einer halben Stunde beantworten, die Mails eines bestimmten Kollegen aber oft über Nacht liegen lassen, dann markieren die Algorithmen dieses Verhalten als auffällig. Vielleicht nervt Sie der Kollege, vielleicht sind Sie gerade schlecht auf ihn zu sprechen oder konnten ihn sowieso nie ausstehen. Vielleicht handelt es sich aber auch um ein heikles Thema, und Sie benötigen Zeit, um nachzudenken.

»Der Ton macht die Musik«, lautet ein Sprichwort. Was man sagt, ist die eine Sache, wie man es sagt, die andere. Das Was und das Wie gehören zusammen. In die Bewertung, wie gut/schlecht, tiefgründig/oberflächlich ein Verhältnis zwischen zwei Personen ist, müssen der Tonfall und die Kommunikationshäufigkeit einfließen. Förmliche Anrede und Schlussformel oder das Weglassen ebendieser deuten auf ein anderes Verhältnis als informelle Gruß- und Schlussformeln. Gibt es unter Ihren Kollegen jemanden, den Sie oft um Rat fragen? Dann werden Sie diese Person wahrscheinlich sehr schätzen. Genauso wie jemanden, mit dem Sie häufig chatten. Personen, mit denen Sie sich über Privates austauschen, stehen Ihnen sicherlich näher als jene, mit denen Sie das nicht tun. Gleiches gilt für E-Mails oder Chatnachrichten, in denen Sie sich regelmäßig mit einer Person zum Essen verabreden. Ist es immer Ihr Kollege, der Sie anschreibt, oder initiieren auch Sie bisweilen eine Unterhaltung? All diese in der Alltagskommunikation anfallenden, mitunter verborgenen Daten geben Hinweise, wie Sie mit Ihren Kollegen umgehen – und sie mit Ihnen.

Bekanntlich behandelt niemand alle Mitmenschen gleich. Manchmal bewusst, oft aber auch unbewusst bevorzugen wir den Kontakt zu bestimmten Menschen, während wir andere meiden. Unsere eigene Wahrnehmung ist dabei oft verzerrt.

Worüber Inhalte von E-Mails und Chatnachrichten außerdem Aufschluss geben: wie groß der Anteil privater Themen ist. Menschen, die sich auch über persönliche Dinge unterhalten, kennen sich in der Regel besser und haben ein engeres Verhältnis als Menschen, die sich ausschließlich über geschäftliche Dinge unterhalten. Auch die Struktur der E-Mails ist interessant. Selbst wenn man sich nur auf den geschäftlichen Teil fokussiert und nur die Länge der einzelnen E-Mail-Stränge betrachtet, wird schnell klar, ob ein enger Meinungs- oder Informationsaustausch stattfindet oder nicht. Durch ein E-Mail-Screening lässt sich auch die Kommunikation einzelner Personen oder Personengruppen analysieren. Wie redet Person A mit Person B über Person C? Wählen andere Personen einen ähnlichen Ton, wenn sie über C reden? Hat dieses Verhalten zu einem bestimmten Zeitpunkt angefangen? Was war der Auslöser? Hat sich Person C vielleicht mit einer bestimmten Aktion ins Abseits befördert und sorgt nun für Gesprächsstoff?

Jede Firma hat ein offizielles Organigramm. Theoretisch verbildlicht dieses Organigramm die Hierarchie und damit die Kommunikationsströme. In Wahrheit existieren freilich ganz andere, »geheime« Organigramme. Jeder von uns kennt deren Mechanismen, jeder spürt sie im Berufsalltag. Offizielle Hierarchiegebilde können durch Bekanntschaften und Freundschaften auf den Kopf gestellt werden. Das heißt, dass Mitarbeiter, die man nicht in einem Atemzug nennen oder miteinander in Verbindung bringen würde, möglicherweise wichtige Informationen austauschen. Es ist deshalb entscheidend, den Kommunikationsdynamiken auf den Grund zu gehen. Das inoffizielle Organigramm ist eine Art Universalschlüssel, der überall Zugang gewährt. Ohne ihn bleiben die Türen verschlossen.

Und jetzt kommen die Metadaten ins Spiel. Was bedeutet das ganz konkret?

Bei jeder E-Mail fallen neben dem Inhalt etliche weitere Daten an: Wer ist der Empfänger? Wer wird in CC gesetzt, wer in die sogenannten Blindkopien, also BCC? Auch die Reihenfolge, in der man die Adressaten in der Mail angibt, kann wichtig sein. Untersuchungen haben gezeigt, dass manche Menschen, bewusst oder unbewusst, ihre eigene Sicht der

Hierarchie anwenden, wenn sie die einzelnen Adressaten einer E-Mail aufführen. Die wichtigste Person wird als Erstes aufgeführt und dann in absteigender Reihenfolge die weniger wichtigen. Im Vergleich mit anderen Mitarbeitern, die das Gleiche tun, lassen sich so auch Informationen über die tatsächliche Hierarchie in Unternehmen ableiten. Natürlich gibt es aber auch viele Mitarbeiter, die die Adressaten mehr oder weniger willkürlich, ohne erkennbares Muster oder immer streng in einer alphabetischen Reihenfolge einsetzen. Wichtig sind auch Datum und die Uhrzeit und manchmal sogar, von welchem Gerät, also von welchem Ort aus, eine Mail versendet wurde. Wird ein bestimmter Mitarbeiter im Gegensatz zu seinen Kollegen bei vielen E-Mail-Unterhaltungen übergangen, so hat er sicherlich eine andere Stellung innerhalb des Teams als jemand, der bei allen Themen involviert wird.

Es heißt, ein Bild sage mehr als 1000 Worte – das trifft auch auf Daten zu. Während der Analysen entstehen endlose Zahlenreihen, die erst durch eine intelligente Aufarbeitung und Visualisierung einen Sinn ergeben. Wenn man die Kommunikationsstruktur innerhalb bestimmter Gruppen oder gar ganzer Unternehmen sichtbar machen will, sind sogenannte Graphen das beste Werkzeug. Graphen bestehen aus vielen einzelnen Punkten, wobei jeder Punkt eine Person darstellt. Die einzelnen Punkte/Personen sind durch Linien miteinander verbunden. Die Linien bilden die Kommunikation zwischen den beteiligten Personen ab. Sie zeigen, welche Person mit besonders vielen Personen verbunden ist, also eine Schlüsselrolle innehat. Sie zeigen, wer am Rande einer Gruppe steht, wer nicht dazugehört, wie früher auf dem Schulhof, als ein Blick genügte, um zu sagen, wer die Anführer sind. Sie zeigen auch, wer als Knotenpunkt zwischen zwei Gruppen fungiert, also auf der einen Seite mit einer Gruppe von Personen verbunden ist, die keine oder nur wenige Verbindungen zu einer anderen Gruppe aufweisen, mit der die Person ebenfalls verbunden ist.

Die Parameter dieser Visualisierung können dabei den Erfordernissen entsprechend angepasst werden: Beispielsweise kann man die Linien unterschiedlich dick zeichnen, um eine besonders rege Kommunikation zwischen zwei Personen darzustellen. Auch mit Hilfe unterschiedlicher Farben lassen sich Wirklichkeiten hervorheben. Bestimmte Ereignisse wie Auseinandersetzungen zwischen Mitarbeitern, Mobbing, kontrovers diskutierte Sachverhalte, neu zusammengestellte Teams, Unzufriedenheit und so weiter beeinflussen die Kommunikation. Die Veränderungen der Kommunikationsgraphen zeigen das auf eindrucksvolle Weise.

Für die Analyse werden nicht nur E-Mails, sondern auch Chatnachrichten, Telefonanrufe, die Beteiligung in elektronischen Diskussionsforen usw. herangezogen. »Jeder Handgriff, jede Bewegung, jedes Nicken des Kopfes produziert ein Wissen, von dessen Auslegung man selbst nichts ahnt; jeder Gedanke, jeder Satz, jede E-Mail produziert ein Narrativ, das man erst begreift, wenn es einem wie von einem Untersuchungsrichter als Geschichte des eigenen Tuns und Handelns präsentiert wird.«[196] Bezogen auf dieses Bild, wäre Cataphora der Untersuchungsrichter.

Die mit forensischer Präzision durchgeführte psychische Zerlegung des Menschen und der Organisation wird hochinteressant, sobald man das »unsichtbare« Organigramm mit den Kommunikationsinhalten in Verbindung bringt. Dadurch lässt sich herausfinden, wie der Organismus im Detail funktioniert, wie sich Informationen innerhalb eines Unternehmens verbreiten, welche Wege über welche Personen sie nehmen. Da sich die Graphen auf Daten von Unterhaltungen über einzelne Themen einschränken lassen, visualisieren sie den exakten Kommunikationsfluss – und damit auch, wann zum Beispiel die Kommunikation über ein bestimmtes Thema abrupt abricht. Ist das Thema plötzlich zu brisant? Haben sich die Beteiligten entschieden, lieber nur noch persönlich darüber zu sprechen, um keine weiteren digitalen Spuren zu hinterlassen? Oder ist jemandem die Sache zu heiß geworden? Oft ist es notwendig herauszufinden, wie sich brisante Informationen im Unternehmen ausgebreitet haben. Solange die Informationen ausschließlich per E-Mail oder Chatnachrichten weitergegeben werden, lässt sich leicht beantworten, wer wann was von wem erfahren hat. Sobald aber Informationen per Telefon (die meisten Gespräche werden nicht aufgezeichnet), in persönlichen Gesprächen oder über nicht überwachte Kommunikationskanäle weitergegeben werden, ist die Sache schon wesentlich schwieriger. In diesem Falle hilft es ungemein, wenn man versteht, wie die einzelnen Personen miteinander verknüpft sind. Wenn man versteht, wie das reale Beziehungsnetzwerk aussieht, kann man die Frage danach, wie sich Informationen verbreitet haben, wesentlich besser beantworten.

Durch das Miteinbeziehen von Daten aus externen Quellen, wie zum Beispiel aus sozialen Netzwerken, lassen sich oft interessante Erkenntnisse gewinnen. Kennen sich zwei Mitarbeiter, die in unterschiedlichen Abteilungen arbeiten und beruflich kaum etwas miteinander zu tun haben, vielleicht aus gemeinsamen Jahren an der Universität? Vielleicht sind sie sogar bestens befreundet? Oder vielleicht sind ehemalige und immer noch gut befreundete Nachbarn mittlerweile in zwei miteinander konkurrierenden Unternehmen tätig und tauschen fleißig geheime Informationen aus? Betrachten wir an dieser Stelle die Kommunikationskanäle, die wir benutzen, um mit anderen in Verbindung zu treten. Einmal angenommen, es geht um Korruption oder illegale Preisabsprachen: Für gewöhnlich behaupten die involvierten Personen, einander gar nicht oder nur oberflächlich zu kennen. Ob das tatsächlich stimmt, zeigt sich auch daran, ob die betreffenden Personen neben der beruflichen E-Mail-adresse und ihren Büronummern ferner private E-Mail-Adressen, Chat-Accounts oder Handynummern für die Kommunikation genutzt haben. Auch wenn das Diensthandy für Gespräche mit der Person am Abend oder an Wochenenden genutzt wurde, liegt es auf der Hand, dass ein engeres Verhältnis bestanden haben muss.

Oder nehmen wir die Urlaubspläne: Hat man diese – idealerweise von beiden betreffenden Personen – vorliegen, lässt sich leicht herausfinden, ob ein E-Mail- oder telefonischer Austausch stattfand, während eine der beiden oder gar beide Personen im Urlaub waren. Entscheidend ist auch hier der Kontext. Für manche Arbeitnehmer ist es vollkommen normal, abends, an Wochenenden oder im Urlaub geschäftliche Korrespondenz zu erledigen. Wenn eine Person allerdings bislang berufliche und private Zeit strikt trennte und diese Trennung plötzlich aufhebt, kann man davon ausgehen, dass es einen triftigen Grund gibt. Es muss sich nicht automatisch um kriminelle Machenschaften handeln, aber möglich wäre es.

Brisante E-Mails in unserem Postfach bereiten uns ein mulmiges Gefühl. Gewöhnlich löschen wir sie sofort. Dieser vermeintliche Vernichtungsakt wiegt uns in Sicherheit, als handele es sich bei der Mail um einen Brief, den wir gerade verbrannt haben. E-Mails verschwinden aber nicht durch einen einzigen Klick. Sie bleiben. Zu jeder E-Mail gehört mindestens eine zweite Person, oft sind es mehrere Empfänger, außerdem existieren Back-ups.

Welche E-Mails wurden gelöscht und warum? Lassen sich Muster erkennen? Wurden E-Mails zu einem bestimmten Themenbereich gelöscht? Oder solche, die an eine bestimmte Person bzw. eine Personengruppe adressiert waren? Gibt es

Auffälligkeiten im Zusammenhang mit Indizien aus anderen Analysen? Mal angenommen, jemand hat im vergangenen Jahr im April an drei verschiedenen Projekten gearbeitet. Doch in seinem Postfach befindet sich nur noch der E-Mail-Verkehr zu zwei Projekten, der zum dritten fehlt komplett. Weshalb?

7.4 Technologie und Wirklichkeit

Damit Tiefenanalysen funktionieren, müssen die Algorithmen den Inhalt von Kommunikation verstehen. Wie also können Algorithmen verstehen, was man schreibt? Dafür benötigt man Computerlinguisten, deren Job es ist, Computer unsere Sprache verstehen zu lassen.

Mit Hilfe von Algorithmen wird versucht, Texten einen Sinn zu geben, bestimmte Informationen zu extrahieren und Geschriebenes maschinell auswertbar zu machen. Die Computerlinguistik entwickelt sich rasant. Immer wieder hat sich gezeigt, wie erkenntnisreich es wäre, messen zu können, welche Gefühle und Stimmungen mitschwingen, wenn sich Personen über ein bestimmtes Thema austauschen. Welche Themen sorgen für Ärger und Frust? Wo reagiert jemand überrascht oder besorgt? Wann will jemand etwas vertuschen?

Um den emotionalen Subtext einer E-Mail zu analysieren, entwickelten Computerlinguisten in jahrelanger Arbeit sogenannte Ontologien, vom Computer verwertbare Beschreibungen bestimmter Begrifflichkeiten. Möchte man herauszufinden, ob in einer E-Mail Verärgerung mitschwingt, verwendet man eine Ontologie, die sämtliche Wörter, Phrasen und sprachlichen Regeln enthält, die »verärgert sein« ausdrücken. Das fängt bei Synonymen des Wortes »verärgert« an. Wortschatzlexika liefern u. a. folgende Synonyme: aufgebracht, böse, empört, entrüstet, erbost, erzürnt, fuchsteufelswild, grantig, griesgrämig, indigniert, muffig, mürrisch, rabiat, übellaunig, ungehalten, unwillig, unwirsch, wütend, wutentbrannt.

Außerdem ist »verärgert« Synonym von: ärgerlich, böse, brummig, erbittert, erzürnt, fuchsteufelswild, fuchtig, geladen, gereizt, griesgrämig, grimmig, sauer, ungenießbar, unwillig, verdrießlich, versauert, verstimmt, wütend, wutentbrannt, wutschnaubend, zähneknirschend, zornig.

Es muss auch unterschieden werden, in welchem grammatikalischen Kontext das betreffende Wort auftaucht. »Ich bin empört!« bedeutet etwas anderes als »er ist empört«. Herauszufinden gilt, was der jeweilige Absender der Mail empfindet, weshalb die Ontologie Regeln bereithalten muss, die die Verärgerung klar dem Absender zuordnen. In der Praxis sind diese Regeln äußerst komplex und werden in langen Testreihen Stück für Stück optimiert und vor allem auch im Laufe der Zeit, da die Sprache einem permanenten Wandel unterliegt, nachjustiert. Bei Bedarf können bzw. müssen auch lokale Unterschiede wie Dialekte mit einbezogen werden. Die Beschreibungen, die so entstehen, beinhalten oft Tausende Regeln.

Um Besorgnis zu erkennen, gibt es stark vereinfacht betrachtet folgende Regeln:

»ich habe {0–4} Bedenken«
»macht mir {0–4} Sorgen«
»bereitet mir {0–4} Sorge«
»ich befürchte«
»befürchte ich«
»mich beunruhigt«
»beunruhigt mich«
...

{0–4} heißt, an dieser Stelle kann entweder kein weiteres Wort stehen oder eins, zwei, drei oder vier. So werden auch Textstellen, wie »ich habe große Bedenken« oder »ich habe wirklich sehr große Bedenken« erfasst. Freilich müssen auch die eingeschobenen Wörter analysiert werden. »Macht mir extreme Sorgen« muss wesentlich stärker bewertet werden als ein »macht mir kaum Sorgen« oder gar ein »macht mir absolut keine Sorgen«.

Auf diese Weise kann man eine ganze Reihe von umfangreichen Regelwerken erstellen, um verschiedene Gefühle zu erkennen. Verärgert, frustriert, geheimnisvoll, besorgt, überrascht, fluchend, verwirrt, verdächtig, abwertend, kontrovers (gemeint ist falsch, also man äußert gegensätzliche Meinungen) und natürlich auch glücklich und fröhlich. Die Liste ließe sich endlos fortsetzen. Und genau das ist der Punkt! Wie überträgt man eine komplexe Semantik – Sprache, die unendliche Möglichkeiten bietet – tatsächlich in eine Syntax als eindeutigen und begrenzten Katalog an Kriterien? Das System kann nie perfekt operieren, es bleibt immer anfällig für Fehler. Das ist der Haken, und dieser Haken wird oft ignoriert.

Man kann immer nur versuchen, die Realität möglichst genau mit Algorithmen, mit sprachlichen Regeln, abzubilden. Die Technologie hinkt dabei der Wirklichkeit immer hinterher, es muss ständig nachgebessert werden. Weder jetzt noch in naher Zukunft wird es ein perfekt funktionierendes System geben, das Sprache in all ihren Facetten versteht.

Genauso wie ein Mensch die Bedeutung jedes einzelnen Wortes lernen muss, muss der Computer jedes einzelne Wort lernen, wozu er die Algorithmen und Sprachregeln der Linguisten und Computerexperten braucht. Obwohl die Algorithmen in schnellem Tempo besser werden, sind sie nach wie vor weit davon entfernt, unsere Sprache wirklich zu verstehen. Wer ein Übersetzungsprogramm verwendet, bemerkt das auf ernüchternde Weise. Selten sind die Ergebnisse so gut, dass man sie völlig ohne Nachbearbeitung verwenden kann – und selbst wenn eine Übersetzung korrekt ist, heißt das nicht, dass der Computer auch verstanden hat, was er übersetzt hat.

7.5 Verhaltensanalysen

Das Jahr 2008 begann für die französische Großbank Société Générale mit einem Desaster. Verantwortlich für die Katastrophe, die die Börsenmärkte der Welt in tiefe Unruhe versetzte, war ein einziger, 30 Jahre alter Mann: Jérôme Kerviel. Der Trader Kerviel hatte die unfassbare Summe von knapp fünf Milliarden Euro verzockt. Er war ein Spieler im Rausch, jemand, der mit den Zahlen, die über die Bildschirme flimmerten, jonglierte, als würden sie nichts bedeuten. »Sagen Sie mir, wer Sie sind – wer ist Mr. Kerviel?«, fragte der Richter zu Prozessbeginn. »Nur ein Rad im Getriebe«, antwortete der Angeklagte. Das sah die Führung der Société Générale anders. Daniel Bouton, Vorstandsvorsitzender und Verwaltungsratschef in Personalunion, nannte Kerviel einen »Terroristen«.

Es existieren zwar eine Reihe an Compliance- und Bedrohungsanalysesystemen, die interne Bedrohungen aufspüren sollen, also Gefahren innerhalb von Unternehmen – Männer wie Kerviel, Mitarbeiter, die Insiderhandel betreiben, Gelder veruntreuen oder illegale Geschäfte machen. Allerdings haben diese Systeme Nachteile: Sie arbeiten nach starren Regeln, die sich, wenn man sie kennt, oftmals umgehen lassen. Oder sie sind zu weitreichend gefasst. Beides sorgt für häufige Fehlalarme, was viel Arbeit verursacht und die Akzeptanz der Systeme nicht gerade erhöht.

Cataphora hätte Kerviel wahrscheinlich das Handwerk gelegt, bevor er die Bank hätte in den Abgrund stürzen können. Statt mit pauschalen Regeln zu arbeiten, ist es meist effektiver, eine Verhaltensanalyse durchzuführen. Jeder Mensch verhält sich anders, jede Arbeitsstelle hat andere Anforderungen. Daher definiert man den Normalzustand und versucht dann, Abweichungen davon zu erkennen. Diese Abweichungen sind es, die wirklich interessant sind. Vor allem die Gründe für die Abweichungen. Auch sonderbares Verhalten kann normal sein und vermeintlich normales wiederum sonderbar. Und Kerviel verhielt sich, gemessen an seinem eigenen Verhalten, sonderbar.

Von einem Finanzdienstleister wurden wir beauftragt, zu untersuchen, ob in einer ausgewählten Gruppe von verdächtigten Mitarbeitern Insider Threats zu finden waren. Der Auftrag des Finanzinstituts an uns lautete konkret, sechs Personen gezielt einzuordnen. Dabei geht es niemals nur um eindeutige Merkmale und handfeste Beweise, es geht meist um Indizien. Mit dem Wissen der Psychologie und Spieltheorie lässt sich einiges über Menschen sagen, was ansonsten verborgen bliebe. Je mehr Daten vorliegen, desto einfacher wird es, bisher unbekannte charakterliche Eigenschaften und Verhaltensweisen einer bestimmten Person zu erkennen. Wir fanden heraus, dass einer der sechs Mitarbeiter Firmengelder im großen Stil unterschlagen hatte. Bei zwei Mitarbeitern konnte der Verdacht, dass auch sie dem Unternehmen in naher Zukunft Schaden zufügen, nicht bestätigt werden. Einen Mitarbeiter, der lediglich als leicht verdächtig galt, stuften wir als hohes Risiko ein.

Und wir hatten recht.

Unsere Prognosen beruhten dabei auf einer Reihe von Analysen: Wir untersuchten unter anderem den Tonfall, in dem die Mitarbeiter per E-Mail kommunizierten. Wer sprach mit wem wie oft über welche Themen? Wie veränderten sich bestimmte Kommunikationsweisen im Laufe der Zeit? Wie haben sich bestimmte Informationen im Unternehmen verbreitet, wer wusste wann darüber Bescheid? Außerdem war interessant zu beobachten, wie sich im Laufe der Zeit bestimmte Verhaltensmuster veränderten und vor allem, warum sie dies taten.

7.6 Wer liebt wen?

Das Liebesleben innerhalb eines Unternehmens ist hochinteressant. Nicht aus Klatschgründen, sondern weil Affären oder Beziehungen unter Mitarbeitern Menschen zu gefährlichen Handlungen veranlassen können. Aus Eifersucht, Rache, Hörigkeit, Liebe, Verlustangst, was auch immer. Eine Affäre zwischen dem verheirateten Chef und seiner jungen Assistentin birgt Erpressungspotenzial.

Beziehungen zwischen zwei Mitarbeitern bedeuten, dass beide wahrscheinlich rege Informationen austauschen – auch solche, die eigentlich vertraulich sind. Niemand kann seine Gefühle ständig kontrollieren und zügeln, auch dann nicht, wenn man sich fest vorgenommen hat, die emotionale oder sexuelle Beziehung in E-Mails auszublenden und sachlich zu bleiben.

Der Mensch ist nicht sachlich. Die E-Mail-Durchleuchtung registriert deshalb alles, was auf irgendeine Art und Weise auf Verliebtheit, Liebe, Sex, Eifersucht und Streit hindeutet. Gibt es Anzeichen für Probleme in der Beziehung? Gab es einen Streit, der eskaliert ist? Haben sich die beiden Protagonisten getrennt? Auch hier ist der Zeitpunkt wichtig, besonders dann, wenn die einzelnen Eskalationsstufen mit anderen Ereignissen verknüpft werden können.

Für gewöhnlich tragen wir weder unser Herz noch unser Gewissen auf der Zunge. Wir verheimlichen Dinge. Das ist im Berufsleben nicht anders als im Privatleben. Was wir bei Cataphora immer wieder festgestellt haben, ist eine hohe Trefferquote bei einer simplen Suche nach Begriffen wie »nicht weiterleiten/weitergeben«, »das können/sollten wir mal unter vier Augen besprechen«, »niemandem sagen«, »geheim halten« und ähnlichen Phrasen. Es ist die dümmste Geheimhaltungsstrategie überhaupt, weil sie die Geheimhaltungsabsicht selbst thematisiert und dadurch zunichtemacht. So naiv verhalten sich die wenigsten. Die meisten begehen einen ganz anderen Fehler: Sie lassen verblüffend häufig E-Mail-Unterhaltungen abrupt abbrechen – häufig verbunden mit der Aufforderung, die Unterhaltung doch besser am Telefon fortzuführen. Das ist für sich genommen noch nicht verdächtig, denn so etwas kommt aus den banalsten Gründen immer wieder vor. Trotzdem lohnt es sich oft, genauer hinzuschauen.

Ein Beispiel: Ein paar Mitarbeiter eines Unternehmens aus der Pharmabranche wurden verdächtigt, in illegale Preisabsprachen verwickelt zu sein. Die Betroffenen waren zwar klug genug, keine belastenden Beweismittel in schriftlicher Form, also in E-Mails, Chats oder sonstigen elektronischen Dokumenten, zu hinterlassen, doch gerettet hat sie das nicht. Wir fanden heraus, dass sich viele Mitarbeiter der verdächtigten Unternehmen untereinander kannten – aus der gemeinsamen Studienzeit, von Kongressen, Seminaren, Branchentreffen, aus sozialen Netzwerken etc. – und teilweise regen E-Mail-Kontakt pflegten.

Das kommt häufig vor, in vielen Unternehmen. Dieser bloße Sachverhalt war noch längst kein Hinweis darauf, dass Personen illegal Preise absprachen. Im nächsten Schritt suchten wir deshalb nach Kommunikationsmustern. Wurde in einer E-Mail ein Preis genannt, der zu einem der betroffenen Produkte gehörte, wurde die E-Mail mit dem Hinweis »Preisreferenz« markiert (gelb). Außerdem wurden E-Mails markiert (rot), in denen die Aufforderung oder Verabredung zu einem Telefonat auftauchte. Alle anderen Mails wurden nicht markiert.

Wann wer welchen Preis geändert hat, sind öffentlich verfügbare Daten. Wir mussten nun die Unmengen an E-Mails und Preisdaten so miteinander verknüpfen, dass die Muster visualisiert wurden. Beispielsweise lassen sich E-Mail-Unterhaltungen als Ketten darstellen. Jedes Kettenglied steht für eine E-Mail. Die Kettenglieder tragen entsprechend den Markierungen der E-Mails unterschiedliche Farben. Im Moment der Preisänderung wird ein zusätzliches Kettenglied (blau) eingefügt.

Die Ketten dokumentieren Hunderttausende elektronische Unterhaltungen. Die Mehrzahl der Ketten enthielt keine gelben und/oder roten Markierungen, was einen einfachen Grund hatte. Bei den allermeisten E-Mails und Chats drehte es sich um normale Kommunikation, die mit den eventuellen illegalen Preisabsprachen nichts zu tun hatte. Viele Ketten enthielten entweder nur gelbe oder nur rote Markierungen, auch das ist logisch, denn immer wieder wurden Preise genannt oder jemand dazu aufgefordert, einen bestimmten Punkt lieber unter vier Augen oder am Telefon zu besprechen.

Interessant wird es bei den Ketten, bei denen in einem bestimmten Zeitrahmen das Muster gelb-rot-blau auftauchte: Also zuerst die Nennung eines Preises, dann die Verabredung zu einem Telefongespräch oder einer mündlichen Unterhaltung und schließlich eine Anpassung des zuvor genannten Preises. Auch das traf, unbeabsichtigterweise, also zufällig, bei vielen Mitarbeitern immer wieder vereinzelt auf. Allerdings bemerkten wir beim genaueren Betrachten der Muster, dass ab einem bestimmten Zeitpunkt bei einer kleinen Gruppe von Mitarbeitern die verdächtigen Muster vermehrt auftraten. Wir hatten die Täter entlarvt.

7.7 Schwarz und Weiß

Alle beschriebenen Analysen und Technologien helfen nicht nur bei der Enttarnung krimineller Machenschaften, sie können auch sehr nützlich sein, um herauszufinden, wie ein Unternehmen tickt, wie die Stimmung der Mitarbeiter ist, wo Reibungspunkte und Optimierungspotenziale liegen. Die meisten Analysen in diesem Bereich sind sehr zeit- und ressourcenaufwendig und damit verhältnismäßig teuer. Niemand würde sie aus purer Neugierde und ohne einen tatsächlichen Nutzen einsetzen. Sie wurden bislang sehr zielgerichtet angewandt, um finanzielle Schäden zu verhindern, Verbrechen aufzudecken, Abläufe in großem Maßstab zu optimieren oder um Restrukturierungsmaßnahmen durchzuführen.

Doch zahlreiche einfachere Analysen sind auch heute schon mit relativ geringem Aufwand durchführbar. Der Vereinfachungsprozess technologischer Anwendungen beschleunigt sich unaufhaltsam. Es ist lediglich eine Frage der Zeit, bis Software auf dem Markt ist, die etliche Auswertungen für jeden verfügbar macht.

Cataphora hat zum Beispiel vor einigen Jahren eine extrem vereinfachte Analysesoftware für Privatanwender veröffentlicht. Sie ist dafür gedacht, sich selbst anhand seiner E-Mails zu analysieren und einen Blick auf sein digitales Spiegelbild zu werfen. Die Analysen basieren auf der gleichen Technologie und den gleichen Algorithmen, die in wesentlich komplexerer Form auch bei großen Untersuchungen im Geschäftsumfeld eingesetzt werden. Dort werden die Analysen wesentlich besser, weil mehr Rechenpower zur Verfügung steht, Daten aus vielen verschiedenen Quellen miteinander verknüpft und so wesentlich mehr Daten ausgewertet werden können und nicht zuletzt weil hochqualifizierte Datenanalysten, Mathematiker, Informatiker und Sprachwissenschaftler an den Analysen arbeiten. Nach der Veröffentlichung der Software haben uns viele Menschen kontaktiert, die die Entschlüsselung des eigenen digitalen Verhaltens elektrisierend fanden. Noch spannender fanden sie allerdings die Vorstellung, andere Menschen zu durchleuchten. Viele wollten wissen, ob und wie sie ihre Ehefrau, den Ehemann, die Kinder oder die neue Bekanntschaft am besten einer algorithmischen Analyse unterziehen könnten. Die meisten Anfragen bekamen wir allerdings nicht von Privatpersonen, sondern von Personalchefs und Managern, die die soziale DNA ihres Unternehmens analysieren wollten.

Die der Software zugrundeliegenden Analysen greift auch das bereits oben erwähnte Datenschutzgutachten auf. Dazu heißt es: »Das Erstellen von Bewegungs- und Beziehungsprofilen wird für jedermann erschwinglich. Noch sind keine Fälle bekannt, in denen Personalabteilungen von solchen Anwendungen Gebrauch gemacht haben. Mit der zu erwartenden schnellen Ausbreitung dieser oder ähnlicher Techniken ist es eine der großen Herausforderungen an ein zukünftiges Datenschutzrecht, kontrollierbare Barrieren zu schaffen, um einer systematischen Durchleuchtung der Beschäftigten mittels solcher Bewegungs- und Beziehungsprofile auch rechtlich einen Riegel vorzuschieben.«[197]

Am Ende jeder Analyse steht, egal, ob es nun um die Effizienzbewertung bestimmter Mitarbeiter geht, ihre Loyalität, die Leistung von Abteilungen, immer ein Ergebnis, schwarz auf weiß. Und genau dieses Ergebnis wollen die Auftraggeber, die vor schweren Entscheidungen stehen: Sie müssen Personal entlassen, Abteilungen umbauen oder schließen, Produktionsstätten verlagern. Die Analysen liefern ihnen dafür die Zahlen. Computer sagen die Wahrheit. Das ist der dahinter stehende Glaube. Es ist ein beinahe blindes Vertrauen.

Ich habe oft eine große Freude erlebt, mit der uns unsere Auftraggeber willkommen geheißen haben. In ihren Augen

waren wir die perfekte Rettungsmannschaft, als seien die Datenerhebung und Auswertung der Weisheit letzter Schluss.
Man darf nicht vergessen, dass Big Data für die Kunden immer
auch eine gigantische Verantwortungsabwälzung darstellt,
was sie selbst niemals zugeben würden. Zahlen und Graphen
entscheiden über das Schicksal von Menschen, die nur noch
Punkte und Linien sind. Das erleichtert das Gewissen der Verantwortlichen massiv. Sie müssen sich nicht mehr mit einzelnen Personen und deren Geschichte beschäftigen, nichts mehr
überprüfen, nichts hinterfragen, sondern lediglich die Entscheidung, die Big Data für sie getroffen hat, ausführen. Sagen
die Daten, dass Herr Meier weniger produktiv ist als Frau
Müller, wird Herr Meier eben entlassen. So einfach ist das.

Der Denkfehler ist, zu meinen, dass die Analysen den Menschen in seiner Gesamtheit vermessen würden: seine Persön-
lichkeit, seine Charaktereigenschaften, seine Stärken und
Schwächen, seine Effizienz, sein Potenzial, seine Launen, Angewohnheiten, seine dunklen Seiten. Der Mensch ist aber nicht
schubladenkompatibel. Er ist eben nicht bis ins Letzte bere-
chen- und ausrechenbar, egal, wie viele Bytes an Daten über ihn
abgeschöpft und algorithmisch bearbeitet worden sind, weshalb es immer nur um ganz bestimmte Verhaltens- und Leis-
tungsaspekte gehen kann. Es ist eine in mathematische Wahr-
scheinlichkeitsberechnungen übersetzte Annäherung und damit eine dramatische Vereinfachung menschlichen Verhaltens.

In jede Datenanalyse schleichen sich fehlerhafte, unvoll-
ständige und fehlinterpretierte Zahlen, weshalb die Ergebnisse niemals absolut korrekt sind. Es ist genau dieser Aspekt,
der oft ignoriert wird.

Das heißt nicht, dass Datenanalysen im Personalbereich
nicht sinnvoll eingesetzt werden könnten: Gute, fachlich
hochbegabte Mitarbeiter sind schwer zu finden. Firmen zahlen Headhuntern hohe Summen, sollte es ihnen gelingen, die
besten Mitarbeiter von Konkurrenzfirmen abzuwerben.

Schon allein deshalb ist es ökonomisch relevant, dass sich die Angestellten wohl fühlen. Wie wohl sie sich fühlen, ist im Arbeitsleben je nach Charakter unterschiedlich leicht bzw. schwer zu erkennen. Nicht jeder beschwert sich, wenn der Arbeitsalltag problematisch ist. Manche Mitarbeiter sind eher ruhig und werden mit zunehmender Belastung immer ruhiger, andere lassen ihrem Ärger freien Lauf. In den seltensten Fällen sind die Gründe offensichtlich, warum einzelne Mitarbeiter oder sogar ganze Abteilungen unzufrieden sind. Vielleicht kommt jemand mit dem neuen Chef nicht zurecht, kann sich mit neu eingeführten Arbeitsabläufen nicht anfreunden, vielleicht ist er/sie aber auch einfach nicht ausgelastet oder sogar mit der Arbeit unterfordert und langweilt sich. Oder ein Mitarbeiter ist überarbeitet.

Oft werden Aufgaben an denjenigen gegeben, von dem man weiß, dass er sie gut und zuverlässig erledigen wird. Denken alle so, entstehen Arbeitsbelastungsasymmetrien. Nicht jeder ist stark genug, sich dagegen zu wehren, seinem Vorgesetzten zu sagen, dass ihm die Aufgabenbewältigung schwerfällt. In solchen Situationen können Datenanalysen helfen, indem beispielsweise die emotionale Tonlage der elektronischen Kommunikation der Mitarbeiter ausgewertet wird. Welche Themen sorgen für negative Stimmungen? Zwischen welchen Mitarbeitern gibt es oft Unstimmigkeiten und Verstimmungen? Wie gut kommunizieren bestimmte Mitarbeiter miteinander? Intelligente Monitoringsoftware, die die Kommunikation überwacht, könnte erkennen, wenn Konflikte und Probleme auftreten und Warnhinweise geben.

In Deutschland sind solche Auswertungen aufgrund der Datenschutzgesetze derzeit noch verboten, was noch lange nicht heißt, dass sich die zugespitzte amerikanische Realität der digitalen Ausbeutung und Überwachung auf Dauer wird zurückdrängen lassen können. Die Silicon-Valley-Lobby ist mächtig. Unermüdlich und auf allen Ebenen arbeiten ihre

Agenten daran, den Datenschutz zu lockern und ihren digitalen Spielraum zu erweitern. Die Generation, die heute von
Google, Facebook und Co. daran gewöhnt und dazu erzogen
wird, ihre Daten im Gegenzug für den Pseudo-Gratisdienst
bereitwillig preiszugeben, sitzt morgen in den Führungseta-
gen der Unternehmen und wird in Parlamenten für Gesetzes-
änderungen zuständig sein.

7.8 Hall of Shame

Datenanalysen fördern in der Regel, wie bereits angedeutet,
auch Geschichten und tiefe Einblicke in die Geheimnisse von
Menschen zutage, auf die man es gar nicht abgesehen hatte
und die man vielleicht auch gar nicht unbedingt wissen wollte. Diese zufälligen, manchmal erschütternden Erkenntnisse
haben wir bei Cataphora intern unter dem Begriff »Hall of
Shame« verbucht.

In einem Gerichtsfall – es ging um Produkthaftungsfragen
eines Industrieunternehmens – stießen wir bei zwei nur am
Rande beteiligten Managern auf E-Mails, die der Software
wegen ihrer extrem panischen und ängstlichen Sprachfär-
bung aufgefallen waren. In einer Mail warnte der eine den
anderen, er solle »diesem Typen von der Finanzbehörde«
endlich die geforderte eine Million Dollar schicken, sonst
würde er ihnen das FBI auf den Hals hetzen. Anscheinend
hatten beide Manager Steuern in Millionenhöhe hinterzogen.
Der Finanzbeamte war ihnen auf die Schliche gekommen
und forderte Schweigegeld.

Oft stießen wir auf Mitarbeiter, die eine Affäre hatten. In
den Mails fanden sich unter anderem Belege, dass Vorgesetzte
von ihren ehemaligen Geliebten erpresst wurden, nachdem
sie im Streit auseinandergegangen waren. Es gab einen Fall, da

wollte sich ein Pärchen finanziell bereichern, indem es einem Kollegen aus der Entwicklungsabteilung eines großen Industriekonzerns wertvolle Forschungsergebnisse entwendet und an ausländische Konkurrenzunternehmen weiterverkauft hatte. Er hatte seine Partnerin dafür mit dem Kollegen aus der Forschungsabteilung verkuppelt, damit sie Zugriff auf die wertvollen Unterlagen bekam.

Was Affären angeht, war eine Geschichte herausragend: ein fast sechzigjähriger Abteilungsleiter eines Pharmaunternehmens hatte mehr als zwei Jahre lang neben seiner Ehe – mit mehreren Kindern und Enkelkindern – noch drei Affären, bis sein Doppelleben eines Tages mit einem großen Knall herauskam. Von da an war der Abteilungsleiter so intensiv mit der Schadensbegrenzung beschäftigt, dass er seinen Job massiv vernachlässigte und das Unternehmen in erhebliche Schwierigkeiten brachte.

Zufällig stießen wir auch auf folgenden Fall: Eine Reinigungskraft überrascht am späten Abend zwei Banker beim Drogenkonsum im Büro. Die Banker kümmert es erst nicht, weil sie die Reinigungskraft nicht als Gefahr betrachten. Beim nächsten Mal macht sie heimlich Fotos und erpresst einen der Banker. Die Banker diskutieren per E-Mail, wie sie die Reinigungskraft am einfachsten »verschwinden lassen können«. Nachfragen ergaben, dass sie noch immer in der Bank tätig ist. Was aus den Bankern wurde, ist nicht bekannt.

8. Facebook & Co.

Über Facebooks Macht zu sprechen heißt, mit großen Zahlen zu jonglieren: 1,2 Milliarden Menschen nutzen Facebook, jeden Tag teilen sie 4,75 Milliarden Status-updates, Fotos, Videos und Kommentare mit ihren Freunden. Zu den bisher etwa 250 Milliarden hochgeladenen Fotos kommen täglich im Durchschnitt 350 Millionen neue hinzu. Zehn Milliarden Nachrichten werden täglich auf Facebook verschickt, 4,5 Milliarden Mal wird der »Gefällt mir«-Button geklickt – Tendenz steigend.[198] Die bekannten Buttons, mit denen man seine Begeisterung über ein Video, ein Foto, einen Kommentar mit Freunden auf Facebook oder Google teilen kann, gibt es mittlerweile auf mehr als sieben Millionen Webseiten und Smartphone-Apps. Auch auf deutschen Webseiten sind die »Gefällt mir«-Buttons sehr populär. Was kaum jemand weiß, ist, dass diese Buttons nicht einmal angeklickt werden müssen, um Daten abzugreifen. Sie tun es automatisch. Sobald man mit dem Webbrowser im sozialen Netzwerk angemeldet ist und eine der vielen Seiten aufruft, auf der einer der Buttons von Facebook & Co. eingebunden ist, wird neben der Adresse der Webseite auch eine eindeutige Kennung übermittelt. Die sozialen Netzwerke erkennen so den Nutzer, sie können ein komplettes Surfprofil erstellen und haarklein verfolgen, wer sich wann welche Seiten angesehen hat.

Kommen wir zu den Likes, den allgegenwärtigen Gefällt-mir-Bekundungen auf Facebook. Wissenschaftler der Universität Cambridge haben in einer Studie beschrieben, was sie alles über uns verraten.[199] Jener Mechanismus, durch den wir unsere Freude über Dinge wie gepostete Fotos, Produkte, Musikgruppen oder Kinofilme ausdrücken, entpuppte sich während der Recherche als wahre Informationsgoldgrube. Die Treffsicherheit, mit der statistische Analyseverfahren anhand der Likes von 58 000 Probanden sensible Details aus deren Leben ermittelten, ist hoch. Die Anzahl der abgegebenen Likes lag zwischen 1 und 700, der Durchschnitt betrug 68. Von Interesse waren sexuelle Orientierung, Alter, Geschlecht, ethnische Herkunft, religiöse und politische Einstellung, Intelligenz, Gemütsverfassung, der Konsum von Suchtmitteln, ja, sogar, ob die Eltern eines Probanden geschieden waren oder nicht.

Und die Treffsicherheit war beeindruckend: Zu 95 Prozent lag der Computer bei der Zuordnung von Amerikanern mit afrikanischem oder kaukasischem Hintergrund richtig, zu 93 Prozent bei der Einordnung männlich/weiblich sowie der Unterscheidung zwischen Christen und Muslimen. In 82 Prozent der Fälle verpasste er den Versuchsteilnehmern das richtige Label »Demokrat«, in 85 Prozent »Republikaner«. Die Vorhersage der sexuellen Orientierung deckte sich bei Männern zu 88 Prozent mit der Realität, bei Frauen zu 75 Prozent. Etwas niedriger fielen die Werte bei der Ermittlung des Suchtmittelkonsums aus (zwischen 65 und 73 Prozent) sowie bei der Frage, ob die Eltern des Probanden, als dieser 21 war, noch zusammenlebten oder sich getrennt hatten (60 Prozent). Es sei bekannt, heißt es in der Studie, dass die Scheidung der Eltern langfristige Auswirkungen auf das Leben und die Psyche der Kinder habe. »Es ist bemerkenswert, dass sich diese Tatsache sogar in den Facebook-Likes widerspiegelt.« Die Wahrscheinlichkeit, dass Probanden, deren Eltern geschieden waren, bei Aussagen wie »Wenn ich mit dir zusammen bin, dann bin ich mit dir zusammen und will niemand anderen« den Like-Button drücken, war höher als bei jenen mit nach wie vor verheirateten Eltern.

Und jetzt ein besonders heikler Punkt, die Intelligenz. Laut Studie »liken« Menschen mit einer höheren Intelligenz häufig Begriffe wie »Gewittersturm«, »Wissenschaft« oder die satirische Comedy-Show »Colbert Report«. Weniger intelligente mögen die Parfümerie-Kette »Sephora«, »Harley Davidson«, die Country-Band »Lady Antebellum« oder Statements wie »Ich liebe es, Mutter zu sein«. Gute Prädikatoren hinsichtlich männlicher Homosexualität waren »No H8 Campaign« (No hate campaign), »Mac Cosmetics« sowie »Wicked the Musical«. Und Probanden, die die Marke »Hello Kitty« mögen, tendieren offenbar dazu, eher offen zu sein, dafür aber weniger pflichtbewusst, freundlich und emotional stabil.

Am Ende der Studie verweisen die Wissenschaftler explizit auf die negativen Seiten, die die Berechenbarkeit sensibler Details mit sich bringt. Wir sprechen hier, um das noch einmal ganz deutlich zu sagen, von Statistiken und Wahrscheinlichkeiten. Die Algorithmen finden gerade nicht das Geschlecht, die Religion oder die Intelligenz einer bestimmten Person heraus. Sie geben nur, vereinfacht formuliert, einen Tipp ab, der mit einer bestimmten Wahrscheinlichkeit richtig ist – oder eben falsch.

Wie zuvor erwähnt, war die Treffsicherheit bei der Bestimmung des Geschlechts mit 93 Prozent ziemlich hoch, wenn man diese Zahl aber auf die Gesamtzahl der derzeit bei Facebook registrierten 1,2 Milliarden Nutzer hochrechnet, dann irren sich die Algorithmen bei immerhin 84 Millionen Menschen – mehr als Deutschland Einwohner hat.

Die Analysewerkzeuge können ohne weiteres auf eine große Masse von Menschen angewandt werden, und zwar ohne dass die Betroffenen zugestimmt hätten oder davon wüssten. »Unternehmen, Regierungsorganisationen und sogar Facebook-Freunde können die Verfahren benutzen, um Attribute wie Intelligenz, sexuelle Orientierung oder politische Ansichten einer Person herauszufinden. Man kann sich leicht Situationen ausmalen, in denen solche Vorhersagen, selbst wenn sie falsch sein sollten, das individuelle Wohlbefinden, ja sogar die

Freiheit oder das Leben bedrohen können. Angesichts der immer weiter wachsenden Menge an digitalen Spuren ist der Einzelne immer weniger in der Lage, zu steuern, welche intimen Informationen zu seiner Person enthüllt werden und welche nicht.«[200] Jemand, der seine homosexuelle Orientierung unter keinen Umständen preisgeben möchte, verhindert eine Enttarnung nicht zwangsläufig dadurch, dass er Inhalte, die mit Homosexualität assoziiert werden, vermeidet.

8.1 Singlefrauen, die sich gerne betrinken

Facebook kolonisiert unser Leben. Wissenschaftler fanden heraus, dass viele Facebook-Liebesbeziehungen mit einem typischen Balzverhalten starten, wozu das häufige Besuchen eines Profils ebenso gehört wie der Nachrichtenaustausch und das Posten von Nachrichten auf der Profilseite des potenziellen Partners. Durch die Auswertung des Verhaltens soll Facebook schon einige Wochen vorher mit einer hohen Wahrscheinlichkeit vorhersagen können, ob zwei Nutzer miteinander »anbandeln« werden.

Dem tatsächlichen Beginn einer Liebesbeziehung geht offenbar ein intensiver, sich steigernder Nachrichtenaustausch voraus. Facebooks Beobachtungen zufolge tauschen die zukünftigen Partner in den Tagen vor dem Beziehungsstart zunehmend mehr Nachrichten pro Tag aus. Sobald die Beziehung besteht, sinkt die Zahl der Posts wieder. Ein weiteres Indiz für die zwischenmenschliche Annäherung ist laut Facebook auch die messbar gute Stimmung der Nutzer, deren Posts auffallend häufig Wörter wie »Liebe«, »schön« und »glücklich« enthielten und seltener negativ gefärbte Begriffe. Beide Verhaltensmuster sind in vielen Fällen deutlich genug, um bei Nutzern den Anfang einer Beziehung zu erkennen.[201]

Jon Kleinberg von der Cornell-Universität in New York
und der Big-Data-Experte Lars Backstrom von Facebook
haben die Freundschaftsdaten von 1,3 Millionen zufällig ausgewählten Facebook-Nutzern mehr als zwei Jahre lang untersucht und einen Algorithmus entwickelt, der anhand des
Freundeskreises den Beziehungsstatus sowie den Partner eines Facebook-Nutzers vorhersagt – auch wenn dieser den
Partner oder den aktuell gültigen Beziehungsstatus nicht auf
Facebook öffentlich gemacht hat.

Den entscheidenden Hinweis gibt dabei die Verteilung des
Freundeskreises, also die Art der Facebook-Verbindungen
zwischen den verschiedenen Freunden. Die Forscher untersuchten Facebook-Daten von Paaren, die ihren Beziehungsstatus und ihren Partner auf Facebook bekanntgegeben hatten. Dann beobachteten sie die Paare in den nächsten zwei
Jahren, um die Veränderungen im Facebook-Freundeskreis
oder Beziehungsstatus in ihre Forschung einzubeziehen. Insgesamt analysierten Kleinberg und Backstrom 8,6 Milliarden
Freundschafts-Links.[202]

In ungefähr 60 Prozent der Fälle konnte der Algorithmus
den Partner korrekt bestimmen. Das mag nicht sehr genau
erscheinen, doch die Genauigkeit der Algorithmen wird in
Zukunft besser werden. In vielen Bereichen wird es immer
besser gelingen, die fehlenden Daten anhand der vorliegenden zu berechnen und noch mehr Quellen als bislang einfließen zu lassen.

Eine von vielen Nutzern als gruselig empfundene Datenanalyse hat Facebook Ende 2013 durchgeführt. Jeder, der in einem sozialen Netzwerk aktiv ist, kennt die Situation: Man
will etwas Lustiges posten, sich einen Spaß erlauben oder jemandem die Meinung sagen und tippt kurzerhand ein paar
Wörter in das Kommentarfeld. Kaum stehen sie dort, be-
schleichen einen Zweifel. Man löscht das Geschriebene, denn

es kommt einem plötzlich doch nicht mehr originell vor. Niemand weiß von diesem missratenen Witzigkeitsversuch. Schließlich hat man nicht auf »Senden« geklickt. Datenforscher der Carnegie Mellon University in Pittsburgh haben im Auftrag von Facebook vor kurzem eine Analyse veröffentlicht, die sich mit diesen unveröffentlichten Postings beschäftigt. Sauvik Das, Student an der Carnegie Mellon University, und Adam Kramer, Datenanalyst bei Facebook, haben für ihre Studie »Self-Censorship on Facebook« zwei Wochen lang das Posting-Verhalten von 3,9 Millionen zufällig ausgesuchten Nutzern untersucht. Im Schnitt hielt jeder Nutzer 4,52 Status-Updates sowie 3,2 Kommentare zurück. Die Forscher versicherten, zu Studienzwecken lediglich anonyme Metadaten genutzt und keine inhaltliche Analyse betrieben zu haben. Es wurden also nicht die Inhalte ausgewertet, sondern nur die Tatsache, dass jemand etwas in das Kommentarfeld geschrieben, dies dann aber nicht abgeschickt hat.[203]

Auch wenn es derzeit keine Anzeichen dafür gibt, technisch ist es möglich, dass Facebook, genauso wie jede andere Webseite, jedes in irgendein Feld eingetipptes Zeichen mitlesen kann – auch dann, wenn man den Kommentar oder die Nachricht gar nicht absendet.

Mit Facebooks neuer Suchfunktion, Graph Search, die gerade nach und nach eingeführt und allen deutschen Nutzern voraussichtlich ab 2015 zur Verfügung stehen wird, lässt sich noch wesentlich detaillierter und vielfältiger als bisher suchen. Man kann beispielsweise nach Personen suchen, die in der Nähe wohnen und ein bestimmtes Hobby haben, oder nach Restaurants, in denen die eigenen Freunde schon waren, oder man kann sich alle Fotos anzeigen lassen, die von Personen hochgeladen wurden, die in Frankfurt wohnen.

Gleichzeitig bereitet das Tool den Boden für Missbrauch und Stalking, was Tom Scott in seinem Blog »Actual Facebook Graph Searches« verdeutlicht hat. Spaßeshalber suchte er nach verheirateten Menschen, denen eine auf Fremdgehen spezialisierte Homepage gefällt. Er fand mehr als hundert Menschen. Es lassen sich auch Singlefrauen in der Nähe ausfindig machen, die sich nach eigenen Angaben zufolge gerne betrinken. Die Medien haben Graph Search deshalb schnell mit der polizeilichen Rasterfahndung verglichen.

Samuel Rasmussen ist leitender Ingenieur bei Facebook und mitverantwortlich für das Graph-Search-Projekt. Ihm zufolge befindet sich Graph Search auch nach einem halben Jahr voller Tests immer noch in der Entwicklungsphase: »Wir haben die Grundlage geschaffen und müssen sie nun weiterentwickeln. Wir haben noch viele Jahre Arbeit vor uns.«[204]

Facebook plant, demnächst auch Status-Updates, Bildunterschriften, Ortsangaben und Kommentare von Nutzern über die Graph Search durchsuchbar zu machen, damit sie die Datenberge noch tiefer durchwühlen können. Auch hier sind der Fantasie keine Grenzen gesetzt. Werden Unternehmen in Zukunft auswerten, auf welchem sprachlichen Niveau sich Bewerber und Mitarbeiter bewegen und wie viele Schreibfehler jemandem in seinen Posts und Kommentaren unterlaufen sind?

Soziale Netzwerke zu nutzen heißt, die Kontrolle über seine Daten zu verlieren. Die Plattformen sind gigantische Datenstaubsauger. Und wir füttern sie täglich mit unvorstellbar großen Datenbergen.

Twitter-Nachrichten sollen Hinweise geben, ob eine Person eine »psychopathische« Veranlagung hat – jedenfalls wollen das Forscher einer großangelegten Studie der Florida Atlantic University mit der Online Privacy Foundation und der Statistik-Plattform Kaggle festgestellt haben. Die Wissenschaftler werteten mehr als drei Millionen Tweets aus und analysierten die darin vorkommenden Wörter. Anschließend wurden Auffälligkeiten mit zuvor ausgefüllten Persönlichkeitstests abgeglichen. Fast 3000 Freiwillige erklärten sich bereit, die Forscher zu unterstützen. Die Initiatoren der Studie, die die endgültigen Ergebnisse erst noch präsentieren werden, ließen vorab gegenüber »Wired« durchsickern, dass diese »einige eindeutige statistische Zusammenhänge zwischen den dunkleren Persönlichkeitsmerkmalen einer Person und deren Twitter-Aktivität« zeigten.

Chris Sumner von der Online Privacy Foundation vertritt indes öffentlich seine eigene Interpretation der Ergebnisse und warnt vor der vereinfachten medialen Darstellung der Studie. Diese könne zwar helfen, bestimmte Persönlichkeitsmerkmale aus sozialen Medien herauszufiltern, doch es brauche noch sehr viel mehr Forschungsarbeit, bis tatsächlich valide Ergebnisse vorlägen. Personalmanagern rät er ab, soziale Medien als Interpretationswerkzeug von Charaktereigenschaften der Bewerber heranzuziehen.[205]

8.2 Facebook liest mit

Big Data Scoring, ein Start-up aus Estland, bietet ein Kreditscoring-Verfahren auf Basis von Facebook-Profilen an. Die Firma hat einen Algorithmus entwickelt, der die Kreditwürdigkeit auf einer Skala von eins bis zehn anhand des Online-Verhaltens der Person festlegt. Ihre Kunden, so die Gründer, seien bislang hauptsächlich Banken und andere Kreditgeber, aber das Interesse von Online-Shops sowie Immobiliengesellschaften steige signifikant.

Zusätzlich zu den persönlichen Profildaten des Kreditantragstellers fließen auch die verlinkten Freunde in die Berechnung des Kreditscores ein. Nach dem Motto: Zeig mir deine Freunde, und ich sag dir, wer du bist. Wie hoch ist der Anteil an Akademikern? Wie hoch der Verheirateter?

Nach eigenen Angaben greift das Unternehmen auf durchschnittlich 7000 Datenpunkte pro Antragsteller zurück.»Wir lesen bzw. analysieren nicht die Status-Updates oder Nachrichten, und wir schauen auch nicht die Fotos an. Die meisten Daten werden in aggregierter Form analysiert. Das heißt, es kommt nicht darauf an, was man kürzlich gepostet hat, aber es könnte darauf ankommen, wie häufig oder zu welchen Tageszeiten man postet.«[206] Interessant sei nicht, was man auf den Fotos sehen kann –»Party- und Babyfotos sind für uns das Gleiche«–, interessant sei, wie viele Fotos gepostet wurden und wie viele Freunde bei den Fotos auf»Gefällt mir« geklickt oder sie kommentiert haben.

»Wir können«, so Erki Kert, CEO der Social Media Holding, zu der Big Data Scoring gehört, auch das Verhalten des Antragstellers auf der Webseite überprüfen, wenn er einen Kreditantrag online ausfüllt: Wie lange braucht die Person zum Ausfüllen des Antrags? Tippt sie die Daten ein oder kopiert sie sie in die Maske? Liest die Person die Geschäftsbedingungen durch oder nicht etc.?«[207] Inzwischen werde die Software in zehn bis 15 Ländern genutzt. Zukünftig soll sie auch in Deutschland, Österreich und der Schweiz verfügbar sein. Viele Unternehmen hätten, auch dank der CeBIT, großes Interesse gezeigt.»Die ersten Kunden können unsere Produkte bereits in den nächsten Monaten nutzen.«

Ein weiteres Beispiel, wofür Daten aus sozialen Netzwerken herangezogen werden: Der amerikanische Rüstungskonzern Raytheon[208] hat eine Software entwickelt, die auf der Grundlage von Social-Media-Daten Bewegungsprofile prognostiziert. Raytheon war bisher als Fabrikant von Flugabwehrsystemen wie dem Patriot und den umstrittenen Drohnen bekannt, jetzt engagiert sich das Unternehmen auch in der digitalen Welt. Die Software trägt den Namen»Riot«, was für»Rapid Information Overlay Technology« steht, und

saugt laut Firmenvideo Informationen von sozialen Netzwerken wie Facebook, Twitter oder Foursquare ab. Riot solle helfen zu ermitteln, ob eine Person ein Risiko für die nationale Sicherheit darstelle – das Terrorismusargument ist
beliebt, und es zieht nach wie vor.

Wussten Sie, dass Ihnen auch beim Lesen von E-Mails ständig über die Schulter geschaut wird? Ein ganzer Geschäfts-
zweig hat sich darauf spezialisiert, E-Mails mit Mechanismen
auszustatten, mit denen erfasst werden kann, wann, wo, wo-
mit und wie oft eine E-Mail gelesen wurde. Vereinfacht gesagt, funktioniert es technisch so, dass in der E-Mail ein un-
sichtbares, für jede E-Mail eindeutiges Bild enthalten ist.
Sobald die Mail gelesen wird, ruft das Mailprogramm das
unsichtbare Bild ab und überträgt dabei die gewünschten Daten über den Leser der E-Mail. So lässt sich nicht nur einfach
herausfinden, welche E-Mail wann und wie oft gelesen wurde, sondern dank der standardmäßig übertragenen Daten zudem, mit welchem Gerät oder Webbrowser die Mail gelesen
wurde, und über die ebenfalls übermittelte IP-Adresse sogar
der ungefähre Ort des Lesers.[209]
    Viele Newsletter enthalten diese »Tracking-Bilder«. Mit
den von ihnen erzeugten Daten messen Firmen, wie gut die
einzelnen Versionen der Newsletter sind und welcher Ver-
sandzeitpunkt optimal ist, um so viele Leser wie möglich zu
erreichen. Laut »c't Magazin« finden sich die Tracking-Bilder
auch in »vielen offiziellen Mails von Firmen, mit denen man
in Geschäftsbeziehungen steht [...] in einer echten Tele-
kom-Rechnung fanden sich gleich zwei davon.«[210]
    David Johnsons Obsession ist der amerikanische Rapper
Jay Z, dem er unverhohlen nachstellt. So soll Johnson dem
Superstar mindestens 262 E-Mails geschickt haben, ohne jemals eine Antwort erhalten zu haben. Johnson ist trotzdem
glücklich, denn er weiß, dass jede einzelne Mail, die er mit

einem Tracking-Bild eines dafür spezialisierten Anbieters
versehen hatte, gelesen worden ist. Vielleicht sogar von Jay Z
höchstpersönlich. Denn die Orte, an denen sie gelesen wurden, deckten sich mit den Veranstaltungsorten der Tour von
Jay Z. Zwei Tage bevor der Rapper ein Konzert zusammen
mit U2 in Neuseeland spielen sollte, wurde beispielsweise
eine von Johnsons E-Mails in der Nähe von Auckland gelesen. Eine andere Mail sendete Johnson, als Jay Z Urlaub in
Frankreich machte. Sie wurde auf einem iPhone in Paris gelesen. Andere Mails wurden in Genf, Denver, London, Man-
chester, Sydney, Philadelphia und East Hampton gelesen.
Johnson ist sich sicher, seinem Idol sehr nah zu sein:»Jay Z
hat jede einzelne Mail gelesen, manche hat er sogar mehrmals
geöffnet und nochmals angeschaut. Er hat Links in der Mail
angeklickt und hatte manche Mails bis zu 20 Minuten lang
geöffnet auf dem Schirm.«[211]

8.3 Leichtes Spiel für Stalker

Was, glauben Sie, würde man mit ein bisschen Geduld und
detektivischem Geschick im Internet alles über Sie herausfinden? Und zwar auf legalem Weg und ganz ohne spezielle
Software? Wie tief kann man in die Privatsphäre anderer blicken? Wie lassen sich Spuren im Netz zu einem Profil ver-
dichten? Das Computermagazin»c't« hat sich genau diese
Fragen gestellt und für ihren Versuch eine Person gesucht,
die zwar wusste, dass sich Informationen im Internet finden
und miteinander in Beziehung setzen lassen, sich aber trotzdem relativ freizügig im Netz bewegt und es als Ort der
Selbstpräsentation sowie des Netzwerkens nutzt.[212] Sie fanden Mario R. (Name von der Redaktion geändert). Mario R.,
heißt es in dem Artikel,»bekleidet bei einem Internet-Unter-

nehmen einen verantwortungsvollen Posten. Außerdem kokettierte er on- wie offline gerne damit, auch Privates in seine Online-Präsenz einfließen zu lassen. R. war zunächst nicht überrascht, als er von unserer Recherche erfuhr, und sah keine Probleme in der Veröffentlichung.« Das allerdings sollte sich mit dem Ergebnis der Recherchen ändern.

Wer etwas über eine Person herausfinden möchte, googelt sie, das ist der einfachste und schnellste Weg, seine Neugierde zu befriedigen. Bei Mario R. stießen die Autoren des Artikels vor allem auf Informationen zu seiner schulischen und beruflichen Laufbahn, sie erfuhren sein Alter, sein Geburtsdatum und fanden zahlreiche Fotos. Auch »Fotos vom Geburtstag, vom eigenen Kind, das gratuliert, und auch Namen von Freunden, die mit dabei waren – alles steht im Netz«.

R. ist in verschiedenen sozialen Netzwerken aktiv, wobei er unterschiedlich viele Kontakte pflegt. Beruflich ist er engagierter als privat. Auf Twitter trennt er das eine nicht vom anderen. R. hat auf etlichen Plattformen eigene Accounts angelegt, unter seinem richtigen Namen oder seinem Nickname, den die Autoren R. schnell zuordnen können. »Viele Internetnutzer sind parallel unter ihrem richtigen Namen und einem Nickname unterwegs. Der richtige Name ist heute notwendig geworden, wenn man im Web 2.0 auch berufliche Kontakte pflegen und gefunden werden will. Der Nickname dagegen entspricht noch ganz den Benimmregeln des Web 1.0, als private E-Mail-Adressen keine Klarnamen enthielten – eine Mail-Adresse zum Chatten, um bei eBay Gebrauchtes zu verkaufen oder um bei Amazon Bücher zu bewerten. Und wenn der Nickname häufig ist, hängt man halt Zahlen dran – Geburtsjahr, Geburtsdatum, Teile einer Postleitzahl. So hält das auch R.«

Dieses doppelte Spiel, so die Autoren, sei riskant, weil es kaum jemandem auf Dauer gelinge, diese beiden Welten konsequent zu trennen. Irgendwann komme man durcheinander und verrate den richtigen Namen bei einem Account, der unter dem Nickname laufe. »Oder Dritte stellen die Verbindung zwischen realem Namen und Nickname her, indem sie Profilfotos auf mehreren Plattformen vergleichen. Danach können sie alle anderen privat gehaltenen Dinge mit dem richtigen Namen verknüpfen.« Ob ein Nickname noch bei anderen Netzwerken frei ist, verrät die Seite namechk.com. Das Praktische an dieser Seite: »Hat man einen Nickname, kann man sehen, wo er noch verwendet wird – von eBay bis zu YouTube.« Man könnte den Eindruck bekommen, Mario R. unterschätze das Internet, und das tut er auch. Gleichzeitig überschätzt er aber auch sich selbst, es ist eine Mischung aus Naivität und Unwissenheit. Er glaubt, dass die beruflichen und privaten Informationen, mit denen er das Netz speist, keine Gefahr für ihn darstellen, so geht es den meisten von uns. Zum Beispiel scheint R. es nicht als problematisch anzusehen, dass man erfährt, wann er die Fußballspiele seines Lieblingsvereins im Fernsehen verfolgt und wann im Stadion. Doch was, »wenn jemand die Informationen gezielt nutzt, Schlüsse zieht, Informationshappen miteinander verbindet? Abwegig ist das nicht – auf der Internetseite http:// pleaserobme.com haben sich die Macher schon mal einen Spaß daraus gemacht, alle Tweets, die auf Urlaub oder Abwesenheit von zu Hause hindeuten, unter der Überschrift ›Please rob me‹ zu sammeln: eine Warnung, nicht alles mit allen zu teilen.«

R.s Tweets verraten, wann und wohin er in den Urlaub reist. Seine Adresse steht zwar nicht im Telefonbuch, »aber in einem ortsbezogenen sozialen Netzwerk nennt er einen Ort, der für jedermann sichtbar ist und Rückschlüsse auf seine Adresse zulässt. Die Adresse passt zu den GPS-Koordinaten, die R. seinen Tweets manchmal beifügt. Über die Adresse lässt sich übrigens auch ein guter Freund von R. ausfindig machen, der ihn öfter besucht. Außerdem passt die recherchierte Adresse gleich zu mehreren anderen Informationen aus seinen Tweets: die Kirche, die die Familie besucht, oder die Foto-Location nach der Hochzeit. Ansehen konnten wir uns das Haus aus der Vogelflugperspektive bei Bing, in Google Street View ist es verpixelt. Die Haustür passt zu der, die wir auf einem seiner Videos sehen.« Anhand von Fotos erkennen die Autoren, in welchem Stockwerk R. wohnt.

Seine Frau und sein Kind präsentiert er online, das machen viele, besonders Kinderfotos zu posten ist beliebt, das suggeriert Familienglück. R. und seine Frau haben für ihr Kind bereits einen Blog angelegt. »Über die Nicknames der Familie lassen sich auch noch viel heiklere Informationen aus dem Privatleben finden, die selbst für eine anonyme Beschreibung zu persönlich sind, weil sie unstrittig die Intimsphäre betreffen.«

Durch die Fotos können sich die Autoren einen guten Einblick darüber verschaffen, wie R.s Wohnung eingerichtet ist. Praktischerweise twittert auch seine Frau. »Über sie erfahren wir viel, nachdem wir ihren Nickname gefunden haben: Alter, Beruf, Mädchenname, Arbeitgeber, Hobbys, Ergebnisse von Sportwettbewerben, wie sie sich die Zeit vertreibt, was sie besonders gut kann. Wir spüren Foreneinträge auf, in denen es um Sport und Schwangerschaft geht – ein vager Hinweis auf die Familienplanung.«

Offenbar hat R. seine Frau im Netz kennengelernt. Unheimlich ist, wie gut es den Autoren gelingt, die Liebesgeschichte der beiden zu rekonstruieren, gemeinsame Urlaube, die Geburt des Kindes etc.

R.s digitale Spuren verraten noch mehr über ihn: Er ist Vater mehrerer Kinder, das hat er selbst einmal getwittert. Dass R. die Namen der Kinder nicht nennt, schützt deren Privatsphäre nicht. »Die Zuordnung«, so die Autoren, »gelingt uns über die Bilder – ein Verknüpfungsweg, den man oft nicht auf dem Schirm hat. Wir recherchieren nach der Mutter des Kindes und erkennen sie auf einem Foto in einem sozialen Netzwerk. Über ihren Namen finden wir zu einer Website mit ihrer Adresse. Wir besichtigen ihr Haus online, erfahren ihren Geburtstag und ihre Geschenkwünsche, die sie bei einem Online-Shop veröffentlicht hat.«

Die Autoren hatten im Netz schließlich Hunderte von Texten und Fotos sowie etliche Videos gefunden, die zusammengenommen einen erschreckend detaillierten Einblick in R.s Leben gewähren. Ganz so, als hätte er seine Haustüre geöffnet und jeden, der möchte, hereingebeten. Selbst die Bankverbindung ließe sich auf einfache Weise herausbekommen, etwa wenn die gesuchte Person auf eBay Dinge verkauft.

Am Ende steht R. im Grunde vollkommen »nackt« da. Die Leichtsinnigkeit und Naivität, mit der er sich im Netz bewegt, gefährdet nicht nur ihn, sie gefährdet sämtliche Personen, die er, bewusst oder unbewusst, online mit ins Boot holt. Besonders seine Kinder. Mit diesem Verhalten ist R. keine Ausnahme.

9. Warum Ihr Wohnzimmer nicht mehr sicher ist

Sprechen wir über die Zukunft des Fernsehens. Sie ist smart. »Fernsehen mit Mehrwert«, so vielversprechend drückt es die Kampagne »Smarter Fernsehen« aus. Verzichten Sie lieber auf diesen Mehrwert und halten Sie es mit Ihrem alten Fernsehapparat wie mit Ihrem alten Auto: behalten Sie ihn. Der moderne Fernsehapparat ist ein trojanisches Pferd. Er kann genauso wie jeder Computer gehackt werden. Wir stellen ihn mitten in unser Wohnzimmer oder sogar ins Schlafzimmer, und nicht selten steht ein solches Gerät sogar im Zimmer unserer Kinder.

Was genau bedeutet smartes Fernsehen? Das Gerät ist mit dem Internet verbunden und erlaubt online-basierte Anwendungen. In der Werbebroschüre heißt es: »Mediatheken, Video on Demand, Skype, Facebook und vieles mehr kann nun direkt auf dem Fernseher genutzt werden. Über die You-Tube-TV-App können Millionen Clips aufgerufen werden. Läuft gerade ein spannender Krimi, können sich die Zuschauer dazu parallel auf Facebook und Twitter austauschen. Dazu müssen sie kein zweites Gerät bedienen: Smarter Fernsehen erledigt Social Media ganz nebenbei – als integrierte Anwendung.«[213]

Eine der vielen Techniken, die in der schönen neuen Fernsehwelt zum Einsatz kommt, nennt sich HbbTV. Sie sorgt dafür, dass man mit dem Fernsehgerät mühelos auf die Internetinhalte der Fernsehsender, beispielsweise die Mediatheken, zugreifen kann.

Das Magazin »c't« hat in einem Versuch »eine Reihe aktueller Smart-TVs im Labor aufgebaut, um zu überprüfen, welche Daten abfließen, wenn man die Geräte mit dem Internet verbindet. Ohne dass wir eine der Online-Funktionen aktivierten, schickten die Geräte bereits umfassende Daten über das Nutzungsverhalten ins Netz. Und zwar nicht nur an die Sendeanstalten, sondern auch an die TV-Hersteller – und sogar an die Datenkrake Google.«²¹⁴ Im nächsten Schritt bahnen sich Kameras, Sensoren und Mikrofone ihren Weg in unsere Wohnzimmer und beobachten uns beim Fernsehen. Verschiedene Firmen arbeiten an der entsprechenden Technik, die ersten Patente wurden bereits angemeldet. Das amerikanische Telekommunikationsunternehmen Verizon hat eine Technik zur Patentreife gebracht, die die Handlungen des Fernseherzuschauers erkennen und interpretieren soll: Isst er? Lacht er? Redet er viel? Bügelt er nebenher? Selbst die soziale Interaktion wird ausgewertet. Wenn das System feststellt, dass ein Paar einen Streit hat, sendet es Anzeigen für Paartherapie auf den Fernseher oder auf ein Mobiltelefon im gleichen Raum. Wenn sich das Paar näherkommt, erhält es Werbung für ein romantisches Wochenende oder ein Verhütungsmittel«, heißt es in der Patentschrift. Falls man den Inhalt einer Tüte Chips in sich hineinstopft, werden dann auch Spots für Diätpräparate laufen?

Dank Gesichtserkennung weiß man, wer vor dem Fernseher sitzt. Auch Emotionen und Tätigkeiten können die Algorithmen heute schon erkennen. Was, wenn verschiedene Anbieter in Zukunft die Daten an interessierte Unternehmen verkaufen? Natürlich werden alle Daten anonymisiert weitergegeben, aber wir wissen auch, dass man anonyme Daten oft wieder re-anonymisieren kann. Arbeitgeber könnten sich für die Daten interessieren, um die Mitarbeiter nicht nur am Arbeitsplatz, sondern auch zu Hause zu überwachen. Bekommt die neue Teamleiterin genügend Schlaf? Schaut sich der Grundschullehrer besonders gerne Gewaltfilme an? Guckt der Mitarbeiter Trashfernsehen? Oder wie sieht es mit dem Bewerber aus? Hält er sich regelmäßig durch Nachrichtensendungen auf dem Laufenden und bildet sich mit Dokumentationen weiter, oder mag er Soaps? Wie sieht es mit dem Süßigkeitenkonsum aus? Wenn der potenzielle Mitarbeiter ständig mit Junkfood vor dem Fernseher sitzt, dann will ihn der Arbeitgeber vermutlich lieber nicht einstellen aus Angst, dass er öfter krank ist als andere. Und denken Sie an Ihre Krankenversicherung. Um die günstigeren Tarife zu bekommen, müssen Sie vielleicht in Zukunft nicht nur ein Fitnessarmband tragen, was Ihre Bewegungsaktivitäten und Vitalwerte aufzeichnet, Sie müssen sich vielleicht auch darauf einstellen, dass die Krankenkasse Sie per Fernsehapparat überwacht.

Viele neue Oberklasse-Smart-Fernseher haben mittlerweile Mikrofone und Kameras eingebaut. Sie lassen sich für Videochats nutzen, aber auch als Ersatz für die Fernbedienung. In Zukunft können wir Fernseher per Spracheingabe oder Gestensteuerung bedienen. Sobald aber smarte Fernsehapparate mit Kameras und Mikrofonen ausgestattet sind, werden sie zu den gefährlichsten Gegenständen im Haus überhaupt. Experten sind sich einig, dass es mit dem nötigen Knowhow jedem möglich ist, von jedem Ort der Welt in einen mit dem Netz verbundenen Apparat einzudringen und diesen zu steuern. »Sobald man Zugang zum Fernseher hat, ist fast alles möglich. Die integrierte Kamera und das Mikrofon lassen sich anzapfen, Benutzernamen und Passwörter stehlen, oder man kann den integrierten Webbrowser manipulieren, so dass er weitere Schadsoftware herunterlädt.«

»Bei der Überwachung geht es nicht um dich oder mich«, sagt der koreanische Sicherheitsexperte Seung Jin Lee. »Es geht um die Familie. Wenn der PC gehackt wurde, dann ist es größtenteils dein eigenes Problem. Aber wenn das Smart-TV gehackt wird, dann ist auch der Partner, dann ist die ganze Familie betroffen. Also verhindern Sie, dass der Fernseher Ihr Bett sehen kann.«[215]

Es ist Sommer, ein heißer Tag, Ihre zwei kleinen Kinder spielen nackt im Garten, während Sie im Wohnzimmersessel lesen. Ab und an toben Ihre Kinder um Sie herum, werfen sich kreischend auf die Couch, treiben Unsinn. Was Sie nicht wissen: Ihr Fernseher wurde gehackt. Ihre Kinder werden, ohne dass Sie etwas davon bemerken, nackt fotografiert. Die Fotos werden später für Geld gehandelt und tauchen irgendwann im Netz auf.

Anfang 2014 sorgte eine spektakuläre Firmenübernahme für Aufsehen: Google übernahm den Thermostat- und Rauchmelderhersteller Nest für die ungeheure Summe von 3,2 Milliarden Dollar. Damit kaufte sich Google mit einem Schlag in Millionen von Haushalten ein, in denen sich das Unternehmen in Zukunft genau umsehen, sprich, massenhaft Daten abgreifen wird. Nests Thermostate erfassen dank eingebauter Sensoren zahlreiche Informationen über Temperatur, Luftfeuchtigkeit, Helligkeit usw.

Der Technikjournalist Ryan Block beschreibt die Ausdehnung von Googles Machtradius bis in unsere Schlafzimmer hinein mit den Worten: »Dank Nests eingebauter Sensoren weiß Google jetzt, wann Sie zu Hause sind, in welchem Zimmer Sie sich aufhalten und wann Sie weg sind.« Es weiß dank der Luftfeuchtigkeitsmessung in Ihrem Schlafzimmer auch, wie oft, wie lange und wie leidenschaftlich Sie Sex haben. »Informationen über die Lebensgewohnheiten von Millionen Menschen, gepaart mit all dem, was der Konzern dank seiner Suchmaschine, dank Cookies, Gmail und Android schon jetzt über Abermillionen von Menschen weiß – das ist ein wertvoller Schatz. Ein Android-Nutzer, der sich auch noch Nest-Thermostate ins Haus holt, wird Google mehr Informationen über sich und sein Privatleben geben, als jemals ein Konzern über einzelne Personen besessen hat.«

Google ist gerade dabei, »ein neues Reich zu errichten«, schreibt die Ökonomin Shoshana Zuboff. »Wenn man Google mit einem Wort beschreiben könnte, dann mit dem Ausdruck ›absolut‹. Das Lexikon definiert ›Absolutismus‹ als ein System, in dem die herrschende Macht keiner geregelten Kontrolle durch irgendeine andere Instanz unterworfen ist.«[216] Google stellt seine eigenen Gesetze auf, ohne dass wir diese Gesetze kennen, geschweige denn ihnen zustimmen würden. Die moderne, mit Sensoren und smarten Geräten ausgestattete Wohnung mutiert zu einem gruseligen, durch Apps steuerbaren Überwachungsraum. Dieses »Internet der Dinge bietet gewaltige Möglichkeiten zum Reality Mining und zur Beeinflussung der Realität. Von den Windeln für Ihr Baby bis hin zu Ihrem Kühlschrank, von der Heizung über die Matratze, die Wände und die Kaffeetasse bis hin zum künstlichen Knie – all das wird das intelligente neuronale Netzwerk bilden, in dem Sie atmen, essen, schlafen, reisen und arbeiten. Es wird zahllose Konfigurationen aus Aktionen, Beobachtungen, Vorschlägen, Mitteilungen und Eingriffen ausführen, die alle auf eine neue Art von Produkt ausgerichtet sind: die Realität. Google und andere werden ihr Geld damit verdienen, dass sie diese Realität kennen, manipulieren, kontrollieren und in kleinste Stücke schneiden.«[217]

»Wir haben Angst vor Google.« Diesen Satz, der in der »Frankfurter Allgemeinen Zeitung« stand, hat Mathias Döpfner, der Vorstandsvorsitzende von Axel Springer, dem mächtigsten Verlagskonzern Europas, geschrieben, und er hat dafür die Form eines offenen Briefes an den Google-Chef Eric Schmidt gewählt. »Sie selbst haben 2010 gesagt: ›Wir wissen, wo du bist. Wir wissen, wo du warst. Wir können mehr oder weniger wissen, was du gerade denkst.‹ […] 2009 haben Sie gesagt: ›Wenn es Dinge gibt, von denen Sie nicht wollen, dass irgendjemand etwas darüber erfährt, dann sollten Sie so etwas nicht tun.‹«[218]

Bereits heute gibt es eine riesige Auswahl an smarten Geräten, und täglich kommen neue Produkte und Anwendungen auf den Markt. Phillips bietet LED-Lampen an, die sich per Smartphone-App über das Internet steuern lassen. Heizungen und Steckdosen sind aus der Ferne steuerbar. Es existieren Geräte, die im Blumentopf die Umgebungsbedingungen der Pflanzen überwachen und den Besitzer daran erinnern, wenn die Pflanze gegossen oder gedüngt werden muss. Mittels Sensoren an der Zahnbürste können Eltern das Putzverhalten ihrer Kinder überwachen. Auch der in den Medien gerne erwähnte smarte Kühlschrank, der erkennt, welche Lebensmittel bald ablaufen, und bei Bedarf automatisch Nachschub bestellt, gehört zu dieser neuen smarten Welt.

Haben Sie sich jemals darüber Gedanken gemacht, wozu moderne Straßenlaternen heutzutage fähig sind? Weltweit gibt es über vier Milliarden Straßenlaternen. Was wäre, wenn all diese Laternen Knotenpunkte in einem Netz von Sensoren werden würden, das die gesamte Welt umspannt? »In den kommenden 20 Jahren werden wir vier Milliarden Straßenlaternen mit neuen und energiesparenden Lampen ausstatten. Die Installationskosten sind bereits bezahlt, also haben wir uns gefragt: Was könnten wir noch tun?«[219], sagt Hugh Martin, Geschäftsführer von Sensity Systems. Seine Firma hat neue smarte Straßenlaternen angekündigt, die mit Sensoren und Internetanschluss ausgestattet sind. Die mit Sensoren vollgestopften Laternen können Luftqualität, Temperatur, Windrichtung, Windstärke und Feuchtigkeit, seismische Aktivitäten, Umgebungslicht und Radioaktivität messen. Sie können natürlich auch die individuellen MAC-Adressen von in der Umgebung befindlichen Smartphones registrieren sowie Geräusche und Videobilder der Umgebung aufnehmen. All diese Daten können die Laternen ins Internet senden und einen gigantischen Datenstrom erzeugen.

Dieses massenhafte Datensammeln ist nur der erste Schritt. Das eigentliche Ziel ist, die Daten über verschiedene Apps zur Verfügung zu stellen. Vieles ist vorstellbar. So könnte es etwa kostenlose Apps geben, mit denen die Stadtverwaltung die Lampen ein- und ausschalten kann und benachrichtigt wird, wenn eine Lampe eine Störung hat.

Geld verdienen ließe sich mit Apps, die die Umgebung überwachen und für Sicherheit sorgen sollen. Wie es andere Systeme auch schon ermöglichen, könnten die Sensoren erkennen, wenn Schusswaffen abgefeuert wurden. Da die Laternen aber in großer Anzahl und flächendeckend vorhanden wären, ließe sich der Ort, an dem die Schusswaffe abgefeuert wurde, mit wesentlich größerer Genauigkeit als mit herkömmlichen Systemen berechnen.

Andere Apps könnten dazu eingesetzt werden, um durch das Scannen der in der Umgebung vorhandenen Smartphones zu erkennen, wie viele Plätze auf einem Parkplatz noch zur Verfügung stehen. Strafverfolgungsbehörden könnten gegen Bezahlung auf die Daten der Überwachungskameras und Mikrofone zugreifen. Auch die Wetter- und Umweltdaten ließen sich an entsprechende Stellen verkaufen.

Kurz gesagt: Aus dem Betrieb von Straßenlaternen ließe sich ein profitables Geschäft machen. Zumal die neue Generation von Straßenlaternen normalerweise mit energiesparenden LED-Lampen ausgestattet ist und sich so durchschnittlich 70 Prozent Energie einsparen lassen. Ein Nebeneffekt der neuen Technik ist die weitaus längere Lebensdauer der LED-Lampen. So haben sich die höheren Kosten für die Lampen in etwa zwei Jahren amortisiert.[220]

Sensity Systems ist überzeugt, dass ihre Idee Erfolg haben wird. Die Technik ist mittlerweile erschwinglich geworden, eine mit Sensoren ausgestattete Laterne ist nur um etwa 150 Dollar teurer als eine normale. Nicht viel, wenn man bedenkt, dass sich mit den gesammelten Daten viel Geld verdienen lässt.

Solch ein globales Netzwerk von Sensoren, das die Offline-Welt ähnlich total überwacht, wie es in der Online-Welt die Spähprogramme der NSA und anderer Geheimdienste tun, lässt Gedanken an George Orwell wach werden.

Das IT-Marktforschungsunternehmen Gartner schätzt, dass das Internet der Dinge im Jahr 2020 auf 26 Milliarden Geräte angewachsen sein wird – die dann etwa 7,3 Milliarden PCs, Laptops und Smartphones sind in dieser Zahl noch nicht einmal enthalten.[221] Die Entmündigung des immer bequemer werdenden Bürgers, der seine Gedankenarbeit herunterfährt und den Kühlschrank die Einkäufe erledigen lässt, mündet in das totale Geführtwerden und damit in die Unfreiheit, prophezeit der Landesdatenschutzbeauftragte Joachim Wahlbrink. »Die Industrie scheint Gefallen an dieser Vision zu haben, weil man davon ausgeht, dass der Bürger seine Helfer, die langsam, aber sicher seine Herrscher werden, immer wieder in Anspruch nehmen möchte. Wir werden eine Umwertung und Entwertung all dessen erleben, was wir bisher an Selbstbestimmung, Steuerung und Eigenverantwortung hatten.«[222]

10. Das Namensschild auf der Stirn

Die Szene, die Sie gleich lesen werden, ist keine ferne Zukunftsmusik, sie wird schon sehr bald Realität: Sie sitzen in einem Café. Gegenüber sitzt eine Person, die Sie interessant findet. Unauffällig macht die Person mit dem Smartphone ein Foto von Ihnen, startet eine App, die das soeben gemachte Foto verarbeitet. Einen Moment später wird die App fündig. Sie wurden identifiziert. Auf dem Smartphone erscheint nun Ihr Facebook-Profilbild mitsamt einem Link zu Ihrem Profil. Dort steht Ihr Name, wahrscheinlich sind auch Ihre Facebook-Freunde dort zu sehen, Ihre Interessen, Ihre Statusmeldungen und Ihre Fotos. Die App zeigt möglicherweise auch Ihr Xing-Profil an, eventuell inklusive Informationen über Ihren Beruf und Ihren Arbeitgeber. Und wenn Sie gerade Single und auf einer der vielen Dating-Webseiten aktiv sind, ist auch dieses Profil auf dem Smartphone zu sehen.

Die Firma FacialNetwork.com will in den nächsten Monaten in den USA eine App namens NameTag auf den Markt bringen, die genau das können soll. Die Personen auf Smartphone-Fotos sollen nicht nur identifiziert werden können, indem die App sie automatisch mit Bildern diverser Social-Media- und Dating-Webseiten abgleicht, sondern die Software gleicht das gescannte Gesicht außerdem auch mit den mehr als 450 000 Einträgen der amerikanischen Sexualstraftäterdatei ab und schlägt Alarm, wenn man einen vermeintlichen Sexualstraftäter vor sich hat.

»Ich glaube, dass [unsere App] Online-Dating und auch das menschliche Miteinander viel sicherer macht und uns ein besseres Verständnis unserer Mitmenschen gibt«, sagt der Erfinder von NameTag, Kevin Alan Tussy. »Es ist viel einfacher, interessante Leute zu treffen, wenn wir einfach das Facebook-Profil der Person ansehen können, oder Ihre Linked-In-Seite oder gar ihr Profil auf einer Dating-Seite.«²²³ Vor zwei Jahren kaufte Facebook die israelische Firma face.com, die über die exakteste Gesichtserkennungssoftware weltweit verfügt – jedenfalls behauptet sie das. Die Algorithmen sind mittlerweile so perfekt, dass sie Gesichter im Grunde genauso gut erkennt wie der Mensch. Bei Tests ließen die Experten die Software DeepFace einige 1000 Fotos analysieren und der passenden Person zuordnen. Menschen lieferten in 97,53 Prozent der Fälle die richtige Antwort, das Gesichtserkennungsprogramm erkannte in 97,25 Prozent der Fälle die richtige Person.

Bereits 2011 begann Facebook, jedes von Nutzern hochgeladene Foto automatisch nach Gesichtern zu scannen. Um Erlaubnis fragte Facebook nicht. Zwar hat der Hamburger Landesdatenschutzbeauftragte Johannes Caspar dafür gesorgt, dass Facebook die Funktion ein Jahr später in Europa abschalten und die erhobenen Gesichtserkennungsdaten löschen musste, trotzdem verwendet Facebook die Funktion weiterhin für alle Nichteuropäer.

Gut funktionierende Gesichtserkennung wird inzwischen sogar »kostenlos« angeboten. Googles Fotoverwaltung Picasa, Apples iPhoto und viele andere Anwendungen verfügen über eine integrierte Gesichtserkennung, die beliebig viele Personen auf einer großen Anzahl von Fotos automatisiert erkennt und sortiert.

Die Tage, an denen man sich mehr oder weniger anonym im öffentlichen Raum bewegen konnte, sind gezählt. Schon heute ist es fast so, als würden wir mit einem Namensschild auf der Stirn durch die Gegend laufen. Eine Forschergruppe der Carnegie Mellon University testete, wie gut sich mit frei verfügbarer Gesichtserkennungssoftware und jenen in sozialen Netzwerken verfügbaren Daten fremde Personen identifizieren lassen. In einem ersten Experiment hat die Forschergruppe knapp 300 000 Profilfotos von Facebook-Nutzern einer amerikanischen Stadt heruntergeladen. Jedem, der über ein wenig Programmierkenntnisse verfügt, ist das möglich. Da die meisten Nutzer ihren echten Vor- und Nachnamen im Profil verwenden, hatte sie gleich auch die passenden Namen zu den Gesichtern.

Im zweiten Schritt wurden die Profilfotos von Nutzern aus derselben Stadt aus einer großen Online-Dating-Webseite heruntergeladen. Dort verwenden die Nutzer zum Schutz ihrer Identität meist Fantasienamen. Die Forscher wollten nun herausfinden, ob sich die knapp 5000 heruntergeladenen Fotos mit Gesichtern von der Online-Dating-Webseite, automatisiert mit den Facebook-Profilbildern, abgleichen lassen. Obwohl jeweils nur ein einziges Foto verwendet und, verglichen mit dem aktuellen Stand der Forschung, lediglich eine relativ einfache Gesichtserkennungssoftware benutzt wurde, konnten über zehn Prozent der Profile mit einer hohen Wahrscheinlichkeit eindeutig einer Person bzw. einem Namen zugeordnet werden. Die Forscher wiesen darauf hin, dass man die Ergebnisse extrem verbessern könne, wenn man mehrere Fotos von einer Person zur Verfügung habe.

In einem zweiten Experiment nutzten die Forscher 260 000 Fotos aus einer öffentlichen Facebook-Gruppe der Universität. Außerdem nahmen sie mit einer einfachen Webcam jeweils drei Fotos von knapp 100 an der Studie teilnehmenden Studenten auf. Ziel des Experimentes war es, die Namen der Studenten herauszufinden, indem die Gesichter mit den frei verfügbaren Fotos der Facebook-Gruppe abgeglichen wurden. In diesem Experiment lieferte die Software in durchschnittlich drei Sekunden einen Namen zum jeweiligen Gesicht, und der war in mehr als 30 Prozent der Fälle korrekt. Sie lieferte sogar den korrekten Namen eines jungen Mannes, der über gar kein Facebook-Profil verfügte, da seine Freunde ihn trotzdem in Facebook auf Fotos mit seinem Namen markiert hatten. Die Experimente wurden bereits 2011 durchgeführt. Wie enorm verbessert heutige Algorithmen arbeiten, zeigen die Ergebnisse von Facebooks DeepFace-Technologie.[224] Das Gefahrenpotenzial der ausgefeilten Gesichtserkennung ist dann besonders hoch, wenn Daten geklaut werden, wie intime Fotos, sei es von Kriminellen oder dem wütenden Ex-Freund. In einschlägigen Foren existieren Massen solcher Bilder, was die meisten Opfer jedoch nie erfahren. Keine Frage, das ist furchtbar, und es mag zynisch klingen, aber solange Freunde, Bekannte, Nachbarn oder Arbeitskollegen diese Fotos im Datendschungel nicht entdecken, ist der Schaden meistens begrenzt. Je besser die Gesichtserkennung jedoch funktioniert, desto einfacher kann man in Zukunft auch auf diesem Feld Data-Mining betreiben. Der Gedanke liegt nahe, dass jemand massenhaft brisante Daten aus öffentlich zugänglichen Quellen herunterlädt, sie automatisiert mit Bildern vergleicht, denen ein Name zugeordnet werden kann – beispielsweise mit den öffentlichen Profilbildern aus sozialen Netzwerken –, und mit diesem Wissen dann Menschen erpresst.

Jähzornige Menschen machen den Verkehr nicht gerade sicherer, wobei man sagen muss, dass das Autofahren selbst besonnene Charaktere in Rage bringen kann. Die Situationen sind bekannt: Stau, aggressive Straßenteilnehmer, Parkplatzsuche, ein unübersichtlicher Schilderwald. Weltweit arbeiten Forscher deshalb an Sensoren und Software für Autoinnenräume, die den Gemütszustand des Fahrers und sein Aufmerksamkeitslevel registrieren und entsprechend darauf reagieren. Eine Gruppe Studenten der kanadischen Universität Waterloo hat ein System entwickelt, das verschiedene Sensoren kombiniert: Einer misst die Pulsfrequenz des Fahrers, ein weiterer die Stärke des Handdrucks am Lenkrad. Übersteigen beide Werte den Normalwert, schaltet sich automatisch die installierte Kamera ein. Falls nun die Gesichtserkennungssoftware zu dem Ergebnis kommt, dass der Fahrer aggressiv ist, spielt das Autoradio beruhigende Musik. Alternativ, so die Forscher, könnte das System auch die Klimaanlage einschalten oder die Fenster herunterfahren. Die Studentengruppe ist gerade dabei, das System patentieren zu lassen und die Technologie Autoherstellern vorzustellen.[225] Fast alle Autokonzerne arbeiten an solchen und ähnlichen Systemen, die das Verhalten der Fahrer beobachten.

Es ist bekannt, dass längst staatliche Stellen das Potenzial der flächendeckenden Überwachung durch Videokameras entdeckt haben. Dabei werden nicht nur Gesichter von Passanten mit Datenbanken von Straftätern oder vermissten Personen abgeglichen, es wird auch das Verhalten der Personen analysiert. Die Software erkennt, ob man rennt, streitet, sein Gepäck verliert oder schlicht herumlungert, und schlägt bei Bedarf Alarm. Die EU forscht unter anderem seit 2009 im umstrittenen Forschungsprojekt INDECT (Intelligent information system supporting observation, searching and detection for security of citizens in urban environment«, auf Deutsch Intelligentes Informationssystem zur Unterstützung von Überwachung, Suche und Erfassung von Bürgern in städtischen Räumen) an den neuen Möglichkeiten. Hauptziel des Forschungsprojekts ist es, Daten aus unterschiedlichen Quellen im Internet, aus Fahndungsdatenbanken, aber auch öffentliche Daten aus sozialen Netzwerken und Foren mit umfangreichen Analysen auszuwerten und mit Bildern aus verschiedenen Kameraüberwachungssystemen zu kombinieren. Das System soll abnormales Verhalten von Personen erkennen, Risiken bewerten und Straftaten vorhersehen können. Als verdächtig kann dabei schon »zu langes Sitzen«

oder »Auf-dem-Boden-Sitzen« in einem öffentlichen Verkehrsmittel gelten. Auf Überwachungsbildern als verdächtig identifizierte Personen sollen durch computergestützte Gesichtserkennung automatisch identifiziert und dann eventuell von ferngesteuerten Drohnen mit Überwachungskameras automatisch und selbstständig verfolgt werden. Das Projekt ist heftig umstritten. So hat auch das deutsche Bundeskriminalamt eine Beteiligung an dem Projekt »aufgrund des umfassenden Überwachungsgedankens« abgelehnt.[226] Die von der Piratenpartei initiierte Initiative »STOPP INDECT« schrieb:

»INDECT ist das umfassendste Überwachungsprogramm, das je installiert werden sollte. Es umfasst nicht nur das Internet. Auch Menschen auf der Straße werden INDECT nicht entgehen. Was wie wirre Science-Fiction klingt, könnte ab 2013[*] schwer zu begreifende Wirklichkeit werden. Science-Fiction war gestern. INDECT ist morgen. INDECT verbindet sämtliche Daten aus Foren, Social Networks (z. B. Facebook), Suchmaschinen des Internets mit staatlichen Datenbanken, Kommunikationsdaten und Kamerabeobachtungen auf der Straße. INDECT wird wissen, wo wir sind, was wir tun, weshalb wir es tun und was unsere nächsten Schritte sein werden. INDECT wird unsere Freunde kennen und wissen, wo wir arbeiten. INDECT wird beurteilen, ob wir uns normal oder abnormal verhalten.«[227] Kurz gesagt: INDECT wird uns nie wieder aus den Augen lassen.

---

[*] Das Projektende ist inzwischen für Mitte 2014 geplant.

11. Cyberkriminalität

Ein paar ganz normale Meldungen aus der Welt der Cyberkriminalität:

Datendiebstahl: Staatsanwaltschaft entdeckt 18 Millionen gestohlene E-Mail-Passwörter.[228]

Hacker stehlen 160 Millionen Kreditkarten-Nummern: Fünf Männer sollen über Jahre hinweg Kreditkarten-Nummern von Unternehmen abgegriffen und ihnen Verluste von Hunderten Millionen Dollar zugefügt haben.[229]

Datendiebstahl: Cyber-Bankräuber erbeuten 45 Millionen Dollar.[230]

Apple warnt vor Datenklau bei iPhone, iPad und Macs: Hacker könnten Zugriff auf E-Mail und andere Kommunikationsvorgänge erhalten.[231]

Datendiebstahl: Rewe wird von Hackern erpresst.[232]

Warnung: 16 Millionen Online-Konten geknackt.[233]

Datendiebstahl bei Vodafone: Zwei Millionen Kunden betroffen.[234]

Benutzer von Amazon S3 geben unbeabsichtigt Milliarden sensitiver Dokumente frei: Die Untersuchung einer Stichprobe von 40 000 Files brachte Geschäftsberichte, persönliche Fotos, Zugangsdaten für diverse Dienste und so weiter zutage.[235]

Datendiebstahl wächst rasant: Kontodaten, Geschäftsgeheimnisse oder persönliche Daten – auf Computern lagern Informationen, die früher im Tresor gelandet wären. Nur wird oft übersehen, dass Computer nicht einbruchsicher sind.[236]

Datendiebstahl als häufigstes Delikt: Der Schaden, der durch Cyberkriminalität entsteht, ist enorm, das Bewusstsein über die Gefahren der virtuellen Arbeitswelt noch nicht ausreichend ausgeprägt.[237]

Jeden Tag werden Daten gestohlen. Cyberkriminelle, die die erbeuteten Daten später verkaufen, Konten leer räumen oder mit den Passwörtern auf Kosten der Opfer im Internet einkaufen, sind weltweit am Werk. In Asien und Osteuropa gibt es unzählige professionell organisierte Gruppen, die im Auftrag Wirtschaftsspionage betreiben. Sie brechen in Unternehmensnetzwerke ein und kopieren, was sie kriegen können. Wir müssen davon ausgehen, dass gerade einmal die Spitze des Eisberges bekannt ist, denn oft hinterlassen die Einbrecher keine Spuren, und anders als in der realen Welt fehlen in der digitalen Welt die gestohlenen Daten nicht, sie wurden ja nur kopiert.

Eine im Auftrag des Netzwerkausrüsters Juniper Networks ausgeführte Studie der Denkfabrik Rand Corporation zeigt, welche Ausmaße Cyberkriminalität mittlerweile angenommen hat.

Es ist von einer »beispiellosen globalen Reife« die Rede. Den kriminellen Untergrund im Cyberspace müsse man mittlerweile als »blühende Metropole« beschreiben, so das US-Technologieunternehmen. Schätzungsweise beschäftigt diese weltweit organisierte Industrie 80 000 Menschen und erwirtschaftet jährlich viele Milliarden Dollar.

Die Infrastruktur der kriminellen Seite des Internets zeige ähnliche Komponenten einer realen Wirtschaft: Es gebe »Ausbildungs- und Trainingsmöglichkeiten, Einkaufsläden, Service-Angebote, eigene Währungen, eigene Gesetze und eine hierarchische Struktur.« [238]

Immer wieder werden Fälle bekannt, die zeigen, dass es nicht unbedingt Krimineller bedarf, damit sensible Daten in die falschen Hände geraten. Im Februar 2014 hat ein spanischer IT-Sicherheitsforscher bei der sehr populären und mittlerweile zu Facebook gehörenden Fotosharing-Plattform Instagram eine Sicherheitslücke aufgedeckt, die zu diesem Zeitpunkt bereits knapp sechs Monate existierte. Durch sie war es möglich, die Einstellungen von eigentlich als privat eingestuften Konten anderer Benutzer so zu verändern, dass die Fotos von jedermann angesehen werden konnten.[239] Der Fehler eines Programmierers führte dazu, dass weit mehr als eine Million E-Mail-Adressen und Passwörter von Nutzern der Chatfunktion der Pornowebseite YouPorn einsehbar waren. Für Hacker sind solche Daten doppelt wertvoll, weil ein Teil der Internetnutzer oft dasselbe Passwort für viele verschiedene Dienste nutzt. In so einem Fall kann ein Hacker mit dem YouPorn-Passwort eines Nutzers auch auf das Facebook-, eBay-, Amazon- oder E-Mail-Konto zugreifen.[240]

Weil er auf eine Sicherheitslücke hinweisen wollte, erstellte der Programmierer Eric Butler 2010 ein kleines Zusatzprogramm für den Firefox-Webbrowser, mit dem es ein Kinderspiel war, sich in die Facebook-, Twitter- oder Amazon-Konten anderer Personen einzuloggen. Gemeinsam mit der Zielperson im selben offenen WLAN-Netz eingewählt zu sein genügte bereits. Ganz so also, wie es jeden Tag überall auf der Welt in Cafés, Hotels, auf Bahnhöfen oder in Bibliotheken der Fall ist. Spielend leicht konnte man die privaten Bilder von Fremden anschauen und ihre Nachrichten lesen. Es ließen sich in deren Namen Nachrichten auf Twitter und Status-Updates auf Facebook absetzen – oder man kaufte einfach mal rasch bei Amazon ein. Butlers Aktion hat dazu geführt, dass die betroffenen Anbieter reagiert und ihre Webseiten einige Monate später sicherer gemacht haben. Absolut sicher sind sie deshalb allerdings noch lange nicht.

Wer in einschlägigen Foren die Berichte über Sicherheitslücken liest, dem verschlägt es den Atem. Kaum ist eine Lücke gestopft, wird woanders eine neue bekannt.

Ein zwölfjähriger Kanadier soll im Auftrag einer Hackergruppe verschiedene Webseiten lahmgelegt haben. Es handelte sich teilweise um große und sensible Webseiten, unter anderem die der Montrealer Polizei.[241]

Im Oktober 2010 wandte sich ein 16-jähriger Schüler an das Computermagazin »c't«, weil er mit vergleichsweise einfachen Mitteln Sicherheitslücken auf den Webseiten großer deutscher Banken entdeckte.[242] Dass manche Banken elementare Sicherheitsrichtlinien nicht beachtet haben und manche der Lücken selbst Monate später noch nicht gestopft waren, zeigt, dass Sicherheit bei vielen Unternehmen offenbar einen gefährlich niedrigen Stellenwert hat, und zwar auf Kosten der Kunden. Etliche Tests beweisen, dass häufig nicht einmal ein grundlegendes Maß an Sicherheit gewährleistet wird. Zwei Studenten wiesen nach, dass über 160 Finanzämter »ernste Sicherheitslücken« aufweisen.[243] Sogar ohne Expertenwissen kann sich im Grunde jeder dank diverser Baukastensysteme Viren und Trojaner zusammenklicken und auf seine Opfer loslassen. Auf diversen Webseiten gibt es detaillierte Anleitung, wie man Sicherheitslücken ausnutzt und Spezialsoftware verwendet.

Noch ein Beispiel: Die US-Sicherheitsfirma Hold Security berichtet vom Fund von annähernd 360 Millionen gestohlenen Online-Identitäten, die momentan auf dem Schwarzmarkt zum Verkauf stehen. Laut der Firma stammen die Nutzernamen (in vielen Fällen sind dies E-Mail-Adressen) und Passwörter aus verschiedenen Datenlecks. Bei vielen der Datensätze sei nicht einmal bekannt, woher sie stammen.[244]

Die Netzaktivisten von Anonymous Austria enthüllten ein Datenleck bei der österreichischen Sozialversicherung. Sie hatten Zugriff auf Adressen, Konto- und Telefonnummern sowie die Ärzte und Krankenhäuser, die ein Patient besucht hat.[245]

Laut der IT-Sicherheitsfirma Symantec war 2013 das Jahr der »Mega-Datenlecks«.[246] Und für dieses Jahr sind neue Rekorde absehbar.

Was die Amerikanerin Heather Schreck und ihre Familie eines Nachts im April erlebten, kannte man bislang nur aus gruseligen Filmen. Gegen Mitternacht wurde Heather Schreck durch eine männliche Stimme, die sie nicht zuordnen konnte, geweckt. Sie griff zu ihrem Smartphone, um die Kamera im Zimmer ihrer zehn Monate alten Tochter Emma zu überprüfen. Jemand bewegte die Kamera. Aber es waren weder Heather noch ihr Ehemann Adam. »Als ich sah, dass sich die Kamera bewegt, hörte ich auch wieder den Täter. Er schrie meine Tochter an ›Wach auf Baby, wach auf Baby!‹, und dann schrie er nur noch und versuchte sie damit aufzuwecken.« Jemand hatte die Kamera in Emmas Kinderzimmer gehackt. »Ich war total schockiert zu sehen, dass jemand so einfach in mein Haus einbrechen kann«, sagte Heather Schreck später.[247]

Der 20-jährige Hacker Jared James Abrahams verschaffte sich Zugriff auf etwa 150 E-Mail-Konten und Profile von sozialen Netzwerken und konnte darüber Software auf den Laptops und Computern seiner Opfer installieren. Diese Software ermöglichte dem Hacker, auf die Webcams der Computer zuzugreifen, und er konnte unbemerkt Nacktfotos seiner Opfer, etwa 24 junger Frauen aus den USA, Kanada, Irland und anderen Nationen, aufnehmen. Danach versuchte er, die jungen Frauen zu erpressen, und verlangte mehr Nacktfotos in besserer Qualität, sonst, so seine Drohung, würde er die zuvor gemachten Aufnahmen veröffentlichen. Das FBI konnte den Hacker dingfest machen.[248]

39 Personen in England nahmen sich das Leben, weil sie verdächtigt wurden, sich Kinderpornografie beschafft zu haben. Einige Zeit später stellte sich heraus, dass die meisten der 7000 Verdächtigten Opfer von Kreditkartenbetrügern waren, darunter auch viele derer, die sich wegen der Ermittlungen gegen sie das Leben nahmen. Die Betrüger verschafften sich die Kreditkartendaten mit Phishing-Mails und nutzten sie unter anderem auch, um den Zugriff auf Kinderporno-Seiten zu bezahlen.[249]

Die Beispiele zeigen, wie oft und wie leicht Daten versehentlich oder vorsätzlich in falsche Hände gelangen oder missbraucht werden können. Und sie zeigen, mit welch fatalen Folgen. Sebastian Schreiber, Geschäftsführer der IT-Sicherheitsfirma SySS GmbH testet seit vielen Jahren im Auftrag von Unternehmen die bestehenden Sicherheitsmaßnahmen und kommt zu dem Schluss, dass »alle unsere Daten von Kriminellen gestohlen werden können. Das kommt ständig vor, und in der Zukunft werden die Fälle noch zunehmen. Je mehr Daten da sind, desto öfter werden Diebstähle passieren.« [250]

Niemand ist sicher. Es kann jeden treffen. Jederzeit. Überall.

Schluss

Wir stehen am Anfang einer gefährlichen Entwicklung, die die Gesellschaft, in der wir leben, die unser soziales Gefüge tief greifend verändern wird. Was wir gerade erleben, ist ein schleichender Vertrauensverlust in die Totalvernetzung[251] unserer Welt, die für jeden, der nicht gewillt ist, ein Robinson-Crusoe-haftes Leben zu führen, alternativlos ist.

Es war beinahe rührend zu lesen, was Hans Magnus Enzensberger in einem Beitrag in der »Frankfurter Allgemeinen Zeitung« unter der Überschrift »Wehrt Euch«[252] empfahl, um die Kontrolle über unser Leben zurückzuerobern: »Wer ein Mobiltelefon besitzt, werfe es weg.« Es habe ein Leben vor diesem Gerät gegeben, und wir werden auch ohne es überleben. Enzensberger rät, uns außerdem vom Online-Banking zu verabschieden und Kredit-, Debit- und Kundenkarten zu meiden. »Diese ständigen Begleiter sind lästig und gefährlich. Dem Aberwitz, alle denkbaren Gebrauchsgegenstände, von der Zahnbürste bis zum Fernseher, vom Auto bis zum Kühlschrank über das Internet zu vernetzen, ist nur mit einem totalen Boykott zu begegnen. An den Datenschutz den mindesten Gedanken zu wenden, fällt ihren Herstellern nicht im Traum ein. Der einzige Körperteil, an dem sie verwundbar sind, ist ihr Konto. Sie sind nur durch die Pleite zu belehren.«[253]

Enzensberger erinnert ans Briefe- und Postkartenschreiben und plädiert, anstatt ebay, Amazon und andere Foren mit unseren Daten zu füttern, anonym einzukaufen.

Wäre es doch nur so einfach!

Dabei hat Enzensberger, der sich freilich einer gewissen Ironie bedient, gar nicht unrecht, doch das Befolgen seiner Ratschläge wäre lediglich ein Tropfen auf den heißen Stein. Am Ende hätte der Einzelne wenig gewonnen. »Ein Bürger im Zustand digitaler Selbstverteidigung müsste in seiner Wohnung auf Rauchmelder und Alarmanlagen mit Bewegungssensoren verzichten«, schreibt die Schriftstellerin Juli Zeh.[254] »Er sollte weder Bahn fahren noch fliegen und demnächst auch nicht mehr zum Arzt gehen. Eine ordnungsgemäße Registrierung bei den Meldebehörden wäre kontraproduktiv, erst recht die Führung eines Bankkontos oder Aufnahme eines Kredits. Die Ausübung eines durchschnittlichen Jobs mit überwachtem Computerarbeitsplatz käme ebenfalls nicht in Frage. Ein solcher Bürger müsste öffentliche Plätze wegen der Videoüberwachung meiden und dürfte weder im Internet noch in großen Supermarktketten einkaufen.« Am Ende dieser Verbotsliste steht ein »aus sämtlichen gesellschaftlichen und wirtschaftlichen Kreisläufen herausgedrängter Mensch.«

Aber der Mensch ist ein soziales Wesen, das sich nicht herausdrängen lassen möchte. So spielen wir das Spiel mit und büßen, oft ohne tatsächlich Notiz davon zu nehmen, kontinuierlich an Freiheit und Selbstbestimmung ein. Und irgendwann, wenn schließlich selbst der Letzte bemerkt hat, dass die in einem System der Intransparenz operierenden Datenmonopolisten und ihre Algorithmen unser Leben massiv steuern, wird es zu spät sein.

Aufklärung ist essenziell. Wir müssen lernen zu verstehen, was mit unseren Daten geschieht, und erkennen, wie skrupellos Konzerne mit ihnen handeln. Nichts ist umsonst: »Wenn du nicht dafür zahlst, dann bist du nicht der Kunde. Du bist das Produkt, das verkauft wird.«[255] Um ein gewisses technologisches Verständnis werden wir nicht herumkommen, wenn wir ein Gespür für die Gefahren der digitalen Revolution entwickeln möchten. Wir sind Zeugen und Protagonisten eines Epochenwandels. Dessen Dramatik mit all ihren Implikationen müssen wir endlich begreifen. Edward Snowdens Enthüllungen haben uns aufgeschreckt und aus dem Tiefschlaf gerissen. Bleiben wir also wach.

Dieses Buch hat hoffentlich gezeigt, dass das, was wir heute als Science-Fiction im Kino verorten, oft schneller Realität wird, als wir es uns in den kühnsten Träumen ausmalen würden. Vor 25 Jahren kannte kaum jemand das Internet. Niemand konnte sich ernsthaft vorstellen, was alles möglich sein würde. Heute ist das Internet mit seinen vielfältigen und großartigen Möglichkeiten kaum wegzudenken. Was wird in 25 Jahren sein? Welche Dinge, die heute als unvorstellbar erscheinen, werden in den nächsten Jahren Realität werden?

Die aktuelle, unbefriedigende rechtliche und politische Situation zwingt den mündigen Bürger, der halbwegs die Kontrolle über seine Daten und damit sein Leben behalten möchte, aktiv zu werden. Es kostet Zeit und Mühe, nicht unter die Räder zu kommen, aber der Aufwand zahlt sich aus.

Wer ein Auto steuern möchte, der muss einen Führerschein machen und im Sinne der Kompetenzaneignung Prüfungen ablegen. Für jeden, der am digitalen Leben teilnimmt, muss eine vergleichbare Auseinandersetzung mit der digitalen Realität in Zukunft selbstverständlich sein. Noch einmal: Die Aussage »Ich habe nichts zu verbergen« ist ein riesiger Trugschluss.

Sascha Lobo hat recht, wenn er fordert: »Ein neues, sehr umfassendes Konzept des gesellschaftlichen Umgangs mit Daten muss erarbeitet werden, das weit über das Schlagwort Datenschutz hinausgeht. Es wird sich um eine Mischung aus Dezentralisierung, Datensouveränität der Nutzer und Datenminimalismus handeln müssen. Denn nur Daten, die entweder nicht gespeichert, sicher verschlüsselt oder unumkehrbar anonymisiert sind, werden nicht zur Bürgerüberwachung missbraucht.«[256]

Dass die Bundesbeauftragte für Datenschutz und Informationsfreiheit Andrea Voßhoff die Gefahr, die sich aus der Zusammenführung und der Auswertung immer größerer Datenmengen aus unterschiedlichen Quellen ergibt, erkannt hat

und sich dafür ausspricht, für ein »allgemeines Bewusstsein
zu sorgen und die notwendigen rechtlichen und technologischen Rahmenbedingungen zu schaffen«[257], mag man als positives Zeichen werten.

Nur: Solche Lippenbekenntnisse hören wir regelmäßig.
Dabei darf es – trotz der einschüchternden Macht der Datenmonopolisten und deren aggressiver Lobbyarbeit – nicht
bleiben.

Als die Umweltschutzbewegung ganz am Anfang stand,
wurde sie oft belächelt. Inzwischen sind »grün«, »ökolo-
gisch« und »umweltfreundlich« Begriffe, mit denen Unternehmen werben und für die viele Bürger bereit sind, mehr
Geld auszugeben. Warum sollten nicht zukünftig auch Begriffe aus der Welt des Datenschutzes für Qualitätsmerkmale
stehen?

Es ist noch nicht zu spät. Aber die Uhr läuft.

Rat

Was man tun kann

Das Thema Datenschutz muss stärker in unser Bewusstsein rücken, damit sich langfristig etwas verändert. Nur wenn wir konsequent mehr Datenschutz einfordern und selbst sensibel mit unseren Daten umgehen, werden auch Unternehmen und Politik nachziehen. Jeder ist deshalb aufgerufen, bei sämtlichen datensammelnden Produkten kritisch zu hinterfragen, worin eigentlich der Sinn besteht – um gegebenenfalls im nächsten Schritt auf einen Kauf oder die Benutzung zu verzichten. Sind smarte Fernseher mit eingebauter Kamera und Mikrofon, Staubsaugerroboter, die Daten über die Wohnung ins Internet funken oder das Vitalwerte messende Fitnessarmband wirklich notwendig?

Uns den Datensammlern völlig entziehen, können wir in der modernen, digitalisierten Welt freilich nicht, aber es gibt zahlreiche Möglichkeiten, die Menge an Daten, die wir preisgeben, zu reduzieren.

Alle im Folgenden genannten Links finden Sie auch auf der Webseite zum Buch. Falls einer der hier genannten Links im Laufe der Zeit nicht mehr aktuell sein sollte, wird auf der Webseite ein aktualisierter Link vermerkt sein.

* http://www.droemer-knaur.de/morgenroth

Allgemeine Hinweise/Links

Das Bundesamt für Sicherheit in der Informationstechnik unterhält eine lesenswerte Website, die eine Vielzahl an Themen abdeckt. Unter anderem gibt sie Tipps, wie man seinen PC sicher machen kann, welche Gefahren im Internet und in mobilen Netzen lauern und wie sie sich umgehen lassen.

* http://www.bsi-fuer-buerger.de

Der Bundesverband der Verbraucherzentralen stellt ebenfalls auf einer umfangreichen Website Informationen zum Thema »Verbraucherrechte in der digitalen Welt – Besser verstehen, was online passiert. Besser wissen, was Anbieter und Nutzer dürfen« zur Verfügung.

• http://www.surfer-haben-rechte.de

Auf der Bürger-CERT-Website vom Bundesministerium für Sicherheit in der Informationstechnik können Sie drei verschiedene Newsletter abonnieren, die Sie über aktuelle Sicherheitswarnungen informieren und Handlungsratschläge geben.

• http://www.buerger-cert.de/subscription-new-request

Das Projekt »Verbraucher sicher online« hat sich zum Ziel gesetzt, »über die sichere Internetnutzung und den sicheren Umgang mit Computern umfassend und verständlich zu informieren.«

• http://www.verbraucher-sicher-online.de

Das Unabhängige Landeszentrum für Datenschutz Schleswig-Holstein hält auf seinen Webseiten umfangreiches Infomaterial bereit:

• http://www.datenschutzzentrum.de/ldsh/infomaterial. htm

Speziell für Kinder und Jugendliche betreibt der Landesdatenschutzbeauftragte von Rheinland-Pfalz die Seite Young Data. Sie enthält viele Tipps und Informationen zum Thema Datenschutz und einen sicheren Umgang mit Daten im Internet sowie in den sozialen Netzwerken.

• http://www.youngdata.de

Die empfehlenswerte Website klicksafe.de möchte die Kompetenz im Umgang mit dem Internet und den neuen Medien im Auftrag der Europäischen Kommission fördern. Zielgruppe sind vor allem Kinder und Jugendliche, aber auch Eltern, Lehrer und Erzieher. Auf der Website wird neben Informationsmaterial zu allen wichtigen Themen auch eine Vielzahl von informativen Broschüren zum Download angeboten.

• http://www.klicksafe.de

Sichere Passwörter

Passwörter sind in einer digitalisierten Welt unsere ständigen Begleiter. Mit ihnen sichern wir den Zugang zu unseren Daten. Erstaunlicherweise kümmern sich viele Menschen trotzdem kaum um gute, also sichere Passwörter. Nach wie vor zählen zu den am häufigsten vorkommenden Passwörtern »123456«, »password« oder »111111«. Selbst wenn Sie ein besseres Passwort benutzen sollten, sind Sie damit nicht automatisch auf der sicheren Seite. Die Software, die Hacker zum Knacken von Passwörtern benutzen, ist inzwischen in der Lage, je nach genutzter Hardware und gewähltem Verfahren einige zehntausend bis zu mehreren Millionen Passwörter pro Sekunde durchzuprobieren. Je länger und komplexer Passwörter sind, desto länger dauert das Knacken – idealerweise so lange, dass es sich für den Hacker nicht mehr lohnt. Die Passwortknacker können auch sogenannte Wörterbuchattacken durchführen, wobei sie nacheinander jedes Wort (und diverse Abwandlungen davon) aus einem Wörterbuch durchprobieren. Deshalb sollte man auch nie ein Passwort verwenden, das aus einem normalen Wort, Namen oder sonstigen Begriff besteht. Auch das oft verwendete Anhängen von Zahlen an ein Wort (zum Beispiel »Labyrinth1978«) ist nicht empfehlenswert. Diese Art von Passwort wird derart häufig verwendet, dass die Passwortknacker auch solche Kombinationen in die

Wörterbuchattacken mit einbeziehen. Passwörter, die nur aus einem normalen Wort und vielleicht noch einer Zahlenkombination bestehen, sind innerhalb von Sekunden geknackt. Wer wirklich sichergehen will, dass die von ihm benutzten Passwörter schwer zu knacken sind, sollte die folgenden Regeln beachten.

Kurz zusammengefasst sollte ein gutes Passwort:
* aus mindestens acht, besser aber mehr als zwölf Zeichen bestehen,
* sowohl Groß- und Kleinbuchstaben als auch Zahlen und Sonderzeichen enthalten,
* keine Namen, normalen Wörter oder sonstigen Begriffe enthalten,
* und keine einfachen Buchstaben- oder Zahlensequenzen wie beispielsweise »12345« oder »abcdef« sowie Teile vom Benutzernamen, des Geburtsdatums, der Telefonnummer oder der E-Mail-Adresse enthalten.

Zwei weitere wichtige, leider wenig beachtete Regeln lauten:
* Passwörter sollten regelmäßig geändert werden, je häufiger, desto besser. Wie häufig, muss jeder selbst entscheiden und zwischen Sicherheit und Bequemlichkeit abwägen. Häufig wird empfohlen, wichtige Passwörter alle zwei bis drei Monate zu wechseln.
* Zumindest für die wichtigen Zugänge, wie beispielsweise für das E-Mail-Konto, Online-Banking oder Shoppingwebsites, sollte immer jeweils ein eigenes Passwort verwendet werden.

Um den Umgang mit Passwörtern zu erleichtern, kann man für alle Zugänge, die einem weniger wichtig erscheinen, das gleiche Passwort verwenden.

Darüber, wie Sie sich besonders sichere Passwörter ausden-

ken und vor allem auch merken, können Sie zum Beispiel in
einem Artikel von »Spiegel Online« und beim Bundesamt für
Sicherheit in der Informationstechnologie nachlesen:

• http://www.spiegel.de/netzwelt/web/was-ein-sicheres
  -passwort-ist-wa-31n-51ch3r3-pa5-w0r7-157-a-673441.
  html
• http://www.bsi-fuer-buerger.de/BSIFB/DE/MeinPC/
  Passwoerter/passwoerter_node.html

Wenn Sie überprüfen wollen, wie gut Ihre Passwörter tatsächlich sind, dann eignet sich dafür die Website »Wie sicher
ist mein Passwort«.

• http://www.wiesicheristmeinpasswort.de

Darüber, ob Passwort-Manager, also Programme, mit denen
Sie Ihre Passwörter verwalten und mit einem Master-Passwort schützen können, eine gute Idee sind, sind sich Experten uneins. Sicherlich helfen diese Programme, wenn Sie viele
verschiedene, lange und komplizierte Passwörter benutzen.
Allerdings nutzen alle noch so sicheren Passwörter wenig,
wenn sich jemand das Master-Passwort einverleibt und damit
Zugriff auf sämtliche weitere Passwörter erlangt.

Wer sich einen Trojaner, also eine Schadsoftware, auf dem
Computer oder dem Smartphone einfängt, der die Tastatureingaben mitliest, der läuft auch Gefahr, dass Hacker das
Master-Passwort für den Passwort-Manager mitlesen. Es
gibt sogar Trojaner, die erkennen, ob ein Passwort-Manager
installiert ist, und dann versuchen, das Master-Passwort bei
der nächsten Eingabe abzufangen. Letztendlich ist man nur
dann auf der sicheren Seite, wenn man die vielen Tipps beher-
zigt und ein System anwendet, mit dem sich viele verschiedene und sichere Passwörter leicht merken lassen. Noch ein
Tipp: Bei den Sicherheitsfragen, die manche Dienste anwenden, wenn Sie Ihr Passwort zurücksetzen lassen möchten,

sollten Sie lügen. Der Grund ist einfach: Viele der Antworten auf die vorgegebenen Sicherheitsfragen, wie zum Beispiel »Wie lautet der Mädchenname der Mutter?« oder »Was ist Ihre Lieblingsfarbe?« lassen sich von Menschen, die Sie kennen, mitunter leicht erraten oder sogar direkt beantworten. Antworten Sie auf solche Fragen also ebenfalls mit einem sicheren Passwort.

Weitere Informationen über Passwörter finden Sie in einer FAQ über Passwörter vom »c't« Magazin.

- http://www.heise.de/ct/hotline/FAQ-Passwoerter-2056097. html

Anonym im Internet suchen

Mit mehr als 90 Prozent Marktanteil ist Google in Deutschland die mit Abstand meistgenutzte Suchmaschine. Dabei existieren sehr gute Alternativen, bei denen man das Internet durchsuchen kann, ohne dass Daten über das eigene Suchverhalten in irgendwelchen Datenbanken landen und mit dem persönlichen Profil verknüpft werden. Übrigens muss man dabei weder auf Komfort noch auf Schnelligkeit oder Qualität verzichten.

Die Metasuchmaschine Ixquick hat sich verpflichtet, private Daten von Nutzern nicht zu erfassen oder zu speichern. Suchanfragen werden anonym an mehrere Suchmaschinen weitergeleitet und die Ergebnisse wieder zusammengefasst. Im Funktionsumfang kann sie absolut mit den Suchmaschinen der Marktführer mithalten.

- http://ixquick.de

Wer nicht auf die Suchergebnisse von Google verzichten möchte, kann die Suchmaschine Startpage nutzen. Sie stammt vom selben Anbieter, der auch Ixquick betreibt, und bezieht Suchergebnisse ausschließlich von Google. Auch hier wer-

den die Anfragen anonym weitergeleitet und keine privaten
Daten von Nutzern erfasst.

• http://www.startpage.com

Eine weitere Alternative ist die Suchmaschine DuckDuckGo.
Die Privatsphäre der Nutzer steht auch bei ihr an erster Stelle.

• http://duckduckgo.com

Soziale Netzwerke

Keine Frage, die Nutzung von sozialen Netzwerken bringt
viele Vorteile. Ein Verzicht dürfte für viele Benutzer nicht in
Frage kommen. Umso wichtiger ist es, sich mit den Privatsphäre-Einstellungen der einzelnen Netzwerke auseinander-
zusetzen und sie sinnvoll auszuwählen.

Bei fast allen sozialen Netzwerken lässt sich einstellen,
wer das vollständige Profil sehen darf. In den meisten Fällen sollten Sie sich für eine eher restriktive Einstellung entscheiden. Fremde sollten weder alle Ihre Kontaktdaten
noch Ihre hochgeladenen Fotos oder Status-Updates sehen
können. Bei Businessnetzwerken wie Xing oder LinkedIn
sollten Sie überlegen, ob Fremde wirklich Details über Ihren derzeitigen und die vorangegangenen Arbeitgeber ein-
sehen sollten.

Facebook bietet die Möglichkeit, für jedes hochgeladene
Bild und für jedes von Ihnen erstellte Posting einzustellen,
wer es sehen darf. Sie können Ihre Freunde in Gruppen ein-
teilen und dann Ihre Bilder und Postings nur mit bestimmten
Gruppen teilen oder einzelne Personen ausschließen. Bedenken
ken Sie immer, dass diejenigen, die Ihre Inhalte sehen, die
Postings und Bilder ihrerseits teilen können. So können wiederum Personen, die sie vielleicht vorher ausgeschlossen haben, die Inhalte doch sehen. Wenn Sie wirklich absolut sichergehen wollen, dass ein bestimmtes Posting oder ein Foto

gewisse Personen nicht erreicht, posten Sie am besten gar nicht.

Bei vielen Netzwerken kann man zudem einstellen, dass das eigene Profil nicht über Suchmaschinen auffindbar sein soll. Allerdings ist Facebook gerade dabei, die neue, sehr mächtige interne Suchfunktion Graph Search einzuführen. Oft reichen schon wenige Informationen aus, um mit ihnen das Profil einer Person zu finden.

Denken Sie daran, dass es bei zahlreichen sozialen Netzwerken möglich ist, Sie auch anhand Ihrer E-Mail-Adresse zu finden. In vielen Fällen ist das durchaus sinnvoll, schließlich besteht ja einer der (Haupt-)Gründe von sozialen Netzwerken im Knüpfen von Kontakten. Das heißt aber noch lange nicht, dass man für jeden auffindbar sein möchte, der die E-Mail-Adresse kennt.

Bei Twitter beispielsweise kann man in den Einstellungen unter dem Punkt »Feststellbarkeit« wählen, ob man anhand der E-Mail-Adresse auffindbar sein möchte oder nicht. Auch bei Facebook kann man das in den Privatsphäre-Einstellungen unter dem Punkt »Wer kann nach mir suchen?« tun.

Immer wieder kommt es vor, dass man eine Kontaktanfrage von einer Person bekommt, die man nicht kennt. Um die 100 Millionen falsche Profile soll es alleine bei Facebook geben. Seien Sie also beim Annehmen solcher Kontaktanfragen vorsichtig; Sie wissen nie, ob sich dahinter Ihr neugieriger Chef oder vielleicht Ihr Ex-Partner verbirgt, den Sie von Ihrer Kontaktliste gestrichen haben.

Falls Sie sich entschließen, Ihr Facebook-Konto zu löschen, finden Sie Details darüber im Hilfe-Bereich von Facebook:

• http://www.facebook.com/help/224562897555674

Nachdem man die Löschung beantragt hat, dauert es 14 Tage, bis der Löschprozess startet. In dieser Zeit kann man den

Löschantrag durch ein erneutes Einloggen widerrufen. Erst nach 90 Tagen sind die Daten wirklich gelöscht. Ob Facebook die Daten intern tatsächlich rückstandsfrei gelöscht hat, lässt sich natürlich nicht nachprüfen.

Jede Menge wertvolle Tipps zum sichereren Umgang mit sozialen Netzwerken finden Sie auf folgenden Websites:

- http://www.heise.de/ct/hotline/FAQ-Facebook -Privacy-1152429.html
- http://www.verbraucherzentrale-niedersachsen.de/ link1804261A.html

Online weniger Spuren hinterlassen

Um beim Surfen im Internet möglichst wenig Spuren zu hinterlassen, gibt es diverse kleine Zusatzprogramme für die verschiedenen Webbrowser. Ghostery zum Beispiel weist beim Surfen darauf hin, sobald es Dienste entdeckt, die private Daten an die Webseitenbetreiber übermittelt. Auf Wunsch lässt sich die Datenübertragung auch blockieren.

- http://www.ghostery.com/de

Ein oft erteilter Rat – das regelmäßige Löschen der Browser-Cookies – ist immer noch sinnvoll. Warum man dies tun sollte und wie es funktioniert, beschreibt die Webseite des Unabhängigen Landeszentrums für Datenschutz Schleswig-Holstein. Dort finden Sie auch weitere Details über die Verwendung von Ghostery.

- https://www.datenschutzzentrum.de/tracking/schutz -vor-tracking.html

Wie man seinen Webbrowser so einrichtet, dass man nicht mehr (so leicht) von Websitebetreibern und Werbenetzwerken verfolgt wird, erfährt man unter

- http://fixtracking.com

Und wer denkt, dass man im »Privaten Modus« (auch »Inkognito-Modus« genannt) des Webbrowsers keine Datenspuren hinterlasse, der sollte sich die »Private Browsing Myths« anschauen.

- http://privatebrowsingmyths.com

Wer Clouddienste wie Dropbox, Microsoft OneDrive oder Google Drive nutzt und ein schlechtes Gefühl dabei hat, seine Daten einem Unternehmen anzuvertrauen, dem stehen kostenlose Alternativen, wie zum Beispiel ownCloud oder Seafile zur Verfügung. Sie ermöglichen das Speichern der Daten auf einem eigenen Server, was allerdings etwas technisches Verständnis voraussetzt.

- http://owncloud.com/de/
- http://seafile.com

Die Identität verwischen

Im Internet benutzen viele in Foren, bei der E-Mail-Adresse, Bewertungsportalen oder auch bei eBay Pseudonyme, da sie nicht mit ihrem richtigen Namen in Erscheinung treten möchten. Wenn man allerdings immer dasselbe Pseudonym verwendet, lassen sich all die verstreuten Informationen mit relativ wenig Aufwand zusammentragen. Nicht selten bekommt man so ein umfangreiches Profil einer Person. Dienste wie NameChk helfen, alle Konten zu finden, die zu einem bestimmten Pseudonym gehören. Mit einfachen Suchmaschinenabfragen lassen sich oft noch viele weitere Einträge finden und so das Profil noch zusätzlich erweitern.

- http://namechk.com

Verwenden Sie am besten verschiedene Pseudonyme und unterschiedliche E-Mail-Adressen, um zu vermeiden, dass allzu viele Informationen über Sie mit einer einzelnen E-Mail-Adresse verknüpft sind.

Die eigene Identität überwachen

Zahlreiche Firmen bieten unter den Begriffen »Personal Reputation Management« oder »Online Reputation Management« Dienstleistungen an, mit denen man seinen guten Ruf im Internet überprüfen und gegebenenfalls optimieren lassen kann. Nicht nur Personen, die regelmäßig in der Öffentlichkeit stehen, haben ein Interesse daran, dass beim Googeln nichts Falsches oder Negatives ganz oben in den Suchergebnissen erscheint. Sie sollten immer wissen, welche Informationen im Netz über Sie kursieren. Die wenigsten werden dafür auf professionelle Hilfe zurückgreifen wollen. Was jeder tun kann: sich selbst googeln. Das zeigt einem, was andere sehen, wenn sie sich über einen informieren wollen. Dies wird vor allem dann wichtig, wenn Sie sich auf einen neuen Job bewerben, denn selbst, wenn Ihr potenzieller Chef Sie nicht googelt, Ihre neuen Kollegen werden es bestimmt tun.

Damit Sie nicht ständig manuell im Internet nach Ihrem Namen suchen müssen, gibt es praktische und kostenlose Hilfsmittel, wie zum Beispiel die Talkwalker Alerts.
- http://www.talkwalker.com/de/alerts

Hier geben Sie einfach Ihren Vor- und Nachnamen in Anführungszeichen (»Hans Mustermann«) als Suchbegriff ein sowie Ihre E-Mail-Adresse an, und in Zukunft bekommen Sie regelmäßig die entsprechenden Suchergebnisse bequem in Ihr E-Mail-Postfach geliefert. Falls Sie einen Namen haben, der sehr häufig vorkommt, können Sie mit weiteren Suchworten, wie zum Beispiel dem Wohnort, versuchen, die Liste der Suchergebnisse etwas einzuschränken.

Den Computer absichern

Das Bundesministerium für Sicherheit in der Informationstechnik hat einige Informationen zusammengestellt, wie Sie Ihren Computer gegen Schadsoftware und Datendiebstahl absichern.

* http://www.bsi-fuer-buerger.de/BSIFB/DE/MeinPC/
  BasisschutzComputer/basisschutzComputer_node.html

Es ist besonders wichtig, sowohl das Betriebssystem als auch die installierten Programme und den Virenscanner aktuell zu halten. Täglich werden neue Sicherheitslücken bekannt, von denen viele glücklicherweise schnell wieder geschlossen werden. Solange Sie allerdings die nötigen Updates nicht installieren, können Kriminelle bei Ihnen die Lücken ausnutzen. Gerade bei Virenscannern ist es sinnvoll, idealerweise mehrmals täglich, mindestens jedoch einmal am Tag die sogenannten Viren-Signatur-Updates herunterzuladen. Die Virenscanner kümmern sich automatisch im Hintergrund darum, man muss nur gegebenenfalls die Einstellungen anpassen.

WLAN-Router absichern

Warum Sie Ihren WLAN-Router mit einem Passwort sichern sollten, macht der folgende Fall deutlich: »Zu Unrecht ins Visier der Kriminalpolizei ist ein 63-jähriger Mann aus Nürnberg geraten. Er war angezeigt worden, da von seinem Internetanschluss aus kostenpflichtige Erotikseiten besucht wurden, ohne die angefallenen Kosten hierfür zu bezahlen. Das Fachdezernat der Kriminalpolizei konnte anhand der hinterlassenen ›Internetspuren‹ (IP-Adressen) den 63-Jährigen als verantwortlichen Anschlussinhaber ermitteln. Der überraschte Mann versicherte jedoch, derartige Seiten niemals besucht zu haben. Durch weitere Ermittlungen kam man schließlich dem eigentlichen Täter auf die Spur. Er hatte den Internetzugang des zu Unrecht Verdächtigten über Funknetz (WLAN) genutzt.«[258] Damit Ihnen nicht etwas Ähnliches passiert, sollten Sie Ihren WLAN-Router so absichern, dass eine Benutzung des WLAN-Zugangs nur dann möglich ist, wenn man vorher das richtige Passwort eingegeben hat. Falls Ihr Router oder WLAN-Accesspoint bereits ab Werk mit einem voreingestelltem Passwort abgesichert ist, sollten Sie es trotzdem ändern, denn in der Vergangenheit wurden einige Fälle bekannt, in denen das voreingestellte Passwort leicht zu erraten oder zu berechnen war.[259, 260, 261, 262]

Wie Sie das Passwort Ihres Routers ändern, ist von Modell zu Modell verschieden. Schauen Sie am besten im Handbuch des Routers nach. Eine generelle Anleitung finden Sie unter anderem auf der folgenden Webseite:

• http://www.pcwelt.de/tipps/Schritt_fuer_Schritt__So
_aendern_Sie_das_WLAN-Passwort-WLAN
-Sicherheit-8135378.html

Achten Sie außerdem darauf, eine sichere Verschlüsselungsmethode im Router einzustellen. Das veraltete WEP-Verfahren gilt als unsicher, es sollte nicht mehr verwendet werden. Wenn möglich, ist das WPA2-Verfahren vorzuziehen. Falls dies nicht alle Geräte unterstützen sollten, kann auch das WPA-Verfahren benutzt werden. Wichtig auch hier: Das Passwort sollte hinreichend sicher, das heißt lang und komplex sein.

Fremde WLANs sicher nutzen

Viele Menschen nutzen unterwegs WLAN, um mit dem Laptop oder dem Smartphone das Internet zu nutzen. In Cafés, Restaurants, Hotels, Buchhandlungen, an Bahnhöfen, Flughäfen und vielen anderen Orten gibt es inzwischen kostenlos nutzbare WLANs. Vorsicht ist auch hier geboten. Denn alle, die mit Ihnen zur selben Zeit im Netzwerk aktiv sind, können mit wenig Aufwand den Datenverkehr mitlesen. Daher ist es absolut ratsam, in solchen Netzen unbedingt ein sogenanntes Virtuelles Privates Netzwerk (Virtual Private Network, kurz VPN) zu nutzen. Hierfür gibt es einfach zu bedienende und sogar kostenlose Software. Eine der bekanntesten Anwendungen nennt sich Hotspot Shield. Wenn Sie auf diese Software zurückgreifen, sobald Sie in der Öffentlichkeit ein fremdes WLAN benutzen, läuft die Kommunikation über einen geschützten, nicht mehr abhörbaren Tunnel ab.

• http://www.hotspotshield.com/de

Weitere Informationen und Tipps zum Surfen in fremden WLANs finden Sie hier:

• http://www.bsi-fuer-buerger.de/BSIFB/DE/Mobile
-Sicherheit/FremdeWLAN/fremdeWLAN_node.html

Sicher unterwegs mit dem Smartphone

Sie sollten auch Ihr Smartphone absichern. So trivial es klingen mag: Aktivieren Sie den Zugriffsschutz! Immer noch verzichten viele Benutzer der Bequemlichkeit wegen darauf. Richten Sie eine PIN-Code- oder Passwortsperre ein, damit bei einem Verlust des Smartphones nicht jeder sofort Zugriff auf Ihre Daten und Konten hat. Aber seien Sie sich bewusst, dass sich die meisten Sperren mit dem nötigen Hintergrundwissen mehr oder weniger schnell umgehen lassen. Daher sollten Sie sich mit den von vielen Herstellern bereitgestellten Funktionen vertraut machen, mit denen sich ein Smartphone aus der Ferne über einen Webbrowser lokalisieren, sperren und zur Not auch löschen lässt.

Was man tun sollte, wenn das Smartphone weg ist (und vor

allem auch, was man schon vorher tun sollte), hat zum Beispiel die Verbraucherzentrale Nordrhein-Westphalen zusammengestellt:

- http://www.vz-nrw.de/Handy-geklaut-was-nun-Tipps
  -fuer-Mobiltelefonierer

Viele Einkaufszentren und Geschäfte registrieren Kunden
und Besucher über die WLAN-Funkwellen, die Smartphones
aussenden. Aktivierte WLAN- und Bluetooth-Funktionen
sind zudem ein potenzielles Sicherheitsrisiko, da man Daten
mitlesen und sogar Angriffe auf ein Smartphone durchführen
kann. Schalten Sie diese Funkfunktionen nur dann ein, wenn
Sie sie auch benötigen.

Für Android-basierte Geräte gibt es Apps, die das Ein-
und Ausschalten automatisch in Abhängigkeit vom Aufenthaltsort erledigen. So lässt sich das WLAN ausschalten, wenn
man beispielsweise die Wohnung oder das Büro verlässt. Sobald man wieder in der Nähe ist, wird es erneut aktiviert.
Zwei empfehlenswerte Apps, die diese Aufgabe übernehmen,
sind Llama und Wi-Fi Matic.

- https://play.google.com/store/apps/details?id=com.
  kebab.Llama
- https://play.google.com/store/apps/details?id=org.
  cprados.wificellmanager

Daten auf Mobilgeräten verschlüsseln

Seinen Laptop oder das Smartphone zu verlieren, ist ein Alp-
traum, vor allem, wenn auf dem Gerät wertvolle oder persönliche Daten gespeichert sind. Passwortsperren, etwa die
vom Smartphone oder von den Laptop-Betriebssystemen,
lassen sich mit entsprechendem Hintergrundwissen relativ
leicht umgehen. Sie schützen also nicht davor, dass sich jemand Zugriff auf Ihre Daten verschafft. Dabei gibt es sehr

einfache und kostenlose Möglichkeiten, die Daten zu verschlüsseln und sie so für Diebe wertlos zu machen.

Auf Apple-Geräten lassen sich mittlerweile zumindest die meisten Daten mit Hilfe des Betriebssystems verschlüsseln, auf den meisten Android-Geräten ist sogar der gesamte Speicher verschlüsselbar.

Mehr Informationen zur Einrichtung der Verschlüsselung auf Android-Geräten:

* http://www.spiegel.de/netzwelt/web/smartphones
  -android-geraete-verschluesseln-a-946169.html

Auch die Festplatten von Laptops sind einfach zu verschlüsseln. Manche Windows-Versionen verfügen über eine Bit-Locker genannte Funktion zum Verschlüsseln der Laufwerke. Auch das Apple-Betriebssystem Mac OS verfügt mit FileVault über eine ähnliche Funktion. Falls das Betriebssystem keine Verschlüsselungsfunktion besitzt oder man etwas flexiblere Software einsetzen möchte, gibt es mit TrueCrypt eine hervorragende und kostenlose Software, die für alle gängigen Betriebssysteme verfügbar ist.

* http://www.truecrypt.org

Wenn Sie nun die Daten verschlüsseln, vergessen Sie nicht USB-Sticks und externe Festplatten. Auch diese sollten Sie verschlüsseln, falls Sie sie unterwegs öfter bei sich haben.

Webcams

Falls Ihr Laptop oder Ihr Smart-TV eine eingebaute Webcam besitzt, denken Sie darüber nach, diese mit einer Webcam-Abdeckung, auch Webcam Cover genannt, auszustatten. Die nur wenige Euro teuren Abdeckungen verhindern, dass Sie von Hackern beobachtet werden, wenn Sie vor dem Fernseher oder dem Laptop sitzen. Sie können natürlich auch ein Stück Klebeband verwenden. Das sieht vielleicht nicht ganz so schön aus, ist aber durchaus praktikabel. Die leider immer noch verbreitete Meinung, dass die Kamera nur dann aktiv sei, wenn die Kontroll-LED leuchtet, ist falsch. In vielen Fällen haben Hacker Wege gefunden, die Kamera auch ohne diese Schutzfunktion zu aktivieren.

»Anonyme« Umfragen

Wir werden bei verschiedenen Gelegenheiten immer wieder zu anonymen Umfragen eingeladen. »Anonym« klingt gut und soll suggerieren, dass hier jeder ehrlich seine Meinung sagen kann. Doch schon wenige Angaben in solchen Fragebogen und Umfragen reichen, um die Antworten einer bestimmten Person zuzuordnen.

Ein Beispiel: Am Ende eines Fortbildungskurses werden an die Teilnehmer Fragebogen verteilt, auf denen sie den Kurs bewerten sollten. Man könne ehrlich seine Meinung sagen, denn seinen Namen muss man selbstverständlich nicht angeben. Aber nach dem Geschlecht, dem Alter und der Postleitzahl wurde man gefragt. Je nach der Zusammensetzung des Kurses reichen diese Angaben oft aus, um die Fragebogen einzelnen Kursteilnehmern zuzuordnen. Falls nicht, fragt man noch ein oder zwei weitere persönliche Details ab, die eine eindeutige Zuordnung ermöglichen.

Auch im Internet werden wir immer wieder dazu aufgefordert, an pseudoanonymen Umfragen teilzunehmen. Bestimmt haben Sie auch schon entsprechende E-Mails erhalten. Der ein oder andere Veranstalter dieser Umfragen mag die Daten vielleicht tatsächlich anonym behandeln, Fakt ist aber, dass es oft sehr einfach ist, die angeblich anonymen Aussagen in den Umfragen mit einer einzelnen Person zu verknüpfen. Schauen Sie sich den Link, der zu einer Umfrage führt, in Zukunft genauer an. Wenn der Link ein Button oder ein Bild ist, fahren Sie mit der Maus darüber, dann erscheint die Linkadresse in den meisten Webbrowsern im unteren Bereich des Fensters in einer Statuszeile. In den allermeisten Fällen sieht der Link so oder so ähnlich aus:

- http://www.firma-abc.de/d.aspx?PID=3620&IDF =df713f25-5ad7-6eed-a358-y64c7e21f
- http://www.firma-xyz.de/jsp/nw.jsp?NLID=29A0523H-2270VC9YI0FTA3P00UD2DON

Die Buchstaben- und Zahlenkombination am Ende des Links existiert stets nur einmal, jeder Benutzer bekommt in der E-Mail eine eigene eindeutige Kombination zugeschickt. Wenn man nun den Link zur angeblich anonymen Umfrage anklickt, kann derjenige, der die Umfrage ausführt, die gegebenen Antworten in der Regel genau einer Person zuordnen, denn er weiß ja, wer welchen Code bekommen hat. Sicherlich tut dies nicht jeder Anbieter von Umfragen, technisch möglich ist es in den meisten Fällen dennoch.

Datenschutz am Arbeitsplatz

Auf den Webseiten von datenschutzbeauftragter-info.de finden Sie nicht nur viele Informationen rund um den Datenschutz, Sie erfahren auch, was es bei der Telefon-, E-Mail- und Internetnutzung am Arbeitsplatz zu beachten gibt und welche Vorschriften bei der Videoüberwachung und der Arbeitszeiterfassung am Arbeitsplatz gelten.

- http://www.datenschutzbeauftragter-info.de/ fachbeitraege/ueberwachung-am-arbeitsplatz/

Unter dem folgenden Link finden Sie Informationen zur Überwachung von Computern und dem Internet am Arbeitsplatz.

- http://www.klicksafe.de/themen/downloaden/
urheberrecht/irights/ueberwachung-von-computer-und
-internet-am-arbeitsplatz-was-darf-der-chef-wann
-kontrollieren/

Wenn Sie tiefer in die Materie einsteigen möchten, dürfte das
umfangreiche und informative »Handbuch Datenschutz am
Arbeitsplatz« der Beratungsstelle für sozialverträgliche Tech-
nologiegestaltung für Sie interessant sein.

- http://www.best-saarland.de/veroeffentlichungen/
handbuch-datenschutz-am-arbeitsplatz.html

Verwenden Sie Karten mit Bedacht!

Wer einmal ganz nüchtern betrachtet, welche Vorteile Kundenkarten in der Regel bieten, dem dürfte es leichtfallen, auf
die meisten zu verzichten. Sicher, hier und da bekommt man
ein paar Prozent Rabatt, Zugang zu besonderen Angeboten
oder zum Geburtstag eine Kleinigkeit geschenkt – doch
wann immer Sie Ihre Kundenkarten benutzen, füttern Sie das
entsprechende Unternehmen mit Ihren Daten. So bequem
die Verwendung von EC- und Kreditkarten auch ist, behalten Sie im Hinterkopf, dass bei jeder Zahlung Daten anfallen.
Ob und in welchem Umfang diese Daten weitergegeben und
für welche Art von Auswertungen sie verwendet werden,
entzieht sich Ihrem Einfluss. Wenn Sie also Informationen
über bestimmte Dinge, wie den übermäßigen Verzehr von
ungesunden Lebensmitteln oder ein Hobby, nicht an die Datenhändler weitergeben wollen, bezahlen Sie am besten in
bar.

Selbstauskünfte anfordern

Im Bundesdatenschutzgesetz ist geregelt, dass jeder Bürger einmal im Jahr bei Unternehmen, Auskunfteien, Adresshändlern und Behörden eine kostenlose Selbstauskunft über die dort über ihn gespeicherten Daten anfordern kann. Die Website selbstauskunft.net hilft bei der Erstellung der Auskunftsanfragen. Man gibt lediglich seine persönlichen Daten an, sucht aus den mehr als 600 Unternehmen und Behörden diejenigen aus, an die man eine Anfrage verschicken möchte, und die Faxe werden automatisch versendet. Die Antworten der Behörden und Unternehmen kommen meist einige Tage später per Post zu Ihnen nach Hause.

• http://selbstauskunft.net

Warum man regelmäßig eine Selbstauskunft anfordern sollte hat einen einfachen Grund: »Nach einer Studie des Instituts für Grundlagen- und Programmforschung sind beinahe die Hälfte der bei der Schufa gespeicherten Daten falsch oder veraltet. Dies kann dazu führen, dass Ihnen beispielsweise Kredite verweigert werden oder Sie einen Handy-Vertrag nicht abschließen können. Eine Korrektur dieser Daten können Sie jedoch nur veranlassen, wenn Sie davon Kenntnis haben.«[263]

Wer seine persönlichen Daten lieber nicht auf der Website eingeben will, kann sich dort zumindest die entsprechenden Adressen und Musterschreiben ansehen und dann die Briefe selbst verschicken.

Die Verbraucherzentrale Bremen hat 15 Fragen und Antworten zur Schufa-Auskunft, der wohl wichtigsten und bekanntesten Auskunftei in Deutschland, zusammengestellt.

• http://www.verbraucherzentrale-bremen.de/15-fragen
-und-antworten-zur-schufa-mit-einem-musterbrief---wie
-wehre-ich-mich-gegen-falsche-eintraege-bei-der-schufa--

Hier bekommen Sie Hilfe

Wenn Sie Fragen zum Datenschutz im beruflichen Umfeld haben, stehen die Chancen gut, dass es bei Ihrem Arbeitgeber einen Datenschutzbeauftragten gibt. In der Regel müssen Firmen in Deutschland, in der »bei einem automatisierten Verfahren mindestens zehn Personen ständig mit der Verarbeitung personenbezogener Daten beschäftigt sind«, einen eigenen Datenschutzbeauftragten beschäftigen. Diese Person sollte der erste Ansprechpartner bei allen Belangen im Beschäftigtendatenschutz sein.

Außerhalb des Arbeitsverhältnisses sind die Verbraucherzentralen eine gute Anlaufstelle für mehr Informationen und kompetente Beratung, nicht nur zum Thema Datenschutz. Das Portal der Verbraucherzentralen in Deutschland enthält Links zu den jeweiligen Stellen in Ihrer Nähe.

• http://www.verbraucherzentrale.de

Eine weitere Anlaufstelle sind die Landesdatenschutzbeauftragten. Sie beraten in sämtlichen Fragen des Datenschutzes und helfen bei der Durchsetzung Ihrer Rechte. Auch wenn Sie einen Datenschutzverstoß vermuten, sollten Sie sich an die für Sie zuständige Stelle wenden.

Manche Landesdatenschutzstellen weisen zu Recht darauf hin, dass sich viele datenschutzrechtliche Fragen und Probleme einfacher und schneller vor Ort klären lassen, wenn Sie die verantwortliche Stelle direkt ansprechen. Erst wenn dieser Weg nicht zum Erfolg führt, sollten Sie sich an die zuständige Datenschutzstelle wenden.

Für öffentliche Stellen des Bundes sowie für Telekommunikations- und Postdienstunternehmen ist die/der Bundesdatenschutzbeauftragte zuständig.

• http://www.bfdi.bund.de/DE/Dienststelle/dienststelle_node.html

Für Datenschutzfragen im öffentlichen sowie im nichtöffentlichen Bereich sind die jeweiligen Landesdatenschutzbeauftragten zuständig. Eine Liste mit Kontaktdaten für alle Bundesländer finden Sie auf folgender Webseite:

• http://www.bfdi.bund.de/DE/AnschriftenUndLinks/
AnschriftenUndLinks_node.html

Dank

Mein ganz besonderer und tiefer Dank gilt Iva Batistić, Lars Classe und Konstanze Morgenroth, die mich immer wieder mit vielen guten Anregungen, wertvoller Kritik und unzähligen Verbesserungsvorschlägen unterstützt haben. Ein riesengroßes und sehr herzliches Dankeschön geht an die wunderbare M., mit der jedes Zabaione-Essen ein Genuss war. Ebenfalls bedanken möchte ich mich bei dem leider viel zu früh verstorbenen Frank Schirrmacher, weil er mich ermuntert hat, dieses Buch zu schreiben. Meinen zahlreichen Interviewpartnern danke ich sehr für die vielen langen und informativen Gespräche. Für die tolle Unterstützung möchte ich mich ganz herzlich bei meiner Agentin Dr. Rebekka Göpfert bedanken. Ein ganz großer Dank geht außerdem an meinen Lektor Stefan Ulrich Meyer und an alle anderen in der Verlagsgruppe Droemer Knaur, die es möglich gemacht haben, dass dieses Buch entstanden ist. Und schließlich möchte ich mich für Hilfe verschiedenster Art bei Michael Koch, Ursina Hamm Vinga, Sandra Heep, Prof. Dr. Jürgen Poloczek, Peter Poloczek, Stefan Schulz und Laura Ziegler bedanken. Vielen, vielen Dank!

Quellenverzeichnis

Vorwort

1   Telefonisches Interview des Autors mit Joachim Wahlbrink am 15.01.2014

2   http://www.zeit.de/digital/internet/2012-01/dhs-verweigert -einreise-wegen-twitter

3   http://www.zeit.de/wirtschaft/2014-01/schufa-bgh-urteil -bonitaet-berechnung-auskunft

4   http://www.faz.net/aktuell/feuilleton/debatten/kapitalismus/ protokoll-einer-zukunftsvision-das-system-versagt-12057446.html

5   http://www.faz.net/aktuell/feuilleton/debatten/big-data -warum-man-das-silicon-valley-hassen-darf-12656097.html

6   https://www.privacyrights.org/other-consumer-reports-what -you-should-know-about-specialty-reports

7   http://www.nytimes.com/2012/06/05/science/big-datas -parallel-universe-brings-fears-and-a-thrill.html

1. Die Datensammler sind überall

8   http://www.hirngespinst.net/2012/03/woher-kennen-die-den -namen-unserer-tochter/

9   Ebd.

10 http://www.nytimes.com/2012/02/19/magazine/shopping -habits.html

11 Ebd.

12 Ebd.

13 http://www.present-service.com/informationen/unternehmen/ historie.html

14 http://www.present-service.com/leistungen/zeitpunkt -marketing/facts.html

15 http://www.present-service.com/leistungen/das-ist-letsfamily/
    letsfamily-dramaturgie.html
16 http://www.sueddeutsche.de/digital/telefonueberwachung
    -durch-geheimdienste-die-luege-von-den-metadaten-1.1916548
17 Telefonisches Interview des Autors mit Joachim Wahlbrink am
    15.01.2014
18 http://safeaddress.wordpress.com/was-ist-adress-bzw
    -datenhandel
19 Acxiom Informationsbroschüre, Märkte besser kennen und
    bedienen – Die PersonicX™ Zielgruppensegmentierung, 2009
20 Acxiom, Leistungsspektrum Geomarketing, 2013
21 Acxiom Informationsbroschüre, Mehr Erfolg mit analytischem
    CRM und Consumer Predictive Modeling – Kundenwert
    steigern – attraktive Neukunden gewinnen, 2011
22 http://gutjahr.biz/2012/03/adressenhandel/?
23 http://www.schober.de/daten/consumer-adressen.html
24 http://www.stern.de/panorama/datenhandel-verraten-und
    -verkauft-636773.html
25 http://www.vzbv.de/mediapics/scoring__zusammenfassung_
    studie_01_2008.pdf
26 http://www.stanfordlawreview.org/online/privacy-and-big
    -data/buying-and-selling-privacy
27 http://www.scientificamerican.com/article/rich-see-different
    -internet-than-the-poor/
28 http://www.presseportal.de/pm/8185/2497274/datensammler
    -bieten-personenprofile-zu-religion-und-ethnie-datenschuet-
    zer-wollen-rechtmaessigkeit
29 Acxiom Informationsbroschüre, Datenqualität senkt Kosten –
    Die Aktualisierung, Bereinigung und Anreicherung von
    Adressbeständen, 2013
30 Acxiom Informationsbroschüre, Mehr Erfolg mit analytischem
    CRM und Consumer Predictive Modeling – Kundenwert
    steigern – attraktive Neukunden gewinnen, 2011
31 Frank Schirrmacher: Ego: Das Spiel des Lebens, S. 142

32 Georg Schnurer: Angeschwärzt – Falsche Schufa-Auskunft zerstört guten Ruf, in: c't Magazin 21/2012, S. 76–78

33 Telefonisches Interview des Autors mit Dr. Thomas Petri am 14.03.2014

34 Ebd.

35 Thomas Petri: Innovativer Datenschutz – Wünsche, Wege, Wirklichkeit, S. 222–224

36 Ebd.

37 Ebd.

38 Ebd.

39 Acxiom Informationsbroschüre: Mehr Erfolg mit analytischem CRM und Consumer Predictive Modeling – Kundenwert steigern – attraktive Neukunden gewinnen, 2011

40 http://www.mindsdelight.de/2011/01/warum-mir-02-keinen -vertrag-geben-mochte-ii-nachricht-von-arvato-infoscore/

2. Stalking

41 http://biolab.uspceu.com/datamining/Harrah.pdf

42 Ebd.

43 Ebd.

44 http://www.bigdata-startups.com/BigData-startup/for-caesars -entertainment-big-data-is-more-important-than-gambling/ Caesars

45 http://online.wsj.com/news/articles/SB10001424127887324178 9045783400712613966666

46 Frank Schirrmacher: Ego: Das Spiel des Lebens, S. 145

3. Totale Überwachung

47 http://www.independent.co.uk/life-style/gadgets-and-tech/
    news/updated-londons-bins-are-tracking-your-smartphone
    -8754924.html
48 http://weaklinksecurity.wordpress.com/tag/neiman-marcus/
49 http://thinkprogress.org/economy/2013/03/14/1717711/
    euclid-retail-analytics-tracking-franken-privacy/
50 http://www.forbes.com/sites/kashmirhill/2012/11/28/why-do-
    mannequins-that-spy-on-us-creep-us-out/
51 http://www.datenschutz.hessen.de/download.php?download_
    ID=308
52 http://www.heise.de/newsticker/meldung/Datenschutz-im
    -Wald-Immer-mehr-Wildkameras-erfassen-Waldspaziergaen-
    ger-2182616.html
53 http://www.nytimes.com/2013/07/15/business/
    attention-shopper-stores-are-tracking-your-cell.html
54 Ebd.
55 http://www.faz.net/aktuell/feuilleton/debatten/die-digital
    -debatte/politik-in-der-digitalen-welt/juli-zeh-zur-ueberwa-
    chungsdebatte-schuetzt-den-datenkoerper-12794720.html
56 http://abcnews.go.com/Technology/department-store
    -mannequins-watch-eyesee-analyzes-shoppers-webcams/
    story?id=17813441
57 http://www.engadget.com/2012/11/20/eyesee-mannequins/
58 http://www.forbes.com/sites/kashmirhill/2012/11/28/why
    -do-mannequins-that-spy-on-us-creep-us-out/
59 http://www.sueddeutsche.de/digital/verhaltensforschung
    -im-internet-kunst-der-digitalen-verfuehrung-1.21890
60 http://www.abendblatt.de/hamburg/hamburg-nord/article
    118799358/Schule-verlangt-Fingerabdruck-von-Schuelern-fuer
    -Mittagessen.html
61 http://www.zeit.de/gesellschaft/schule/2013-08/grundschule
    -hamburg-fingerabdruck-mittagessen

62 http://www.spiegel.de/politik/ausland/snowden-fordert-in
    -weihnachtsansprache-ende-der-massen-ueberwachung-a
    -940818.html

63 http://www.nature.com/srep/2013/130325/srep01376/full/
    srep01376.html

64 http://www.cs.bham.ac.uk/research/projects/nsl/mobility
    -prediction/

65 Telefonisches Interview des Autors mit Tatjana Halm am
    21.02.2014

66 Constanze Kurz, Frank Rieger: Die Datenfresser, E-Book-Aus-
    gabe Pos. 90

67 http://www.welt.de/wirtschaft/webwelt/article122654943/
    Taschenlampen-App-spioniert-Handynutzer-aus.html

68 http://www.test.de/presse/pressemitteilungen/Datenschutz
    -bei-Apps-Persoenliche-Daten-unverschluesselt-uebermittelt
    -4380605-0/

69 http://www.haufe.de/recht/datenschutz/aufsichtsbehoerden
    -90-prozent-aller-apps-haben-datenschutzmaengel_
    224_195186.html

70 https://www.evidon.com/blog/healthy-data-set

71 http://www.scientificamerican.com/article.cfm?id=rich-see
    -different-internet-than-the-poor

72 Ebd.

73 http://www.wsj.de/article/SB10001424052702303471004579165
    172468664200.html

74 http://money.msn.com/technology-investment/
    post.aspx?post=221bed2d-2a42-47e7-8140-31b6d7dc0173

75 http://online.wsj.com/news/articles/SB10001424052702304586
    04577488822667325882

76 http://www.faz.net/aktuell/feuilleton/debatten/abschied-von-
    der-utopie-die-digitale-kraenkung-des-menschen
    -12747258.html

77 http://bits.blogs.nytimes.com/2013/06/01/why-big-data-is
    -not-truth/

78 http://www.faz.net/aktuell/feuilleton/debatten/soziale
    -netzwerke-facebooks-blick-in-eine-duestere-zukunft
    -12666199.html

79 https://www.datenschutzzentrum.de/bigdata/20130318
    -bigdata-und-datenschutz.pdf

80 http://www.mckinsey.com/~/media/McKinsey/dotcom/In-
    sights%20and%20pubs/MGI/Research/Technology%20and%20
    Innovation/Big%20Data/MGI_big_data_full_report.ashx

81 http://www.ericsson.com/news/110214_more_than_50_billion
    _244188811_c

82 http://blogs.wsj.com/speakeasy/2012/10/16/information
    -overload-heres-how-to-be-a-discerning-omnivore/

83 http://hollistibbetts.sys-con.com/node/1975126/

84 http://bits.blogs.nytimes.com/2013/06/01/why-big-data-is
    -not-truth/

85 http://www.nzz.ch/aktuell/startseite/roboter-unter-uns
    -1.18291235

86 Heinrich Geiselberger, Tobias Moorstedt (Redaktion): »Big
    Data: Das neue Versprechen der Allwissenheit«, S. 199f.

4. »Big Brother« auf dem Beifahrersitz

87 Süddeutsche Zeitung, 11.01.2014, Seite 23 – Ausgabe Deutsch-
    land

88 http://www.detroitnews.com/article/20140116/AUTO04/
    301160046

89 http://www.faz.net/aktuell/feuilleton/debatten/big-data
    -warum-man-das-silicon-valley-hassen-darf-12656097.html

90 http://www.faz.net/aktuell/feuilleton/der-glaeserne-fahrer
    -angriff-aufs-auto-12779186.html

91 http://www.faz.net/aktuell/finanzen/meine-finanzen/versichern
    -und-schuetzen/autoversicherung-gute-fahrer-sollen
    -weniger-praemie-zahlen-12655209.html

92 Dr. Marc Störing: Spion fährt mit – Telematik im Fahrzeug: zwischen Risikomanagement und gläsernem Autofahrer, in: c't Magazin 14/2014, S. 152-155

5. Angriff auf den Körper

93 http://www.zeit.de/2013/45/patientendaten-marktforschung -pharmaindustrie/
94 Ebd.
95 Ebd.
96 http://www.bloomberg.com/news/2013-06-05/ states-hospital-data-for-sale-puts-privacy-in-jeopardy.html
97 Telefonisches Interview des Autors mit Dr. Alexander Dix am 19.03.2014
98 http://www.imshealth.com/portal/site/imshealth/menuitem. 3e17c48750a3d98f53c753c71ad8c22a/?vgnextoid=abb6e590cb-4dc310VgnVCM100000a48d2ca2RCRD
99 http://www.zeit.de/2013/45/patientendaten-marktforschung -pharmaindustrie
100 Telefonisches Interview des Autors mit Joachim Wahlbrink am 15.01.2014
101 http://www.imshealth.com/portal/site/imshealth/menuitem. 3e17c48750a3d98f53c753c71ad8c22a/?vgnextoid=abb6e590cb-4dc310VgnVCM100000a48d2ca2RCRD
102 http://www.economist.com/node/21556263
103 http://www.aekwien.at/aekmedia/Schreiben_ Datenschutzkommission.pdf
104 Ebd.
105 http://www.ots.at/presseaussendung/OTS_20120424_OTS0270/ falter-aerztekammer-und-datenschuetzer-warnen-aerzte-vor -dem-geschaeft-mit-patientendaten
106 http://www.bigbrotherawards.at/2013/verwaltung.php
107 http://www.projekt-datenschutz.de/datenschutzvorfaelle

108 http://www.zeit.de/digital/datenschutz/2014-04/big-data
-gesundheitswesen-nhs/
109 http://www.forbes.com/sites/kashmirhill/2013/12/19/data
-broker-was-selling-lists-of-rape-alcoholism-and-erectile
-dysfunction-sufferers/
110 Ebd.
111 http://www.healthleadersmedia.com/content/LED-215795/
They-know-whats-in-your-medicine-cabinet.html
112 Telefonisches Interview des Autors mit Deborah C. Peel am
21.03.2014
113 Ebd.
114 http://www.dzw.de/artikel/gesundheitswirtschaft-hat-ganz
-andere-interessen-den-patientendaten

6. Der durchleuchtete Angestellte

115 Frank Schirrmacher: Ego: Das Spiel des Lebens, S. 162
116 http://archive.wired.com/science/discoveries/magazine/16-07/
pb_theory
117 http://marblearchinc.com/leadership-development/official
-google-management-advice-dont-be-a-sissy/
118 http://www.theatlantic.com/magazine/archive/2013/12/
theyre-watching-you-at-work/354681/
119 E-Mail-Interview des Autors mit Nick A. Corcodilos am
19.03.2014
120 http://www.pbs.org/newshour/making-sense/ask-headhunter
-big-data-hr-means-big-problems-job-seekers/
121 E-Mail-Interview des Autors mit Nick A. Corcodilos am
19.03.2014
122 http://www.cmo.com/articles/2014/2/6/big_data_in_hr_a_big.
html
123 http://www.theatlantic.com/magazine/archive/2013/12/
theyre-watching-you-at-work/354681/

124 http://www.businessinsider.com/crazy-correlations-2011-6
125 http://www.nytimes.com/2013/04/21/technology/big-data
   -trying-to-build-better-workers.html
126 http://www.danah.org/papers/2012/BigData-ICS-Draft.pdf
127 http://www.bloomberg.com/news/2013-08-14/how-big-data
   -could-help-identify-the-next-felon-or-blame-the-wrong-guy.html
128 http://www.theatlantic.com/magazine/archive/2013/12/
   theyre-watching-you-at-work/354681/
129 http://www.hireright.com/Background-Checks.aspx
130 http://finance.yahoo.com/news/ap-impact-criminal-past-is
   -yours-182335059.html
131 http://www.washingtonpost.com/business/economy/two
   -companies-accused-of-discriminating-in-hiring/2013/06/11/
   b4d4f292-c173-11e2-8bd8-2788030e6b44_story.html
132 http://www.crainsnewyork.com/article/20130623/FINANCE/
   306239972/background-check-industry-under-scrutiny-as
   -profits-soar
133 http://www.dallasnews.com/business/headlines/20111221-
   when-your-criminal-past-isnt-yours.ece
134 Telefonisches Interview des Autors mit Joachim Wahlbrink am
   15.01.2014
135 Ebd.
136 http://www.pre-employment-screening.com/background-check/
137 http://www.pre-employment-screening.com/warum/
138 http://www.faz.net/aktuell/feuilleton/debatten/vermessung
   -des-menschen-korrekturen-ausgeschlossen-12800715.html
139 Ebd.
140 http://www.pre-employment-screening.com/background
   -check/
141 http://www.forbes.com/sites/kashmirhill/2011/10/03/what
   -prospective-employers-hope-to-see-in-your-facebook
   -account-creativity-well-roundedness-chastity/
142 Telefonisches Interview des Autors mit Joachim Wahlbrink am
   15.01.2014

143 Telefonisches Interview des Autors mit Carola Sieling am 19.03.2014

144 http://www.mmepartners.ch/de/juristen/documents/ArbeitsrechtlFragen.pdf

145 http://abcnews.go.com/Business/job-tweets-background-checks-employers-now-include-postings/story?id=13908874

146 http://www.microsoft.com/de-de/news/pressemitteilung.aspx?id=532943

147 http://www.faz.net/aktuell/feuilleton/debatten/big-data-warum-man-das-silicon-valley-hassen-darf-12656097-p4.html

148 Thilo Weichert: Unabhängiges Landeszentrum für Datenschutz Schleswig-Holstein, Big Data und Datenschutz, 19.03.2013

149 http://abcnews.go.com/Business/job-tweets-background-checks-employers-now-include-postings/t/story?id=13908874

150 http://news.ncsu.edu/releases/wms-foster-thompson-privacy2013/

151 Ebd.

152 http://news.yahoo.com/ap-impact-criminal-past-isnt-yours-182335856.html

153 Gutachten – Datenschutz 2014 – Probleme und Lösungsmöglichkeiten von Prof. Dr. Peter Wedde, Ingrid Maas, Karl Schmitz (Januar 2014)

154 Ebd.

155 Ebd.

156 Ebd.

157 Ebd.

158 Gespräch mit Prof. Dr. Peter Wedde am 09.04.2014

159 Ebd.

160 Ebd.

161 https://www.datenschutz-mv.de/datenschutz/publikationen/taetberi/tb11/lfdmvtb11.pdf

162 Ebd.

163 Gutachten – Datenschutz 2014 – Probleme und Lösungsmöglichkeiten von Prof. Dr. Peter Wedde, Ingrid Maas, Karl Schmitz (Januar 2014)

164 Prof. Dr. Peter Wedde: Präsentation – Datenschutztage 2014 – Mobil Device Management als Gestaltungsmittel im Beschäftigungsdatenschutz, 08.04.2014

165 Ebd.

166 Ebd.

167 Ebd.

168 Ebd.

169 Stephen Baker: »Die Numerati: Datenhaie und ihre geheimen Machenschaften«

170 http://www.bostonglobe.com/business/2013/11/02/ breakthrough-management-tool-big-brother-workplace/ WKMDFFieBC9M98EWUPbFZL/story.html

171 Stephen Baker: »Die Numerati: Datenhaie und ihre geheimen Machenschaften«

172 Ebd.

173 Frank Schirrmacher: »Payback: Warum wir im Informationszeitalter gezwungen sind zu tun, was wir nicht tun wollen, und wie wir die Kontrolle über unser Denken zurückgewinnen«, S. 49

174 Simon Head: Mindless: Why Smarter Machines Are Making Dumber Humans

175 http://www.faz.net/aktuell/wirtschaft/unternehmen/hinter-den -kulissen-das-tagebuch-einer-amazon-packerin-12089481.html

176 http://articles.mcall.com/2011-09-18/news/mc-allentown -amazon-complaints-20110917_1_warehouse-workers-heat -stress-brutal-heat

177 http://www.faz.net/aktuell/wirtschaft/unternehmen/rtl -reportage-ueber-zalando-27-kilometer-zu-fuss-unterwegs -im-logistikzentrum-12899100.html

178 http://newsroom.cigna.com/NewsReleases/cigna-study-can-a -mobile-app-help-prevent-diabetes-.htm

179 http://www.spiegel.de/gesundheit/diagnose/medizinische -apps-milliardenmarkt-mit-potential-und-risiken-a-889517.html

180 http://www.faz.net/aktuell/feuilleton/quantified-self-das-handy -wird-zum-koerperteil-11889193.html

181 Ebd.

182 http://newsroom.cigna.com/NewsReleases/cigna-study--can-a
-mobile-app-help-prevent-diabetes-.htm

183 http://www.mydoorsign.com/blog/effective-corporate
-wellness-programs/

184 http://online.wsj.com/news/articles/SB100014241278873233933
04578360252284151378

185 http://future.arte.tv/de/thema/big-data-iii

186 http://irights.info/big-data-in-der-medizin

187 http://www.dailykos.com/story/2013/10/22/1249722/
-And-then-the-machines-came-for-the-doctors-and-lawyers#

188 http://irights.info/big-data-in-der-medizin

189 http://irights.info/artikel/wie-weit-darf-big-data-gehen/20417

7. Aus dem Leben eines Datenanalysten

190 Elizabeth Charnock: »E-Habits: What You Must Do to Opti-
mize Your Professional Digital Presence«

191 http://www.wired.com/2013/06/phew-it-was-just-metadata-
not-think-again

192 http://webpolicy.org/2014/03/12/metaphone-the-sensitivity
-of-telephone-metadata/

193 http://www.faz.net/aktuell/feuilleton/selbstzensur-durch
-massenueberwachung-wir-werden-uns-nicht-mehr
-wiedererkennen-12884520.html

194 Ebd.

195 http://www.faz.net/aktuell/feuilleton/debatten/die-digital
-debatte/politik-in-der-digitalen-welt/militaerisch
-informationelle-bedrohung-die-neuen-massenausforschungs-
waffen-12798822.html

196 Frank Schirrmacher: Ego: Das Spiel des Lebens, S. 253

197 Gutachten – Datenschutz 2014 – Probleme und Lösungsmöglichkeiten von Prof. Dr. Peter Wedde, Ingrid Maas, Karl Schmitz
(Januar 2014)

8. Facebook & Co

198 https://fbcdn-dragon-a.akamaihd.net/hphotos-ak-ash3/851560_196423357203561_929747697_n.pdf

199 http://www.pnas.org/content/early/2013/03/06/1218772110.full.pdf

200 Ebd.

201 http://www.com-magazin.de/news/facebook/facebook-vorhersagen-verliebt-258163.html

202 http://www.welt.de/print/welt_kompakt/webwelt/aticle121387330/Was-Freunde-bei-Facebook-verraten.html

203 http://www.ksta.de/medien/-facebook-weiss--was-nicht-gepostet-wird,15189656,25663730.html

204 http://www.sueddeutsche.de/digital/neue-graph-search-von-facebook-kennt-mich-jemand-1.1718917

205 http://www.faz.net/aktuell/feuilleton/medien/mit-twitter-auf-psychopathensuche-jagd-nach-dem-attentaeter-11833290.html

206 E-Mail-Interview des Autors mit Erki Kert, Geschäftsführer der Firma Big Data Scoring, am 24.03.2014

207 Ebd.

208 http://www.sueddeutsche.de/politik/online-ueberwachung-ruestungsfirma-entwickelt-google-fuer-spione-1.1596599

209 Jürgen Schmidt: E-Mail im Visier – Tracking im Alltag aufspüren und abstellen, in: c't Magazin 22/2013, S. 130–135

210 Ebd.

211 http://www.forbes.com/sites/kashmirhill/2012/07/20/how-an-obsessive-fan-knows-jay-z-is-reading-his-emails/

212 Marcus Lindemann, Jan Schneider: Datenschutz-Fallrückzieher – Ein Netizen entdeckt den Wunsch nach Privatsphäre, in: c't Magazin 01/2011, S. 108–110

9. Warum Ihr Wohnzimmer nicht mehr sicher ist

213 http://www.smarterfernsehen.info/was-ist-smarter-fernsehen/
214 http://www.heise.de/security/meldung/Spion-im-Wohnzimmer
-c-t-ertappt-schnueffelnde-Fernseher-2096578.html
215 http://www.digitaltrends.com/opinion/burn-your-smart
-tv/#!O5Aqe
216 http://www.faz.net/aktuell/feuilleton/debatten/die-google
-gefahr-zuboff-antwortet-doepfner-12916606.html
217 Ebd.
218 http://www.faz.net/aktuell/feuilleton/medien/mathias
-doepfner-warum-wir-google-fuerchten-12897463.html
219 http://venturebeat.com/2013/10/30/smart-city-smart-planet
-sensity-is-creating-a-billion-node-network-of-global-sensors
-in-street-lights/
220 Ebd.
221 http://www.gartner.com/newsroom/id/2636073
222 Telefonisches Interview des Autors mit Joachim Wahlbrink am
15.01.2014

10. Das Namensschild auf der Stirn

223 http://www.nametag.ws/
224 http://www.heinz.cmu.edu/~acquisti/face-recognition-study-FAQ/
225 http://www.manager-magazin.de/unternehmen/autoindustrie/
gesichtserkennung-forscher-bringen-autos-das
-emotionenlesen-bei-a-961170.html
226 http://www.bka.de/nn_205924/SharedDocs/Downloads/DE/
Presse/Pressearchiv/Presse__2011/pm111013__EU-ProjektIN-
DECT,templateId%3Draw,property%3DpublicationFile.pdf/
pm111013_EU-ProjektINDECT.pdf
227 http://www.stopp-indect.info/index.php/de/wasistindect

11. Cyberkriminalität

228 http://www.zeit.de/digital/datenschutz/2014-04/datendiebstahl
-18-millionen-emailkonten

229 http://www.sueddeutsche.de/wirtschaft/usa-hacker-stehlen
-millionen-kreditkarten-nummern-1.1731207

230 http://www.zeit.de/gesellschaft/zeitgeschehen/2013-05/
cyber-bankraub-daten-diebstahl

231 http://www.wiwo.de/unternehmen/it/sensible-daten-apple
-warnt-vor-datenklau-bei-iphone-ipad-und-macs/9524114.html

232 http://deutsche-wirtschafts-nachrichten.de/2014/02/18/
daten-diebstahl-rewe-wird-von-hackern-erpresst/

233 http://www.spiegel.de/netzwelt/web/bsi-warnt-vor-identitaets-
diebstahl-16-millionen-nutzerkonten-betroffen-a-944643.html

234 http://www.taz.de/!123597/

235 http://www.heise.de/ix/meldung/Benutzer-von-Amazon-S3
-geben-unbeabsichtigt-Milliarden-sensitiver-Dokumente
-frei-1832097.html

236 http://www.dw.de/datendiebstahl-w%C3%A4chst
-rasant/a-16974249

237 http://derstandard.at/1363707250886/Datendiebstahl-als
-haeufigstes-Delikt

238 http://www.welt.de/wirtschaft/webwelt/article126184436/
Kriminelle-errichten-im-Netz-Parallelgesellschaft.html

239 http://www.forbes.com/sites/andygreenberg/2014/02/10/
instagram-bug-would-have-let-hackers-peak-at-private-photos
-for-at-least-last-six-months/

240 http://blog.eset.se/porn-site-coders-expose-user-info-of
-millions/

241 http://www.heise.de/newsticker/meldung/Zwoelfjaehriger
-Kanadier-bekennt-sich-schuldig-fuer-Einbrueche-in
-Webseiten-2034536.html

242 http://www.heise.de/security/meldung/16-jaehriger
-demonstriert-Sicherheitsluecken-bei-17-Banken-1104841.html

243 http://www.heise.de/security/meldung/Viele-Finanzaemter
-mit-unsicheren-Websites-2039317.html

244 http://www.heise.de/security/meldung/360-Millionen
-Online-Identitaeten-auf-dem-Schwarzmarkt
-entdeckt-2126516.html

245 http://derstandard.at/1379293474300/Datenleck-in
-Sozialversicherung-Ungeschuetzte-Buerger

246 http://www.krone.at/Digital/2013_war_laut_Symantec_Jahr_
der_Mega-Datenlecks-Datendiebstahl-Story-399937

247 http://www.fox19.com/story/25310628/hacked-baby-monitor

248 http://www.heise.de/security/meldung/Hacker
-cutefuzzypuppy-auf-der-Jagd-nach-nackten-Maedchen
-1969515.html

249 http://www.daten-speicherung.de/index.php/faelle-von
-datenmissbrauch-und-irrtuemern/

250 Telefonisches Interview des Autors mit Sebastian Schreiber am
19.03.2014

Schluss

251 http://www.faz.net/aktuell/feuilleton/obamas-nsa-rede-wir
-stehen-vor-dem-abgrund-mr-president-12755381.html

252 http://www.faz.net/aktuell/feuilleton/debatten/enzensbergers
-regeln-fuer-die-digitale-welt-wehrt-euch-12826195.html

253 Ebd.

254 http://www.faz.net/aktuell/feuilleton/debatten/die-digital
-debatte/politik-in-der-digitalen-welt/juli-zeh-zur
-ueberwachungsdebatte-schuetzt-den-datenkoerper-12794720.
html

255 http://blogs.law.harvard.edu/futureoftheinternet/2012/03/21/
meme-patrol-when-something-online-is-free-youre-not-the
-customer-youre-the-product/

256 http://www.spiegel.de/netzwelt/web/sascha-lobo-zur
-vorratsdatenpeicherung-nach-snowden-a-942155.html
257 http://www.heise.de/newsticker/meldung/Neue
-Datenschutzbeauftragte-Big-Data-als-groesste
-Herausforderung-2155363.html

Rat

258 http://www.daten-speicherung.de/index.php/faelle-von
-datenmissbrauch-und-irrtuemern/
259 http://www.heise.de/security/meldung/Vorkonfigurierte
-WPA-Schluessel-bei-T-Online-und-Vodafone-leicht-erratbar
-1326796.html
260 http://www.heise.de/netze/meldung/Voreingestellte-WPA
-Passphrase-bei-EasyBox-Routern-berechenbar-1473896.html
261 http://www.heise.de/security/meldung/Voreingestelltes
-WPA2-Passwort-bei-Belkin-Routern-leicht-zu-berechnen
-1754439.html
262 http://www.heise.de/security/meldung/Router-Schwachstelle
-fuer-Telefonterror-missbraucht-1939225.html
263 https://selbstauskunft.net/